Horst Seiffert

Geldschöpfung

Die verborgene Macht der Banken

Horst Seiffert

Geldschöpfung

Die verborgene Macht der Banken

Unberechtigte Vorteilsnahmen

Vermögens- und Machtkonzentration

täuschend echt — fein gesponnen

Verlag
Horst Seiffert

Bibliografische Information der Deutschen Nationalbibliothek

Die Deutsche Nationalbibliothek verzeichnet diese Publikation in der Deutschen Nationalbibliografie; detaillierte bibliografische Daten sind im Internet über http://dnb.d-nb.de abrufbar.

1. Auflage Oktober 2012
2. überarbeitete Auflage August 2014
3. durchgesehene Auflage Mai 2016

Hauplanweg 1, 14641 Nauen
http://www.horstseiffert.de

Druck: Schaltungsdienst Lange oHG, Berlin

ISBN 978-3-9816804-2-3

Inhaltsverzeichnis

Vorwort 9

Einführung 11

1. Geldschöpfung der Geschäftsbanken 15

  1.1 Banken schöpfen das Geld zur eigenen Verwendung aus ihrer Sicht wie aus dem «Nichts» 15

  1.2 Die 3 Ebenen des Giralgeldverkehrs 23

  1.3 Geld als abgekartetes Spiel? 28

2. Wie erwirtschaften die heutigen Banken ihr Geld? 31

  2.1 Kreditvergabe 32

  2.2 Kredittilgung 36

  2.3 Zins- und Provisionserträge 38

  2.4 Täuschender Zinsgewinn 41

  2.5 Entnahmen 43

  2.6 Weitere Geschäftsfelder der Banken 46

  2.7 Strukturell bedingte kooperative Geldschöpfung 46

3. Die Darstellung des Geschäftserfolges der Geschäftsbanken gegenüber der Öffentlichkeit 51

  3.1 Ertragsunabhängige Einkommenserzielung 51

  3.2 Exkurs - Was ist eine Bilanz? 59

  3.3 Die Anwendung der Bilanz auf Geschäftsbanken 67

    3.3.1 Geschäftsfall Erwerb von Sachanlagen 68

3.3.2 Täuschende Abschreibungen 75
3.3.3 Geschäftsfall Kreditvergabe 78
3.3.4 Täuschendes Vermögen 86

4. Das Ausmaß der Giralgeldschöpfung 89
4.1 Eigenmittelanforderungen 94
4.2 Schaffung von anrechenbaren Eigenmitteln mit aus dem «Nichts» geschöpften Geld 100
4.3 Auslagerung in Zweckgesellschaften 102
4.4 Umgliederung von Wertpapieren 105
4.5 Legitimierung der Vorteilsnahmen 108
4.6 Eigenkapital und Liquidität aus dem «Nichts» 111
4.7 Ausnutzung von Offshore-Finanzplätzen für zügellose Entnahmen 121
4.8 Scheinbarer und realer Geschäftserfolg 125

5. Unbeglichene Schulden, Zinsen und Derivate 127
5.1 Unbeglichene Schulden 127
5.2 Zins und Zinseszins 131
5.3 Die Problematik der Derivate 142

6. Vermögens– und Machtkonzentration 149
6.1 Die Entnahmen der Geschäftsbanken als Steuerungsinstrument der Gesellschaft 149
6.2 Banken großer Wirtschaftskonzerne 151
6.3 Der Deal der Vermögenden 152
6.4 Die Finanzkrise - ein kalkulierter Kollateralschaden? 155

7. Vorschlag für eine Neuordnung des Geldsystems 161

7.1 Forderung an die Geschäftsbanken ihre Schulden zu bezahlen 161

7.2 Geld ist ein Maß für Leistungsversprechen 164

7.3 Wie könnte ein neues Geldsystem aussehen? 167

7.4 Gedanken auf dem Weg zu einem neuen Geldsystem 170

7.5 Ungeeignete Lösungsansätze der Politik 179

7.6 Was tun? 181

Nachwort 183

Anhang 1

A1.1 Zinsaufwendungen 187

A1.2 Erträge aus Sachvermögenswerten 189

A1.3 Auswirkung des Wertpapierhandels 191

A1.4 Einordnung des Bargeldverkehrs 194

Anhang 2

A2.1 Ertrag aus dem Sparverhalten der Bankkunden 199

Literatur 210

Danksagung 212

Vorwort zur 2. Auflage

In dieser Auflage habe ich einen Abschnitt zur „Ertragsunabhängigen Einkommenserzielung“ hinzugefügt (Kap. 3.1). Schon der Begriff soll neugierig machen. Ist es möglich Einkommen zu erzielen, ohne Erträge erwirtschaften zu müssen? In der Realwirtschaft sind Erträge zwingend notwendig. Wir kennen Erträge aus Umsatz, entweder aus dem Verkauf von Waren oder der Erbringung von Dienstleistungen. Weiterhin kann man Kapitalerträge erzielen, z.B. über Zinseinnahmen. Und in einer dritten Kategorie erhält man Erträge aus Vermietung. Banken dagegen erzielen Einkommen ertragsunabhängig. Wie ist das möglich? Das war Ziel meiner Untersuchung.

Im Weiteren habe ich mir in der 2. Auflage die Aufgabe stellt, die Sichtweise der vorherrschenden Wirtschaftswissenschaft näher zu betrachten und stieß dabei auf eine Denkblockade der Wirtschaftswissenschaftler. Diese drückt sich in einer tiefen Bilanzgläubigkeit aus. Am Ende von Kap. 3.1 beleuchte ich dieses Phänomen. Die bezeichnete Denkblockade ist der Freibrief für die Banken, die fehlende Gegenleistung für das selbst hergestellte Geld in der Bilanz mittels Scheinerträgen darstellen zu können. Vertieft habe ich das Thema an Hand der „Abschreibungen von Sachanlagen“ (Kap. 3.3.2). Dort gehe ich der Täuschung der Buchführungsexperten auf den Grund.

In der 2. Auflage hinzugekommen ist auch das Kap. 3.3.4 „Täuschendes Vermögen“. Es stellt sich heraus, dass das in der Bilanz als Vermögen ausgewiesene für die Bank zum größten Teil kein Vermögen ist. Daraus zog ich die Erkenntnis, dass die Gegenüberstellung von Vermögen und Schulden, wie sie in Bilanzform für die Realwirtschaft ursprünglich entwickelt wurde, auf die heutigen Banken nicht angewendet werden kann. Wird die Bilanzform auf Banken angewendet, kommt es zur Darstellung von Scheinvermögen.

Am Ende von Kap. 4.6 habe ich ein weiteres Beispiel zur Erhöhung der Eigenmittelquote hinzugefügt und in Kap. 4.7 das Zusammenspiel der großen Banken mit Offshore-Finanzplätzen ausführlicher erläutert und weitere Gedanken zum *Scheinbaren und realen Geschäftserfolg* niedergeschrieben (Kap. 4.8). In Kap. 6.4 bin ich detaillierter auf die möglichen Ursachen der Finanzkrise ab 2008 eingegangen.

Berlin im August 2014

Einführung

Der überwiegende Teil allen Geldes ist auf Bankkonten registriert. Geld und Bankkonten hängen in der heutigen Zeit eng miteinander zusammen. Nur ein kleiner Teil der verwendeten Zahlungsmittel ist Bargeld.

Was bedeutet es, dass Geld auf Bankkonten registriert ist? Das Geld ist dort nicht physisch in Form von Geldscheinen oder Münzen vorhanden, sondern es wird dort angeschrieben. Dieses auf Bankkonten angeschriebene Geld nennt man Buchgeld oder als Fachbegriff auch Giralgeld. Die Bankkonten werden von Banken verwaltet.

Was wissen wir im Allgemeinen über Banken? Den ersten Kontakt zu einer Bank hatten die meisten Menschen bereits als Kind oder Jugendlicher, wenn zu besonderen Anlässen von Verwandten und Bekannten Geldgeschenke kamen, die die Sparbüchse nicht mehr aufnehmen konnte oder der Lohn für die Ferienarbeit gespart werden sollte. Das Bargeld wurde gemeinsam mit den Eltern zur Bank gebracht und das erste Bankkonto auf eigenen Namen eröffnet.

Dabei lernten wir die erste Funktion von Banken kennen. Die Bank wurde zur sicheren Verwahrung von Geld benutzt und obendrauf konnte man noch Zinsen erhalten. Diese Dienstleistung der Banken wird in der Bankbetriebswirtschaftslehre unter der Rubrik *Geldanlageleistungen* aufgeführt. Der Bankkunde bringt das Geld zur Bank und erhält dafür Zinsen.

Die zweite wichtige Gruppe der Bankdienstleistungen sind die *Zahlungsverkehrsleistungen*. Das betrifft den Transfer von Geld in Form von Bargeld oder Giralgeld. Der Bankkunde kann Bargeld auf sein Bankkonto einzahlen, es wieder in bar abheben oder es zu einem anderen Bankkonto eines anderen Bankkunden überweisen. Dieser kann das Geld sparen, es in bar abheben oder wiederum auf ein anderes Bankkonto überweisen. Die Banken gewährleisten mit dieser zweiten Bankdienstleistung den reibungslosen Geldtransfer.

Als Bankdienstleistungen sind im Allgemeinen noch die *Finanzierungsleistungen* bekannt. Man kann sich bei Banken Geld ausleihen. Privatpersonen, Betriebe oder die Öffentliche Hand können einen Kredit erhalten um z. B. ein Haus zu finanzieren, eine neue Maschine zu kaufen oder eine Straße zu bauen. Der Kredit muss nach einiger Zeit natürlich zurückgezahlt werden, nebst Zinsen und Gebühren.

Weiterhin ist bekannt, dass Banken mit *Wertpapieren* handeln. Man kann über sie Wertpapiere aller Art kaufen und verkaufen. Soweit unser gängiges Allgemeinwissen über Banken. Was wissen wir nicht über Banken? Wir wissen nicht, wie Banken wirtschaften und wie sie ihre Gewinne erzielen.

Beschäftigt man sich mit diesem Thema, so stößt man schnell auf unterschiedliche Sichtweisen über Geld. Banken haben eine völlig andere Sicht auf Geld als die anderen Wirtschaftsteilnehmer, die keine Banklizenz besitzen. Die Wirtschaftsteilnehmer ohne Banklizenz nennt man Nichtbanken.

Für Nichtbanken ist Geld ein Maß für Leistungsversprechen. Will z.B. ein Betrieb eine Leistung für andere bereitstellen, so erstellt er ein Profil von der zu erbringenden Leistung (ein Leistungsversprechen), geht damit zu einer Bank und erhält bei positiver Bewertung von der Bank Geld (einen Kredit). Mit dem Geld bezieht er seinerseits Leistungen aus der Gesellschaft, um sein Leistungsversprechen realisieren zu können. Er muss sich streng daran orientieren hauptsächlich die Leistungen anzubieten, für die er Geld von den Leistungsempfängern erhält. Mit diesem Geld kann er den Kredit zurückzahlen und darüber hinaus das Geld für eigene Zwecke verwenden.

Für Banken dagegen ist das Erbringen von Leistungen nur nebensächlich. **Das, was Nichtbanken als Geld ansehen, ist für Banken eine Methode zur Ausstellung von Geschenkgutscheinen an sich selbst.** Wie ist das zu verstehen? Wie macht man das: Geschenkgutscheine an sich selbst ausstellen? Von wem kann man dann dafür ein Geschenk einfordern? Wer ist bereit, gegen diesen Schein eine Leistung zu erbringen?

Derjenige, der die Leistung für die Bank erbringt, weiß nicht, dass er der Schenkende ist. Das ist das Geheimnis dieser Methode. Will eine Bank eine

Leistung beziehen, so gibt sie dem Leistungserbringer (der Nichtbank) einen *Gutschein auf Bargeld* (Giralgeld). Aber der Leistungserbringer fordert das Bargeld von der Bank nicht ab. Er verwendet stattdessen den Gutschein als Geld. Das machen alle Nichtbanken so. Weil auf ewige Zeiten niemand das Bargeld beansprucht, wird der *Gutschein auf Bargeld*, gegeben von der Bank an die Nichtbank, zum Geschenkgutschein für die Bank. Es ist ein Geschenkgutschein, weil die Bank das Bargeld nicht auszahlen muss. Die Nichtbanken, die anstelle des Bargeldes Giralgeld verwenden, sind damit zufrieden. Sie können ihre Leistungsversprechen auch ohne Bargeld untereinander tauschen. So merken sie bei ihrem emsigen Wirtschaften nicht, dass sie dem Aussteller des Giralgeldes laufend Geschenke machen. Der Geschenkgutschein ist hier das Symbol für den Bezug von Leistungen ohne Gegenleistung.

Banken können Geschenkgutscheine an sich selbst ausstellen, weil sie die Möglichkeit haben, Geld zu schöpfen. Es ist ihnen nicht verboten, Gutscheine auf Bargeld (Giralgeld) auszustellen, von denen die Nichtbanken annehmen, es wäre Geld. So werden die Nichtbanken getäuscht. Eine zweite Täuschung wird vollzogen, indem die Banken nicht nur Leistungen von Nichtbanken beziehen, sondern auch Leistungen erbringen, wie z.B. dem Angebot von Geldanlageleistungen, Zahlungsverkehrsleistungen oder Finanzierungsleistungen. Die Nichtbanken werten diese als Gegenleistung für ihre erbrachte Leistung. Für die Banken ist die Erbringung von Leistungen aber nur Teil der Inszenierung. Mit diesen werden die Nichtbanken animiert den Geldersatz als Geld zu verwenden, im Sinne eines Katalysators, der sie in Bewegung hält, um die Geschenke produzieren zu können.

Die Banken sind daran interessiert, diese Art der Vorteilsnahme vor der Öffentlichkeit zu verbergen. Deshalb erstellen sie mittels einer weiteren Täuschung ihre Geschäftsberichte mittels einer Bilanz, als wären sie Betriebe der Realwirtschaft. Sie deklarieren das Geld ihrer Kunden in ihrer Bilanz zum Schein als Verbindlichkeiten, und zur Legalisierung ihrer hohen Ausgaben (erhaltenen Geschenke) stellen sie scheinbar erwirtschaftete Erträge dar. Da die Öffentlichkeit nur in einem begrenzten Umfang Erträge als erwirtschaftet akzeptiert, ist es den unter Aufsicht stehenden Banken nur möglich, Gutscheine auf Bargeld in einer begrenzten Anzahl herzustellen. Ihre Vorteilsnahme wird dadurch geschmälert. Die Begrenzung wird aber aufgehoben, wenn sie außerhalb der Bilanz auf Offshore-Finanzplätzen Geschäfte machen. Dort werden Banken nur in einem geringen Maße beaufsichtigt.

Mittels Giralgeldschöpfung können Banken große Macht ausüben und ganze Volkswirtschaften in ihrem Sinne beeinflussen. Wir werden über die wahre Geschäftstätigkeit von Banken getäuscht. Die Banken präsentieren das uns aus der Realwirtschaft bekannte Prinzip „Leistung gegen Gegenleistung" im Vordergrund, erzielen aber ihr wahres Einkommen mittels Geldschöpfung im Hintergrund.

Um diese Aussagen verständlich darzulegen, wurde dieses Buch geschrieben.

> „Wir sind vollständig abhängig von den Banken. Jemand muss jeden einzelnen Dollar, der im Umlauf ist, leihen. Wenn die Banken ausreichend künstliches Geld herstellen, dann sind wir reich, wenn nicht, verhungern wir. Wir haben kein stabiles Geldsystem. Wenn man das Bild im Ganzen erfasst, ist die tragische Absurdität unserer hoffnungslosen Position regelrecht unglaublich, aber sie ist wahr. Das ist das allerwichtigste Thema, dem sich intelligente Menschen überhaupt widmen können. Es ist derart wichtig, dass unsere ganze Zivilisation zusammenbrechen könnte, wenn die Wahrheit nicht allgemein bekannt wird und die Missstände nicht wirklich schnell angegangen werden."
>
> *Robert H. Hamphill, Kredit-Manager, Atlanta Federal Reserve Bank (1935)*

Bei der Beschäftigung mit dem Thema hat sich herausgestellt, dass gerade im Bankensystem eine sehr große Differenz zwischen dem realen Geschäftserfolg und dem gegenüber der Öffentlichkeit dargestellten Geschäftserfolg besteht. Für den Leser wird es eine spannende Herausforderung sein, die realen Abläufe von den scheinbaren zu unterscheiden.

Ich habe ganz bewusst versucht, die Fachbegriffe der Finanzwirtschaft weitgehend zu vermeiden. Diese Begriffe beinhalten häufig eine Verschleierung des tatsächlichen Geschehens.

1. Geldschöpfung der Geschäftsbanken

1.1 Banken schöpfen das Geld zur eigenen Verwendung aus ihrer Sicht wie aus dem «Nichts»

Was soll das bedeuten, dass Banken das Geld zur eigenen Verwendung wie aus dem «Nichts» schöpfen? Soll man sich darunter vorstellen, dass die Banken das Geld einfach so selbst erschaffen und damit einkaufen gehen? Das kann doch wohl nicht sein. Dann wären es ja Geldfälscher, die ins Gefängnis gehörten.

Die oberste Prämisse, wie sie dem Erdenbürger gelehrt wird, heißt: „Wer Geld haben will, muss dafür arbeiten". Nun gut, es gibt Ausnahmen, da hat einer was geerbt oder im Lotto gewonnen. Aber Geld für den Eigenverbrauch selbst herstellen, das ist verboten und muss bestraft werden.

Ja, wo kommt das Geld denn her? Wer stellt es uns zur Verfügung? Wir wollen uns Schritt für Schritt an des Rätsels Lösung herantasten.

Wir nehmen als Beispiel eine große Bank mit mehreren Niederlassungen. Wir stellen uns vor, die Bankmanager beschließen, sich zur Erhöhung der Effizienz ihrer Arbeit einen Hubschrauber zu kaufen. Der Lieferant des Hubschraubers hat ein Bankkonto bei unserer Bank. Den Hubschrauber bezahlt die Bank nicht bar mit Euroscheinen, sondern sie schreibt die vereinbarte Summe dem Konto des Lieferanten gut. Parallel dazu schreibt sie in ihre Bestandsliste: „Anschaffung eines Hubschraubers für x-Tausend Euro". Rein rechtlich gesehen genügen diese beiden Eintragungen. Eine Bank ist formal berechtigt das Konto ihres Kunden durch einen Schreibvorgang zu erhöhen, um eine Rechnung eines Lieferanten, in unserem Beispiel des Hubschrauberlieferanten, auszugleichen. In Abb. 1.1 ist dieser Vorgang grafisch dargestellt.

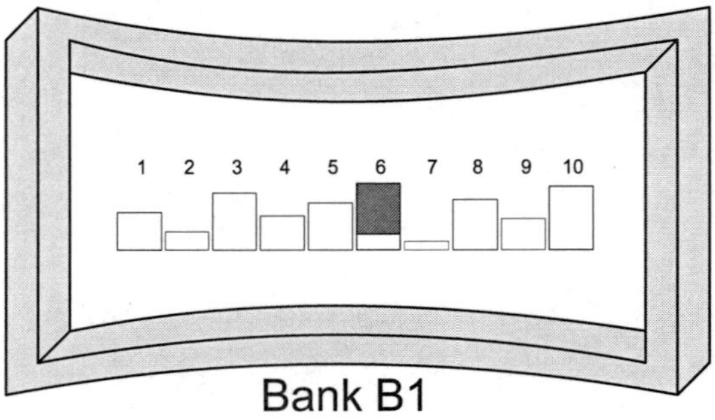

Abb. 1.1: Wir nennen unsere Bank B1. Das Konto des Hubschrauberlieferanten ist das Konto 6. Es wurde durch einen Schreibvorgang erhöht.

Durch diesen Schreibvorgang erzeugt die Bank für ihren Lieferanten das geforderte Geld. Die Bank benötigt zu diesem Zeitpunkt nur die technischen Voraussetzungen für das Darstellen oder Ausdrucken eines Kontoauszuges für ihren Bankkunden, den Hubschrauberlieferanten. Der Bankkunde akzeptiert diese Zahlen als Geld, da er dem Geldsystem vertraut und die Erfahrung gemacht hat, dass andere Marktteilnehmer diese Zahlen ebenfalls als Geld akzeptieren.

Im Gegensatz zu anderen Wirtschaftsteilnehmern benötigt eine Bank selbst kein eigenes Bankkonto, um eine Rechnung eines eigenen Bankkunden, z.B. Hubschrauberlieferanten, in Giralgeld zu bezahlen. Sie braucht nur dessen Bankkonto durch einen Schreibvorgang zu erhöhen.

Hat die Bank den Hubschrauber umsonst bekommen? Bisher schon. Sie hat dem Lieferanten «ein paar Zahlen mehr» auf sein Konto geschrieben. Die Rechnung gilt als bezahlt. Für die Bank sind lediglich nur die Darstellungskosten entstanden und der Hubschrauber ist in den Besitz der Bank übergegangen. Das hört sich unglaublich an und lässt einen Denkfehler vermuten. Solch eine Ungeheuerlichkeit kann unsere demokratische Rechtsordnung doch nicht zulassen, oder? Aber wir wollen sehen, wie sich die Geschichte weiter entwickelt.

Der Lieferant des Hubschraubers will natürlich das auf seinem Konto gutgeschriebene Geld verwenden, um z.B. neue Hubschrauberteile zu kaufen. Dazu überweist er eine entsprechende Summe von seinem Konto auf das Konto seines Lieferanten. Dieses Konto kann zufällig bei derselben Bank geführt werden, aber auch bei einer anderen Bank. Wird es bei derselben Bank geführt, so erfolgt nur eine Übertragung innerhalb der Bank von einem Konto auf das andere Konto ohne weitere Auswirkungen für die Bank, s. Abb. 1.2.

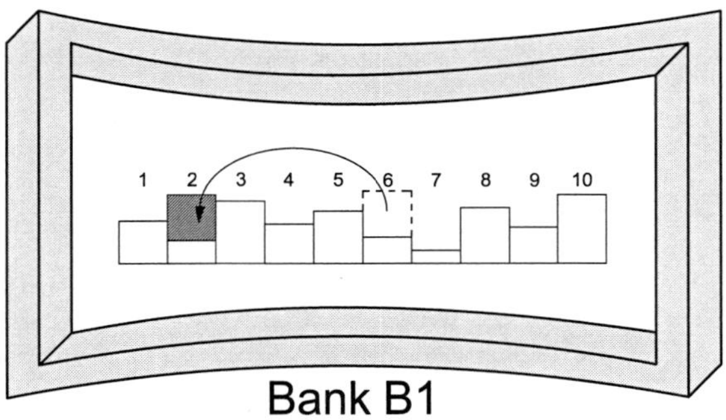

Abb. 1.2: Der Lieferant der Hubschrauberteile hat das Konto 2. Ein Teil des Geldes wird von Konto 6 auf das Konto 2 derselben Bank umgeschrieben.

Bei einer Übertragung innerhalb einer Bank ist nur die Bank selbst beteiligt und die Bankkonten der Bankkunden. Auch der Bankkunde mit dem Konto 2 akzeptiert die auf seinem Konto gutgeschriebenen Zahlen als Geld, da er der Bank und dem Geldsystem vertraut und die Gewissheit hat, dass die Zahlen auf seinem Konto auch von anderen Marktteilnehmern als Geld akzeptiert werden. Wieder entstanden für die Bank nur die Darstellungskosten.

Wird dagegen das Konto des Lieferanten der Hubschrauberteile bei einer anderen Bank geführt, wir nennen sie Bank B2, so sind bei dem Überweisungsvorgang neben den Bankkunden jetzt zwei Banken beteiligt. Das Geld muss von dem Konto des Hubschrauberlieferanten bei der Bank B1 zum Konto des Lieferanten der Hubschrauberteile bei der Bank B2 transferiert werden.

Wie akzeptiert nun die Bank B2 diese Überweisung als Geld? Vor dem Hintergrund, dass dieses Geld vor kurzer Zeit durch einen Schreibvorgang bei Bank B1 erst entstanden ist, also aus Sicht der Bank B1 wie aus dem «Nichts» geschöpft wurde, müsste die Bank B2 sehr misstrauisch sein. Ist sie aber nicht. Sie macht es selbst auch so. Hat nämlich Bank B2 am gleichen Tag zufällig gleich hohe Überweisungen in Richtung Bank B1 zu tätigen, so werden diese Überweisungen dagegen gerechnet, sodass sich die Überweisungen beider Banken ausgleichen, s. Abb. 1.3.

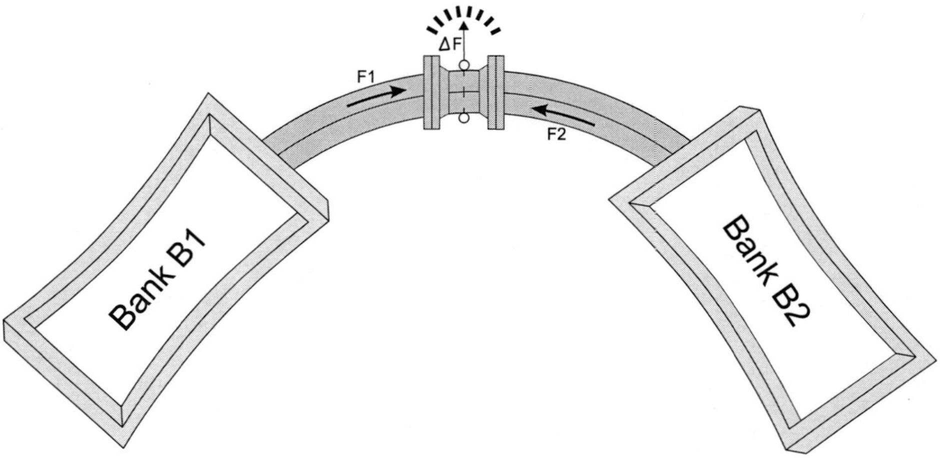

Abb. 1.3: Die gegenseitigen Überweisungen der Banken B1 und B2 sind an diesem Tag gleich hoch. Die Geldströme F1 und F2 gleichen sich aus. ΔF ist gleich Null.

Die gegenseitigen Geldströme F1 und F2 werden gemessen und daraus die Differenz ΔF gebildet. In Abb. 1.3 ist zur Veranschaulichung eine Messeinrichtung zwischen den beiden Banken installiert. Diese Messeinrichtung kann man sich als einen Durchflussmesser vorstellen, der die Differenz der in gegensätzlicher Richtung fließenden Geldströme misst. Ist ΔF gleich null, so sind die gegenseitigen Überweisungen gleich groß und werden somit als Geld akzeptiert.

Kommen wir zu unserem Beispiel mit dem Hubschrauber zurück. Aus den bisherigen Erkenntnissen können wir sehen, dass der Lieferant des Hubschraubers die auf seinem Konto gutgeschriebene Summe als Geld verwenden kann. Es sieht so aus, als ob sich die Banken B1 und B2 Waren kaufen können, sie auch bezahlen können, ohne dass sie dafür eine Leistung erbringen müssen. Wir sehen uns Abb. 1.3 noch einmal an. Für beide Banken sind die Summe der Zahlungseingänge und die Summe der Zahlungsausgänge von entscheidender Bedeutung. In der Realität werden tausende Überweisungen zwischen zwei großen Banken an einem Tag getätigt. Gleichen sich die Summen zwischen den Banken aus, so werden sämtliche Überweisungen als Geld akzeptiert. Wie das Geld entstanden ist, spielt dabei keine Rolle. Aber wir wollen sehen, wie die Geschichte weiter geht.

Nun werden sich die Zahlungen zwischen den Banken nicht immer am gleichen Tag ausgleichen. Dann wird der Ausgleich auf einen späteren Zeitpunkt verschoben. Dadurch geben sich Banken gegenseitig Kredit[1,2], s. Abb. 1.4.

---

[1] Dirk Solte: Weltfinanzsystem am Limit, Abschn. B.1.1, S. 253

[2] Laura de la Motte: Zur Vertrauensökonomie, S. 41
"Auf dem Interbankenmarkt können die Banken vorübergehend Liquiditätsüberschüsse und -defizite ausgleichen, in dem sie anderen Banken Geld borgen oder sich von anderen Banken Geld borgen. Dabei bleibt die Zentralbank-Geldmenge (ZB -Geldmenge) insgesamt unverändert".

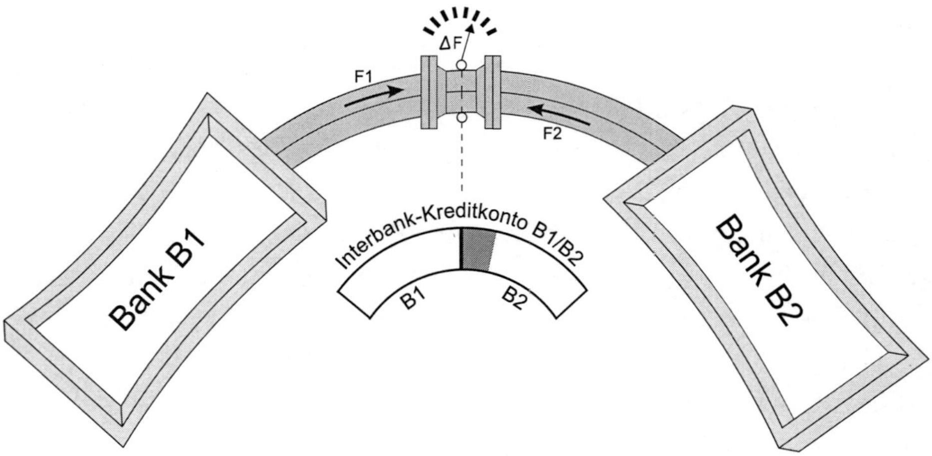

Abb. 1.4: Die gegenseitigen Überweisungen der Banken B1 und B2 sind an diesem Tag nicht gleich hoch. Der Geldstrom F1 ist größer als F2.

Die Zahlungsströme beider Banken gleichen sich in Abb. 1.4 nicht aus. Bank B1 möchte, dass ein größerer Betrag auf die Konten von Kunden der Bank B2 gebucht wird. Der Geldstrom F1 ist größer als F2 und somit ΔF ungleich null. Daraufhin gibt die Bank B2 der Bank B1 einen Kredit über die Differenz ΔF. Oder anders ausgedrückt, die Bank B2 akzeptiert nur den Anteil der Überweisung von Bank B1 als Geld, wofür sie am gleichen Tag Gegenüberweisungen an B1 getätigt hat. Da an diesem Tag von B1 Überweisungen in Richtung B2 mit einem höheren Betrag als Geld akzeptiert werden sollen, wird auf Basis des gegenseitigen Vertrauens die Differenz ΔF der Bank B2 gutgeschrieben. In der Höhe dieser Differenz hat B2 Guthaben gegenüber B1. Dieses Ungleichgewicht wird von B2 in der Hoffnung toleriert, dass sich diese Differenz in den nächsten Tagen in der Gegenrichtung wieder ausgleicht.

Dieses gegenseitige Gutschreiben (Kreditgeben) wird mittels Interbank-Kreditkonten verwaltet, s. Abb. 1.4 Mitte. Interbank-Kreditkonten sind Bankkonten, in denen über die gegenseitigen Guthaben der Banken untereinander Buch geführt wird. Dabei hat jede Bank bei der anderen Bank ein Interbank-Kreditkonto. Das bedeutet, dass bei einem Giralgeldtransfer zwischen zwei

Banken zwei Interbank-Kreditkonten angesprochen werden. Bei der einen Bank wird auf das Interbank-Kreditkonto eine Gutschrift gebucht und bei der anderen eine Schuld. In Abb. 1.4 und allen folgenden Abbildungen und Ausführungen werden beide Interbank-Kreditkonten der Übersichtlichkeit wegen als ein Interbank-Kreditkonto dargestellt, in dem nur das Ergebnis der Verrechnung beider Konten angegeben wird. In Abb. 1.4 wird dieses Konto als Interbank-Kreditkonto B1/B2 bezeichnet. Auf dem Interbank-Kreditkonto B1/ B2 erhält Bank B1 einen Kredit von Bank B2. Auf der rechten Seite des Interbank-Kreditkontos werden die Guthaben von Bank B2 dargestellt und auf der linken Seite die Guthaben von Bank B1.

Beide Banken haben eine Vereinbarung über die maximale Höhe der gegenseitig zu gewährenden Kredite. Überschreitet das Guthaben einer der beiden Banken die vorher vereinbarte Kreditgrenze, dann wird die Schuldnerbank aufgefordert, den übersteigenden Schuldbetrag in Form von Zentralbankgeld von ihrem Konto bei der Zentralbank auf das Zentralbankkonto der Gegenseite zu überweisen. Jede Bank hat zwingend bei der Zentralbank ein Konto, welches u.a. zum Ausgleich der verbliebenen Forderungen der Banken untereinander dient und welches mit einer Mindestmenge an Zentralbankgeld[3] gefüllt sein muss. Im unteren Teil der nachfolgenden Abbildung ist die Zentralbank dargestellt. Mit „Z“ wird die Zentralbank bezeichnet und die Zentralbank-Konten der beiden Banken mit ZK1 und ZK2, s. Abb. 1.5.

---

[3] Von der Zentralbank herausgegebenes Zahlungsmittel in Form von Giralgeld oder Bargeld. Das Zentralbankgeld in Form von Giralgeld wird nur als Zahlungsmittel zwischen Geschäftsbanken und der Zentralbank verwendet, s.a. spätere Ausführungen.

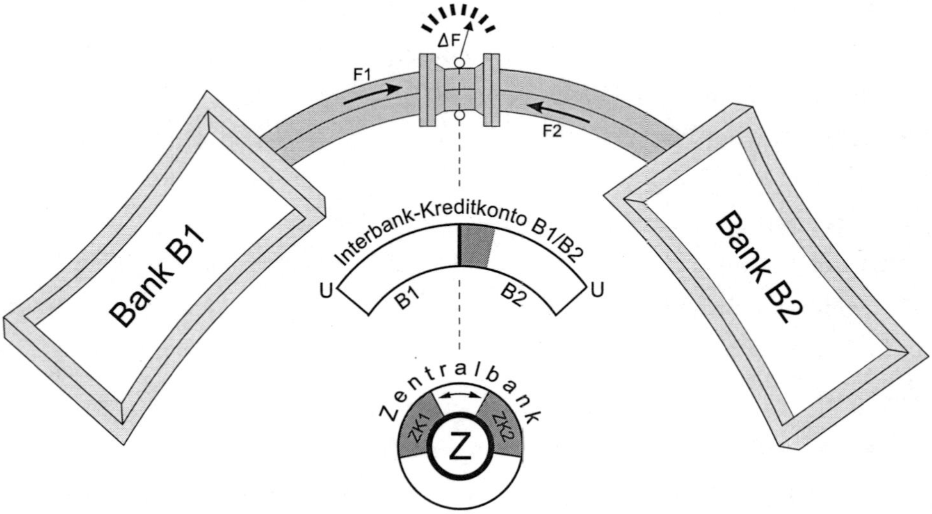

Abb. 1.5: Zentralbankkonten ZK1 und ZK2 der Banken B1 und B2 bei der Zentralbank Z

In unserem Beispiel würde bei Überschreiten des rechten Grenzwertes U des Interbank-Kreditkontos (eingeräumte Kreditgrenze von der Bank B2), die Bank B1 von ihrem Zentralbankkonto ZK1 der Bank B2 auf ihr Konto bei der Zentralbank ZK2 zwecks Ausgleich eine entsprechende Summe Zentralbankgeld überweisen. Um den gleichen Betrag wird dann das Guthaben der Bank B2 auf dem Interbank-Kreditkonto B1/B2 vermindert, sodass der Grenzwert U wieder unterschritten wird.

Zentralbankgeld bekommen die Banken über Kredite, die sie bei der Zentralbank aufnehmen müssen. Diese Kredite werden in einem sich wiederholenden Prozess zurückgezahlt und wieder erneut aufgenommen, sodass immer eine gewisse Menge Zentralbankgeld bei den Banken vorhanden ist. Für die Kredite müssen die Banken Zinsen an die Zentralbank zahlen und Sicherheiten beibringen. Als Sicherheiten akzeptiert die Zentralbank Wertpapiere, s. Kap. 1.2.

1.2 Die 3 Ebenen des Giralgeldverkehrs

Aus den vorhergehenden Betrachtungen erkennen wir 3 Ebenen des Geldverkehrs, s. Abb. 1.6. In einer Grafik wird das Zusammenwirken von drei Banken beispielhaft dargestellt.

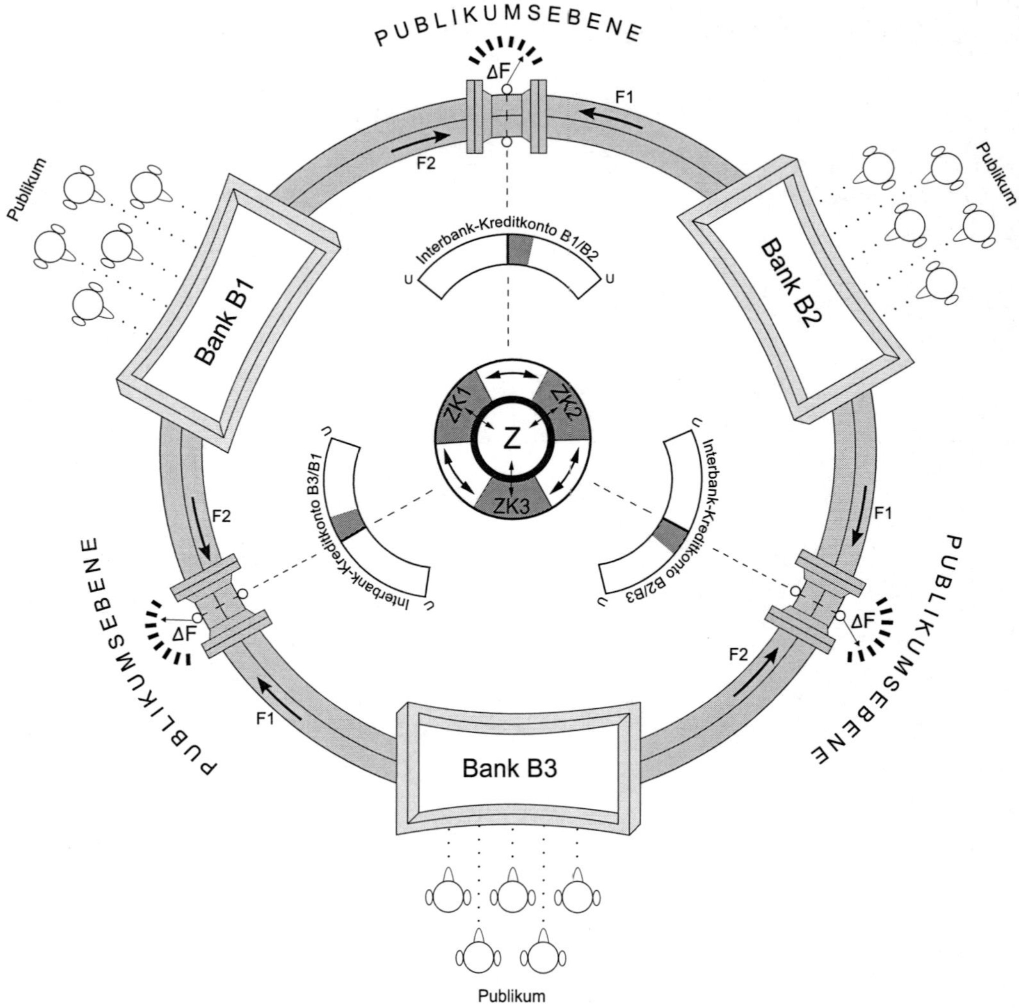

Abb. 1.6: Die 3 Ebenen des Giralgeldverkehrs

Publikumsebene: Die als Zahlungsmittel dem Publikum dargestellten alphanummerischen Zeichen zirkulieren infolge der von den Bankkunden initiierten Überweisungen zwischen den Banken B1, B2 und B3.
Interbankebene: Das *bilaterale Verrechnungsgeld* der Geschäftsbanken auf den Interbank-Kreditkonten.
Zentralbankebene: In der Mitte dargestellt, die Zentralbank Z und die Zentralbankkonten ZK1 bis ZK3 der Banken B1 bis B3.

Der äußere Ring wird als **Publikumsebene** bezeichnet. In dieser **ersten Ebene** zirkulieren die für die Bankkunden als Zahlungsmittel dargestellten alphanummerischen Zeichen (Buchstaben-Zahlen-Kombination). Die Bankkunden (Nichtbanken) verwenden die auf ihren Bankkonten von der Bank dargestellten Gutschriften als Geld.

Nichtbanken sind private Haushalte, Firmen und sonstige korporative und öffentliche Haushalte. In dieser Ebene werden alle direkten *Bank-Kunden-Geldgeschäfte* abgewickelt und die *Geldgeschäfte zwischen den Bankkunden*.

1. Die **direkten Bank-Kunden-Geldgeschäfte** sind z.B.:

    - Gutschriften zur Bezahlung von Lieferantenrechnungen der Banken
    - Gutschriften auf Lohnkonten von Bankmitarbeitern
    - Zinsgutschriften an Bankkunden
    - Erhöhen der Kundenkonten infolge von Kreditgewährung
    - Erhöhen des Kundenkontos infolge des Ankaufs von Kundenwertpapieren
    - Abbuchen von Kreditzinsen und Tilgungen von den Kundenkonten
    - Abbuchen von Kontoführungsgebühren
    - Verringern des Kundenkontos bei Verkauf von Wertpapieren an Bankkunden.

    Bei all diesen Vorgängen ist ein Schreibvorgang innerhalb der Bank ausreichend, um die involvierte Nichtbank zufriedenzustellen. Die Nichtbanken akzeptieren diese Schreibvorgänge als Geld, da sie der Bank und dem Geldsystem vertrauen.

2. **Geldgeschäfte zwischen den Bankkunden** sind Kundenüberweisungen von Bankkonto zu Bankkonto derselben Bank oder zu anderen Banken. Bei der Überweisung zu einer anderen Bank ist ein Schreibvorgang innerhalb der Bank allein nicht ausreichend. Die Banken müssen zueinander in Verbindung treten. Dazu benutzen sie die zweite Ebene.

In der **zweiten Ebene** findet die Verrechnung der Geldflüsse zwischen den Banken statt. Das betrifft in erster Linie die Verrechnung der von den Bankkunden initiierten Überweisungen von einem Kundenkonto einer Bank zum Kundenkonto einer anderen Bank. Eine Überweisung von einem Kundenkonto dieser Bank zu einem Kundenkonto einer anderen Bank ist für die eine Bank ein Zahlungsausgang und gleichzeitig für die andere Bank ein Zahlungseingang. In Abb. 1.6 ist diese Ebene durch den mittleren Ring der Interbank-Kreditkonten dargestellt. In dieser Ebene reicht das Vertrauen in das Geldsystem alleine nicht mehr aus, um alphanummerische Zeichen als Geld anzusehen. Die geschriebenen Zahlen werden zu Geld, in dem die Banken diese untereinander als Geld akzeptieren, nach dem Motto: „Wenn Du meine «Zahlen» als Geld akzeptierst, dann sehe ich Deine in gleicher Höhe auch als Geld an". Auf diese Weise verrechnen die Banken gegenseitig die von ihren Kunden initiierten Zahlungen. In Abb. 1.6 ist die Ermittlung dieser gegenseitigen Geldflüsse mittels einer Durchflussmessung verdeutlicht. Die Durchflussmessung ermittelt die Differenz der gegenseitigen Geldströme F1 und F2 und stellt das jeweilige Ergebnis ΔF auf dem Interbankkreditkonto dar. Diese Ebene nenne ich **Interbanken-Ebene.**

Sehen wir uns die Vorgänge in diesen beiden Ebenen an. In der Publikumsebene wird über Bildschirme oder Kontoauszüge der Nichtbank ihr jeweiliges Guthaben an Giralgeld angezeigt. Wie sind die Guthaben an Giralgeld entstanden? Entstanden sind sie durch einen **Schreibvorgang** bei dem Geld in Form alphanummerischer Zeichen dem Publikum gegenüber dargestellt wird. Die Guthaben des Publikums können auch durch das Einzahlen von Bargeld durch das Publikum entstanden sein. Bei unserer jetzigen Betrachtung können wir

---

[4] Der Anteil des Bargeldes am Gesamtgeldvolumen beträgt ca. 10 %. Die Bargeldmenge im Euro-Währungsgebiet betrug im Januar 2011 gleich 803 Mrd. Euro und die Geldmenge M2 ohne Bargeld (geschätzte Giralgeldmenge) gleich 7611 Mrd. Euro, s. www.ecb.int und www.bundesbank.de. Da es hier um die Geldentstehung geht, müssen bei dieser Untersuchung außer der umlaufenden Geldmenge M1 auch Anteile der konservierten Geldmenge M2 und M3 einbezogen werden. Zur Abschätzung des Verhältnisses zwischen Bargeldmenge und Giralgeldmenge wurde deshalb als mittlere Größe die Geldmenge M2 gewählt.

das Bargeld vernachlässigen, da der Anteil des Bargeldes am Gesamtgeldvolumen (ca. 10 %) gering ist.[4] Der gelddarstellende Schreibvorgang der Geschäftsbanken ist die Hauptquelle sämtlichen Geldes in der Publikumsebene. Er ist ein gelderschaffender Schreibvorgang. Wir wollen ihn als **geldschöpfenden Schreibvorgang** bezeichnen.

Sämtliche Gutschriften auf Konten von Bankkunden entstehen infolge von **geldschöpfenden Schreibvorgängen**. Diese werden von der Bank u.a. durchgeführt beim Tätigen von *Entnahmen* der Banken, wie z.B. den Hubschrauberkauf. *Entnahmen* von Banken sind sämtliche Betriebsausgaben wie Büroaufwendungen, Löhne und Gehälter, Werbeaufwendungen, Versicherungsaufwendungen usw., aber auch Aufwendungen für den Kauf von Immobilien zur eigenen Verwendung, Aufwendungen für technische Einrichtungen, Fahrzeuge usw., also alle Aufwendungen, die für den Betrieb einer Bank notwendig sind, und alles, was mit dem bezahlt werden kann, was die Bank so abwirft. Dazu gehören die Bonuszahlungen an Mitarbeiter und Vorstände, Honorarzahlungen aus Beraterverträgen genauso wie Spenden an Stiftungen, an die Politik und an sonstige Gesellschaften wie auch die Dividendenzahlungen an die Kapitaleigner. Alles das soll unter dem Begriff ***Entnahmen*** hier zusammengefasst werden. Der Begriff *Entnahmen* soll aussagen, es wird aus dem Geschäftserfolg der Bank etwas entnommen, um es für eigene Zwecke zu verwenden.

Geldschöpfende Schreibvorgänge werden auch getätigt bei der Vergabe von Krediten an Nichtbanken und bei der Bezahlung von Wertpapieren, die die Bank bei Nichtbanken gekauft hat. Diese Aktivitäten von Banken werden in den nachfolgenden Kapiteln behandelt.

Zusammenfassend kann man die Vorgänge in Kurzform wie folgt beschreiben: Die Banken lassen das Giralgeld durch **geldschöpfende Schreibvorgänge** in der Publikumsebene entstehen und dann zwischen sich zirkulieren. Wo das Geld jeweils ist und wem es gut geschrieben ist, das zeigen die Banken dem Publikum über Bildschirme oder Kontoauszüge an. Zu welcher Bank das Geld gelangt, das bestimmt das Publikum (die Bankkunden). Die Zahlungsströme zwischen den Banken werden gemessen und das Ergebnis als Differenz auf den Interbank-Kreditkonten angezeigt. Das Ergebnis dieser Messung ist für die

Banken ein internes gegenseitiges bilateral akzeptiertes Geld, **Interbankgeld**.

In der **Ebene 3** verkehren die Banken mit der Zentralbank, dargestellt in der Mitte der Abb. 1.6. Die Banken B1, B2 und B3 haben bei der Zentralbank Z je ein Konto ZK1, ZK2 und ZK3. Über die Zentralbank beziehen die Banken Zentralbankgeld. Normalerweise gleichen Geschäftsbanken die Unterschiede der gegenseitigen Zahlungseingänge und Zahlungsausgänge über Gutschriften auf den Interbank-Kreditkonten aus. Hat eine Bank auf dem Interbank-Kreditkonto gegenüber einer anderen Bank eine Gutschrift in einer Höhe, die sie gegenüber der anderen Bank nicht mehr tolerieren will, so fordert sie den Ausgleich mittels Zentralbankgeld. Dazu wird von dem Schuldnerbankkonto bei der Zentralbank Zentralbankgeld auf das Zentralbankkonto der Gläubigerbank überwiesen und gleichzeitig eine Korrektur auf dem Interbank-Kreditkonto vorgenommen. Tritt der Fall ein, dass eine Bank zu wenig Zentralbankgeld zur Verfügung hat, so muss sie einen Kredit[5] bei der Zentralbank aufnehmen. Diese Ebene wird **Zentralbankebene** genannt.

1.3 Geld als abgekartetes Spiel?

Wir halten fest, dass es möglich ist, dass Banken Werte aus der Gesellschaft entnehmen können, ohne eine Gegenleistung dafür erbringen zu müssen. Die Bank muss entsprechend groß sein und ein weitverzweigtes Netz von Bankkunden haben. Auf Überweisungen ihrer Kunden an Kunden anderer Banken werden dann auch automatisch Gegenüberweisungen von Kunden anderer Banken getätigt. So entsteht zu den anderen Banken ein ausgeglichenes Zahlungsverhältnis. Unter Ausnutzung dieses Prinzips, des Prinzips der **Kompen-**

---

[5] Um den Kredit erhalten zu können, muss die Bank der Zentralbank Sicherheiten überlassen. Von der Zentralbank akzeptierte Sicherheiten für Kredite sind Wertpapiere, die die Bank beim Publikum oder von anderen Banken kauft. Die Wertpapiere des Publikums werden mittels **geldschöpfender Schreibvorgänge** von der Bank bezahlt, s.a. Anhang A1.3 „Auswirkungen des Wertpapierhandels“.

sation der von Bankkunden initiierten Zahlungen, wird die große Bank in die Lage versetzt, Waren und Dienstleistungen mit **geldschöpfenden Schreibvorgängen** zu bezahlen. Sie muss nur darauf achten, dass die anderen Banken entsprechend ihrer Größe das Gleiche tun und ebenfalls mit einem Schreibvorgang Waren und Dienstleistungen bezahlen. So gleichen sich die darauf folgenden Zahlungsströme zwischen den Banken aus. Hauptsächlich die großen Banken können sich somit leistungslos Werte aneignen. Die Zahlungsströme ihrer Kunden dienen ihnen dabei als Hilfsmittel.

Das Giralgeldsystem ist ein erstaunliches System. Wo ist dort das Geld in dem Sinne, wie es sich der Normalbürger vorstellt, vorhanden? Das Giralgeld, welches wir in der Publikumsebene verwenden, entsteht als Ergebnis eines Kuhhandels zwischen den Banken nach dem Motto: „Ich erkenne Deine alphanummerischen Zeichen als Geld an, wenn Du meine auch als Geld anerkennst. Jeder von uns kann dem Publikum dann so viele alphanummerische Zeichen als Geld darstellen, wie wir uns gegenseitig absegnen.“ Das ist der unausgesprochene Deal zwischen den Banken.

Die Grundlage dieses abgekarteten Spiels ist die Möglichkeit der Banken, **geldschöpfende Schreibvorgänge** durchzuführen. Den Banken ist es nicht verboten, das Konto ihrer Kunden einfach zu erhöhen. Die Banken müssen gegenüber der Öffentlichkeit nicht nachweisen, woher die als Geld dargestellten Zahlen kommen. Diese Möglichkeit entstand für die Banken mit der allmählichen Einführung von Giralgeld. Der Gesetzgeber hat versäumt, die Geldschöpfungshoheit der Zentralbanken auf das Giralgeld zu erweitern. Die Zentralbanken haben trotz jahrzehntelanger Verwendung von Giralgeld nur die Geldschöpfungshoheit für Banknoten (Geldscheine). In Artikel 16 der Satzung des Europäischen Systems der Zentralbanken und der Europäischen Zentralbank findet man nur eine Festlegung für die Herausgabe von Banknoten: [6]

---

6 - Protokoll über die Satzung des Europäischen Systems der Zentralbanken und der Europäischen Zentralbank, vom 7.2.1992, zuletzt geändert am 13.12.2007
- Untersucht von Joseph Huber: Monetäre Modernisierung, S. 91

„Nach Artikel 106 Absatz 1 dieses Vertrages hat der EZB-Rat das ausschließliche Recht, die Ausgabe von Banknoten innerhalb der Gemeinschaft zu genehmigen. Die EZB und die nationalen Zentralbanken sind zur Ausgabe von Banknoten berechtigt. Die von der EZB und den nationalen Zentralbanken ausgegebenen Banknoten sind die einzigen Banknoten, die in der Gemeinschaft als gesetzliches Zahlungsmittel gelten.“

Es gibt keine Regelung über die Geldschöpfungshoheit von Giralgeld. Deshalb können sich die Banken, die keine Zentralbanken sind, auch das Recht herausnehmen Giralgeld zu schöpfen. Zur Unterscheidung nenne ich diese Banken, die keine Zentralbanken sind, in den folgenden Ausführungen Geschäftsbanken.

Im nächsten Kapitel wollen wir uns mehr mit den Details der Giralgeldschöpfung beschäftigen. In welchem Ausmaß können Geschäftsbanken unter welchen Umständen diese Nachlässigkeit der Politiker für ihren eigenen Vorteil ausnutzen?

2. Wie erwirtschaften die heutigen Geschäftsbanken ihr Geld?

Wie wir wissen, wird von den heutigen Geschäftsbanken statt Bargeld hauptsächlich Giralgeld verwendet, welches nicht von den Bankkunden zur Geschäftsbank gebracht wird, sondern durch einen **geldschöpfenden Schreibvorgang** entsteht. Inwieweit diese geschriebenen Zahlen als Geld angesehen werden, das handeln die Geschäftsbanken unter sich aus. Entscheidend dabei ist die Differenz der Zahlungseingänge und Zahlungsausgänge zwischen den Geschäftsbanken. Gleichen sich diese aus, so werden die geschriebenen Zahlen als Geld untereinander akzeptiert. Ein Zahlungseingang von anderen Geschäftsbanken wird in gleicher Höhe als Geld akzeptiert, wie als Zahlungsausgang an diese zurückfließt. Die Differenz der Zahlungseingänge und Zahlungsausgänge zwischen den Geschäftsbanken hängt zusammen mit den Zahlungseingängen und Zahlungsausgängen bei jeder einzelnen Geschäftsbank.

Im Folgenden sehen wir uns die Giralgeldflüsse in einer Geschäftsbank an. Was passiert innerhalb der Geschäftsbank? Wie erhält die Geschäftsbank Zinserträge, Kontoführungsgebühren, Wertpapiererträge usw.? Wir wollen uns im Einzelnen die wichtigsten Geschäftsfelder einer Geschäftsbank genauer ansehen.

Vorweg wollen wir eine These aufstellen und diese in den folgenden Ausführungen anhand der Geschäftsfelder der Banken überprüfen.

Gegenüber der Öffentlichkeit wird allgemein kommuniziert, dass Geschäftsbanken ihr Einkommen aus den Gebühren der Zahlungsverkehrsleistungen und aus der entstehenden Zinsdifferenz zwischen Finanzierungsleistungen und Geldanlageleistungen erhalten. Also Geschäftsbanken bekämen von ihren Kunden zum einen Kontoführungsgebühren, die sie als Einnahme verbuchen könnten. Und zum anderen erhielten sie einen Zinsgewinn aus der Differenz der erhaltenen Zinsen aus der Kreditvergabe und den zu zahlenden Zinsen an die Anleger (Sparer).

Unsere These lautet:

> *Die Einkommen der großen Geschäftsbanken entstehen nicht aus den bekannten Bankdienstleistungen, den Zahlungsverkehrsleistungen, den Geldanlageleistungen und den Finanzierungsleistungen. Die Erträge aus diesen Bankdienstleistungen kompensieren sich zwischen den großen Geschäftsbanken fast vollständig auf Null.*

2.1 Kreditvergabe

Ein Geschäftsbereich der Geschäftsbanken ist die Kreditvergabe. Wir betrachten an dieser Stelle die Kreditvergabe in der Publikumsebene. In der Publikumsebene schreiben die Geschäftsbanken die vereinbarte Kreditsumme dem Konto des Kreditnehmers gut. Die Geschäftsbank ist formal berechtigt die Giralgeldmenge auf dem Konto des Kreditnehmers (ihres Kunden) durch einen **geldschöpfenden Schreibvorgang** zu erhöhen. Das macht sie genauso, wie in dem Beispiel mit dem Hubschrauberkauf in Kap. 1.

In der nachfolgenden Abbildung werden die internen Abläufe einer Geschäftsbank veranschaulicht, s. Abb. 2.1.

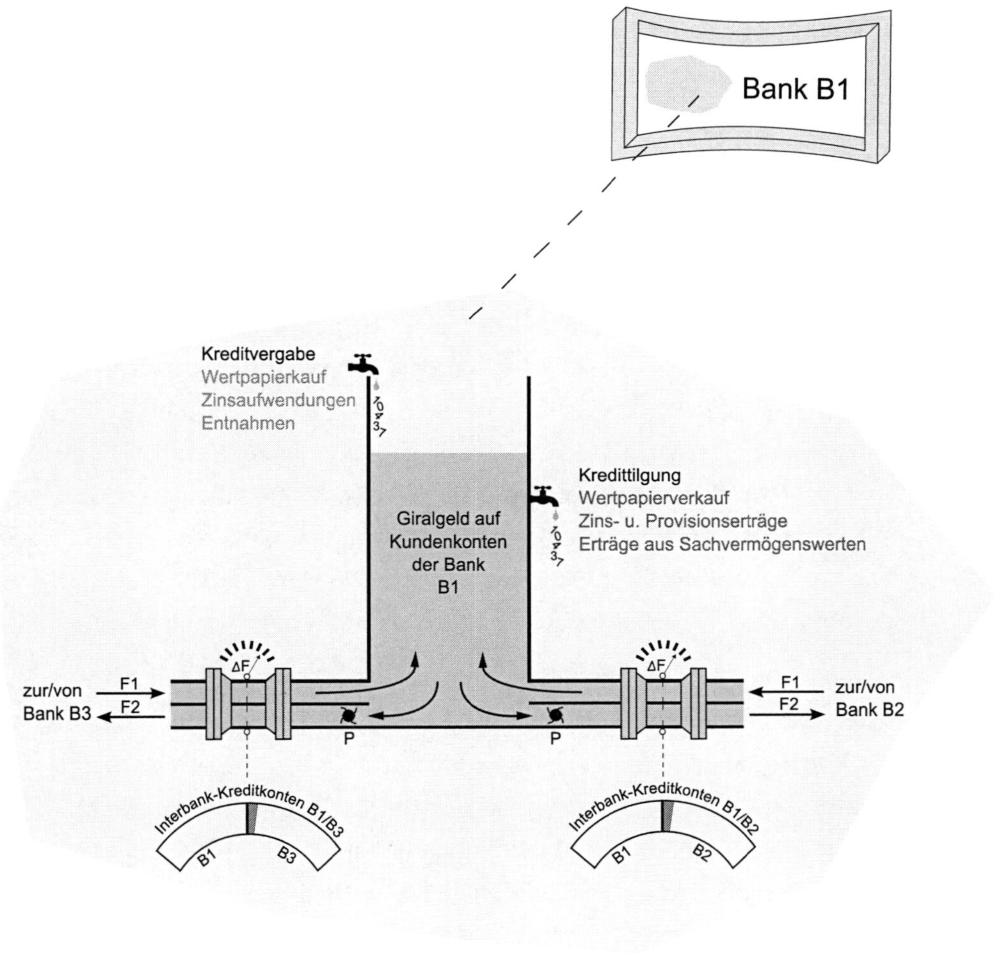

Abb. 2.1: Auswirkungen der Kreditvergabe bei der Geschäftsbank B1

Die Geschäftsbank ist in Abb. 2.1 als ein Behälter, gefüllt mit Giralgeld ihrer Kunden, dargestellt. Die Menge Giralgeld in dem Behälter verdeutlicht das in der Bank auf Kundenkonten angeschriebene Geld. Am Boden des Behälters fließt Giralgeld aus Überweisungen von Bankkunden anderer Banken in die Geschäftsbank hinein und zu Bankkonten anderer Geschäftsbanken hinaus. In Anlehnung an die Darstellung der 3 Ebenen des Giralgeldverkehrs (s. Kap. 1.2), wurden die Zahlungseingänge und Zahlungsausgänge zu zwei anderen

Geschäftsbanken dargestellt, Geschäftsbank B2 und B3. Die in die Bank hineinfließenden Gelder werden mit F1 bezeichnet und die herausfließenden mit F2. Ein Durchflussmesser misst, wie bereits in Kap. 1 erklärt, die Differenz der Zahlungsströme F1 und F2 und stellt sie als ΔF auf den Interbank-Kreditkonten dar. Die Menge des zu den anderen Geschäftsbanken wegfließenden Giralgeldes wird durch die Drehzahl der Umwälzpumpe P gesteuert. Die Umwälzpumpe ist in unserer Grafik das Symbol für die Aktion des Überweisungsvorganges. Die Drehzahl der Umwälzpumpe bestimmen vor allem die Bankkunden durch Anzahl und Höhe der Überweisungen zu anderen Geschäftsbanken und die Banken selbst durch das Tempo der Abwicklung der Zahlungen. Alle Geschäftsbanken kann man sich so untereinander verbunden vorstellen. Zusätzlich gibt es oben am Behälter einen Zulaufhahn für Giralgeld und in der Mitte des Behälters einen Ablaufhahn von Giralgeld. Diese beiden Hähne werden zum größten Teil von der Geschäftsbank selbst gesteuert. Die Bedeutung wird sich aus den nachfolgenden Ausführungen erschließen.

Wir wenden uns jetzt wieder der Kreditvergabe zu. Wie oben bereits beschrieben, werden bei der Kreditvergabe die Konten der Kreditnehmer durch einen **geldschöpfenden Schreibvorgang** erhöht. Dieser Vorgang wird durch das Aufdrehen des Zulaufhahns oben am Behälter in Abb. 2.1 verdeutlicht. Über den Zulaufhahn fließt das Giralgeld in den Behälter auf das Konto des Kreditnehmers. Der Giralgeldpegel im Behälter steigt dadurch. Der Kreditnehmer verwendet das Geld, in dem er es an andere Kundenkonten anderer Geschäftsbanken oder an Kundenkonten derselben Geschäftsbank überweist. Überweist er es an andere Konten anderer Geschäftsbanken, so wird das Giralgeld mittels der Umwälzpumpe P über den Zahlungsausgang F2 zu anderen Geschäftsbanken befördert. Der Giralgeldpegel im Behälter sinkt dadurch und die Durchflussmesser registrieren gleichzeitig eine Differenz ΔF zwischen den Zahlungsausgängen F2 und den Zahlungseingängen F1. In unserem Beispiel wird somit eine Schuld der Geschäftsbank B1 gegenüber den Geschäftsbanken B2 oder B3 auf die Interbank-Kreditkonten geschrieben. Auf diese Weise wird das Giralgeld für den Kredit von der Geschäftsbank bereitgestellt und von dem Kreditnehmer verwendet.

Nun ist es aber so, dass im gleichen Zeitraum auch die anderen Geschäftsbanken ebenfalls Kredite mittels **geldschöpfender Schreibvorgänge** an ihre Bankkunden vergeben und im Nachgang dessen auch Überweisungen an andere Geschäftsbanken von den Kreditnehmern getätigt werden. So treffen auch Überweisungen von anderen Geschäftsbanken, in unserem Beispiel von Geschäftsbank B2 und B3, bei unserer Geschäftsbank B1 über den Zahlungseingang F1 ein. Die Durchflussmesser registrieren dadurch eine Zahlungsdifferenz ΔF und schreiben eine Gutschrift auf die Interbank-Kreditkonten zugunsten der Geschäftsbank B1. Die noch eben erhaltenen Schulden auf den Interbank-Kreditkonten infolge der nachgeschalteten Überweisungen aus der Kreditvergabe unserer Bank werden durch die jetzt erfolgten Zahlungseingänge, die aus der Kreditvergabe der anderen Banken entstehen, wieder gemindert. Die Schulden werden vollständig neutralisiert, wenn in unserem Beispiel alle drei Geschäftsbanken in gleicher Höhe Kredite bereitstellen und im Nachgang von allen Kreditnehmern Überweisungen in gleicher Höhe an die anderen Geschäftsbanken getätigt werden. In diesem Fall stellt keiner der vergebenen Kredite für keine Geschäftsbank eine Belastung dar, da auf den Interbank-Kreditkonten bei keiner Geschäftsbank eine Schuld verbleibt. Nur bei ungleichen Kreditvergaben und nachfolgend ungleichen Überweisungen zwischen den Banken gleichen sich die Schulden auf den Interbank-Kreditkonten nicht aus. Bei den Kreditvergaben wird sich aber immer ein großer Teil der Zahlungsströme zwischen den Geschäftsbanken neutralisieren. Dieses Giralgeld haben die Geschäftsbanken mittels eines **Schreibvorganges** selbst **geschöpft**. Die Publikumsebene ist ein aus verbundenen Giralgeldbehältern bestehender geschlossener Kreislauf, in dem von den Geschäftsbanken **geschöpftes Giralgeld** zirkuliert.

Hier wird deutlich, unter Berücksichtigung des Prinzips der **Kompensation der von Bankkunden initiierten Zahlungen** (s. Kap. 1.3) können Geschäftsbanken das benötigte Geld für die Kreditvergabe mittels **geldschöpfender Schreibvorgänge** aus ihrer Sicht wie aus dem «Nichts» erschaffen[7].

---

[7] s.a. „Geldschöpfung der Geschäftsbanken - Mythos oder Realität" in Senf, Bernd: Der Tanz um den Gewinn, S. 88 ff

2.2 Kredittilgung

Als Nächstes werden die Abläufe bei der Kreditrückzahlung betrachtet. Der Kreditnehmer zahlt nach einiger Zeit den Kredit zurück, er tilgt ihn. Das Geld wird zu diesem Zweck von der Geschäftsbank von dem Konto des Kreditnehmers abgebucht. Das wird in Abb. 2.1 durch den Ablaufhahn in der Mitte des Giralgeldbehälters dargestellt. Das Giralgeld wird aus dem Behälter ins Freie abgelassen. Damit soll verdeutlicht werden, dass ein **geldverringernder Schreibvorgang** stattfindet.

Aber im Vorfeld der Kredittilgung muss der Kreditnehmer die Tilgungsrate bereitstellen. Der Bankkunde (Kreditnehmer) weiß, dass zu einem bestimmten Zeitpunkt die Tilgungsrate fällig ist, und muss dafür Sorge tragen, dass auf seinem Bankkonto die entsprechende Geldsumme bereitsteht. Es sind also Zahlungseingänge im Vorfeld der Abbuchung der Tilgungsrate notwendig. Die Zahlungseingänge kommen in unserem Beispiel von Bankkunden der Geschäftsbank B2 oder B3 über den Zahlungseingang F1. Dadurch steigt der Giralgeldpegel des Behälters im Vorfeld der Tilgung. Der Pegel sinkt dann wieder durch das Ablassen der Tilgungsrate. Der Durchflussmesser zur Geschäftsbank B2 oder B3, je nach dem woher das Giralgeld kam, registriert infolge der Zahlungseingänge eine Differenz ΔF und veranlasst eine Gutschrift auf einem der beiden Interbank-Kreditkonten zugunsten B1. Diese Gutschrift ist das Maß für den Geschäftserfolg der Geschäftsbank B1 im Zusammenhang mit der Kreditrückzahlung.

Auch hier wirkt das Prinzip der **Kompensation der von Bankkunden initiierten Zahlungen**. Bei den anderen Geschäftsbanken werden ebenfalls Kredite getilgt. Im Vorfeld dessen sind bei ihnen auch Zahlungseingänge von anderen Geschäftsbanken notwendig. Wo kommen diese Zahlungen her? Natürlich auch von unserer Geschäftsbank B1. Zu diesem Zweck wird von einem Konto unserer Geschäftsbank B1 eine oder mehrere Überweisungen an andere Geschäftsbanken getätigt, in unserem Beispiel zu den Geschäftsbanken B2 und B3. In der Abb. 2.1 wird dazu die Umwälzpumpe P von den Kontenbesitzern, die diese Überweisung veranlassten, in Gang gesetzt. Das Giralgeld fließt zu den Geschäftsbanken B2 und/oder B3 über den Zahlungsausgang F2. Das hat zur Folge, dass der Giralgeldpegel im Behälter unserer Geschäftsbank sinkt. Infolge der Überweisungen registrieren die Durchflussmesser eine Differenz ΔF der gegenseitigen Zahlungsflüsse. Die noch eben erhaltenen Gutschriften unserer Bank auf ihren Interbank-Kreditkonten, infolge der eingegangenen Überweisungen für die Tilgungsrate, wird durch die jetzt erfolgten Zahlungsausgänge, die die Gelder für die Kredittilgung bei anderen Banken bereitstellen, wieder gemindert. Sie werden vollständig neutralisiert, wenn in unserem Beispiel alle drei Geschäftsbanken die gleichen Kredittilgungen erhalten und zu diesem Zweck im Vorfeld von allen drei Geschäftsbanken die gleiche Summe Giralgeld zu den anderen beiden Geschäftsbanken überwiesen wird.

Außer den Zahlungseingängen und Zahlungsausgängen von und nach anderen Geschäftsbanken gibt es auch Zahlungen von Konto zu Konto innerhalb der Geschäftsbank. Welche Rolle spielen diese in Bezug auf die Kreditgeschäfte? Interne Zahlungsvorgänge, also Überweisungen von Geldbeträgen von einem Kundenkonto auf ein anderes Kundenkonto derselben Geschäftsbank sind Schreibvorgänge innerhalb der Geschäftsbank. Sie verursachen keine Differenz auf den Interbank-Kreditkonten. Hat also ein Bankkunde, um seine Kredittilgung zahlen zu können, eine Überweisung von einem Bankkonto derselben Geschäftsbank erhalten, so bleibt das Geld im Giralgeldbehälter und es entsteht keine Zahlungsdifferenz zu anderen Geschäftsbanken. Diese internen Zahlungsvorgänge bringen für die Geschäftsbanken große Vorteile. Je größer der Prozentsatz der internen Überweisungen ist, um so unabhängiger ist die einzelne Geschäftsbank von anderen Geschäftsbanken.

Bewertung der Einkommenssituation der Geschäftsbanken

Aus den bisherigen Betrachtungen über Kreditvergabe und Kredittilgung in der Publikumsebene erhalten wir folgende Erkenntnisse: Geschäftsbanken erschaffen das benötigte Geld für Kreditvergaben durch **geldschöpfende Schreibvorgänge** selbst und lassen es bei Tilgung des Kredites mittels **geldverringernder Schreibvorgänge** wieder vergehen. Infolge der **Kompensati-**

on der von Bankkunden initiierten Zahlungen heben sich bei großen Banken die vergebenen Kredite zwischen den Geschäftsbanken gegenseitig auf. Das Gleiche spielt sich bei der Tilgung von Krediten ab. Dort kompensieren sich die Tilgungen.

Daraus muss man schlussfolgern: Es ist nicht primär entscheidend für die Geschäftsbanken, dass sie ihre vergebenen Kredite wieder zurückbezahlt bekommen, sondern primär entscheidend ist, ob die anderen Geschäftsbanken in gleichem Maße ebenfalls Kredite vergeben und Tilgungen erhalten.

In Bezug auf die Tilgung erhält man dann eine verblüffende Erkenntnis: Werden bei den anderen Banken in derselben Größenordnung Kredite nicht zurückgezahlt, so ändert sich nichts an der Zahlungsbilanz der Geschäftsbanken untereinander. Infolge der **Kompensation der von Bankkunden initiierten Zahlungen** neutralisieren sich die Ausfälle zwischen den Geschäftsbanken. Somit hat keine der beteiligten Banken eine Einbuße infolge von Kreditausfällen. Dieser Mechanismus wirkt besonders bei großen Geschäftsbanken, bei denen die Kompensation der Zahlungen, infolge des großen weitverzweigten Kundennetzes, besonders gut funktioniert. Große Banken tragen somit ein geringeres Risiko bei der Kreditvergabe als allgemein angenommen. Aufgrund dieser Erkenntnis müssen Schuldenerlasse von Bankengruppen (z. B. gegenüber Staaten) in einem ganz anderen Licht betrachtet werden. In den Kap. 3.3.3 und 6.4 wird dieses Phänomen noch näher beleuchtet.

2.3 Zins- und Provisionserträge

Zinserträge erzielt die Geschäftsbank über Kreditverträge in der Publikumsebene, in der Interbanken-Ebene und in der Zentralbankebene. Wir betrachten an dieser Stelle die Zinserträge in der Publikumsebene.

Provisionserträge sind Kontoführungsgebühren, Buchführungsgebühren, Scheckkartengebühren, Einzugsprovisionen, Gebühren für Daueraufträge, Provisionen aus dem Reisezahlungsverkehr, Schließfachgebühren, Provisionen aus dem An- und Verkauf von Edelmetallen u. ä. Für diese Dienstleistungen verlangen Geschäftsbanken Vergütungen.

Zins- und Provisionserträge werden von den Konten der Nichtbanken in der Publikumsebene abgebucht. Bei beiden Ertragsarten laufen die gleichen Vorgänge ab. Stellvertretend werden die Abläufe für die Zinserträge hier beschrieben.

Die Kreditzinsen, die der Kreditnehmer zu zahlen hat, sind die Zinserträge der Geschäftsbank. Diese erhält die Geschäftsbank von den Kreditnehmern, in dem sie von deren Bankkonten das Geld mittels eines **geldverringernden Schreibvorganges** abbucht. Hier stoßen wir auf die in der Einleitung versprochene spannende Herausforderung für den Leser, die realen von den scheinbaren Abläufen zu unterscheiden. Erhält die Bank wirklich Erträge durch das Abbuchen der Zinsen von den Bankkonten der Kreditnehmer?

In der nachfolgenden Abbildung werden die Zinserträge über den Ablaufhahn abgelassen. Das soll den **geldverringernden Schreibvorgang** auf dem Konto des Kreditnehmers verdeutlichen, s. Abb. 2.2.

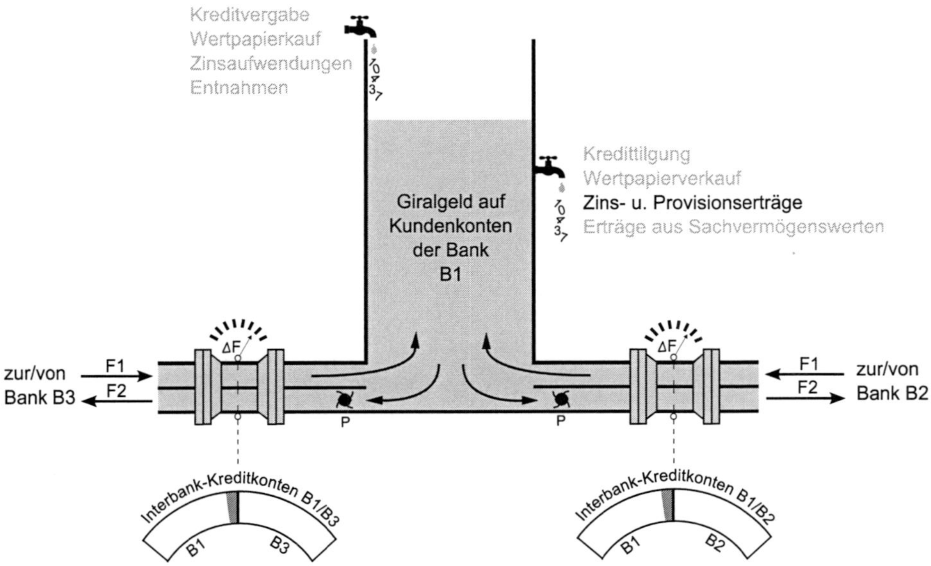

Abb. 2.2: Zins- und Provisionserträge der Geschäftsbank B1

Welche wirtschaftliche Bedeutung hat die Zinsnahme für die Geschäftsbank? Eine Auswirkung auf den Geschäftserfolg der Geschäftsbank entsteht bereits vor dem Aufdrehen des Ablaufhahnes, also vor dem **geldverringernden Schreibvorgang**. Der Bankkunde (Kreditnehmer) weiß, dass zu einem bestimmten Zeitpunkt die Zinszahlung fällig ist, und muss dafür Sorge tragen, dass auf seinem Bankkonto die entsprechende Geldsumme bereitsteht. Es sind also Zahlungseingänge im Vorfeld der Abbuchung der Zinserträge notwendig. Die Zahlungseingänge kommen in unserem Beispiel von Bankkunden der Geschäftsbank B2 oder B3 über den Zufluss F1. Dadurch steigt der Giralgeldpegel im Behälter. Der Pegel sinkt dann wieder durch das Ablassen der Zinserträge. Infolge der Zahlungseingänge registriert der Durchflussmesser zur Geschäftsbank B2 oder B3, je nach dem woher das Giralgeld kam, eine Differenz der Zahlungsströme und veranlasst eine Gutschrift auf einem der beiden Interbank-Kreditkonten zugunsten der Geschäftsbank B1. Diese Gutschriften auf den Interbank-Kreditkonten sind für die Geschäftsbanken Ausdruck ihres Geschäftserfolges. Nicht die Kreditzinsen, die durch einen **geldverringernden Schreibvorgang** von den Konten der Bankkunden abgebucht werden, haben für die Geschäftsbanken den Charakter von Einkommen, sondern nur die als Geld akzeptierten Zahlungen von Geschäftsbank zu Geschäftsbank und die daraus resultierenden Gutschriften auf den Interbank-Kreditkonten sowie die eventuell daraus resultierenden Guthaben auf ihrem Zentralbankkonto. Die Dokumentation der Zinsabbuchungen in der Buchführung der Bank als Einnahme ist demzufolge unrichtig. Ein Einkommenszuwachs infolge von Zinserträgen kann für die Geschäftsbank nur über die Interbank-Kreditkonten oder das Zentralbankkonto entstehen.

Hier wirkt wieder das Prinzip der **Kompensation der von Bankkunden initiierten Zahlungen**. Bei den anderen Geschäftsbanken entstehen ebenfalls Zinserträge und im Vorfeld dessen sind bei ihnen auch Zahlungseingänge von Bankkunden anderer Geschäftsbanken notwendig. Wo kommen diese Zahlungen her? Natürlich auch von unserer Geschäftsbank B1. Zu diesem Zweck wird von Kundenkonten unserer Geschäftsbank B1 eine oder mehrere Überweisungen an andere Geschäftsbanken getätigt, in unserem Beispiel zu den

Geschäftsbanken B2 und B3. In unserer Abbildung wird dazu die Umwälzpumpe P von den Kontenbesitzern, die diese Überweisung veranlassten, in Gang gesetzt. Das Giralgeld fließt zu den Geschäftsbanken B2 und/oder B3 über den Ausgang F2. Das hat zur Folge, dass der Giralgeldpegel im Behälter unserer Geschäftsbank sinkt. Gleichzeitig registrieren die Durchflussmesser eine Differenz der Eingangs- und Ausgangszahlungen. Die noch eben erhaltenen Gutschriften auf den Interbank-Kreditkonten unserer Bank, im Vorfeld der eigenen Zinserträge, werden durch die jetzt erfolgten Zahlungsausgänge, die die Gelder für die Zinserträge bei anderen Banken bereitstellen, wieder gemindert. Sie werden vollständig neutralisiert, wenn in unserem Beispiel alle drei Geschäftsbanken die gleichen Zinserträge erhalten und zu diesem Zweck im Vorfeld von allen drei Geschäftsbanken die gleiche Summe Giralgeld zu den anderen beiden Geschäftsbanken überwiesen wird. In diesem Fall sind die sogenannten Zinserträge der Geschäftsbanken keine Erträge, da sie auf den Interbank-Kreditkonten bei keiner Geschäftsbank eine Gutschrift hinterlassen. Nur bei ungleichen Zinserträgen und ungleichen Überweisungen zwischen den Banken im Vorfeld gleichen sich die Gutschriften auf den Interbank-Kreditkonten nicht aus. Es wird aber immer eine bestimmte Summe Zinserträge geben, die sich zwischen den Geschäftsbanken neutralisieren.

2.4 Täuschender Zinsgewinn

Das Zusammenwirken von **geldschöpfenden** und **geldverringernden Schreibvorgängen** mit der **Kompensation der von Bankkunden initiierten Zahlungen** ist der Schlüssel für das Verständnis für die Hintergründe der Einkommenserzielung von Geschäftsbanken. Sind die Banken entsprechend groß und haben ein weitverzweigtes Netz von Bankkunden, sodass sich infolge ihres Anteils an den lokalen, nationalen und internationalen Zahlungsströmungen die Ein- und Auszahlungen in Anzahl und Summe gegenüber den anderen Geschäftsbanken ausgleichen, so heben sich die Zinserträge im gleichen Maße gegeneinander auf.

Hier stellt sich die Frage, warum große Geschäftsbanken Kredite vergeben, wenn sie doch von den Zinsen nicht profitieren können? Die Antwort erhält man aus dem Grundprinzip der Geschäftstätigkeit von Banken, dem erstrebten Zahlungsausgleich zu den anderen Geschäftsbanken. Nur ein großer Kundenkreis garantiert den zeitnahen Ausgleich der Zahlungsströme gegenüber den anderen Geschäftsbanken. Große Geschäftsbanken geben deshalb Kredite, um einen großen Kundenkreis an sich zu binden. Das ist infolge der **Kompensation der von Bankkunden initiierten Zahlungen** für die Bank anfangs ein Nullsummenspiel. Später dann sind Kreditnehmer, wenn sie erfolgreich sind, die zukünftigen Anleger, die der Bank zusätzliche Zahlungseingänge bringen. Zusätzliche Zahlungseingänge erhält eine Bank ebenfalls, wenn sie weniger Kreditausfälle hat, als die Konkurrenz, wie in Kap. 2.2 und 3.3.3 beschrieben. Und Kreditforderungen sind den Banken auch nützlich, um mit diesen in verbriefter Form ihre Bilanz umzugestalten (s. Kap 4.6 und 6.4). Es besteht aber die berechtigte Sorge, dass das Interesse der Banken an der Kreditvergabe mit der weiter fortschreitenden Giralgeldverwendung und Liberalisierung der Finanzmärkte immer mehr abnimmt. Da die schöpfbare Giralgeldmenge begrenzt ist, steht die Kreditvergabe der Geschäftsbanken in Konkurrenz zu den *Entnahmen* (beschrieben in Kap. 2.5) und dem lukrativen Wertpapiergeschäft (s. Anhang A1.3 und Kap. 4).

Obwohl große Geschäftsbanken keine oder nur geringe Zinserträge erhalten, weisen sie in ihrer Buchführung gegenüber der Öffentlichkeit stattliche Zinserträge aus. Sie hätten gegenüber der Öffentlichkeit große Probleme, wenn sie das nicht tun würden. Diese Praxis ist Bestandteil der Verschleierung ihrer unberechtigten Vorteilsnahme infolge **geldschöpfender Schreibvorgänge**. Die praktizierten Bilanzrichtlinien legalisieren diese Täuschung, s.a. Kap. 3.

Zinserträge sind nur für kleinere Geschäftsbanken von Bedeutung. Bei ihnen gleichen sich die Zahlungsströme in der Publikumsebene nicht so automatisch aus, wie das bei großen Geschäftsbanken der Fall ist. Sie müssen über fein dosierte Nischengeschäfte erreichen, dass auf der Publikumsebene mehr Zahlungen in die Bank hineinfließen als heraus. Sie vergeben z.B. hauptsächlich Kredite an lokal agierende Bankkunden, die das erhaltende Geld wiederum an andere Bankkunden derselben Bank ausgeben. Ideal ist hier, wenn die eigene Region mehr Waren und Dienstleistungen in andere Regionen exportiert als importiert. So kann erreicht werden, dass die Gelder für Kredittilgungen aus regionaler Zirkulation kommen und zusätzlich Gelder aus anderen Regionen z.B. für die Kreditzinsen. In diesem Fall bekommt die regionale Geschäftsbank infolge der eigenen Giralgeldschöpfung einen zusätzlichen Ertrag, der sie davor bewahrt von der Zentralbank Geld aufnehmen zu müssen (s.a. Anhang 2 „Ertrag aus dem Sparverhalten der Bankkunden").

Ist eine Geschäftsbank dagegen global aufgestellt, d.h. sie ist eine sehr große Bank, die in allen wirtschaftlichen Zentren der Welt honorige Kunden hat, so gleichen sich ihre Zahlungsströme auf der Publikumsebene fast automatisch gegeneinander aus. Auch die Zinserträge fallen diesem Ausgleich zum «Opfer». Große Geschäftsbanken erzielen somit kein nennenswertes Einkommen direkt aus Finanzierungsleistungen. Ihre eigentlichen Einkommen erhalten sie aus dem Mechanismus des Zusammenwirkens von **geldschöpfenden Schreibvorgängen** und der **Kompensation der von Bankkunden initiierten Zahlungen**. Bei Verwirklichung dieses Prinzips können große Geschäftsbanken fast nach Belieben *Entnahmen* mit selbst geschöpftem Geld aus ihrer Sicht wie aus dem «Nichts» tätigen, s. nachfolgend den Abschnitt „Entnahmen".

2.5 Entnahmen

Nach der in Kap. 1 angeführten Definition werden als *Entnahmen* bezeichnet: sämtliche Betriebsausgaben, wie Büroaufwendungen, Löhne und Gehälter, Werbeaufwendungen, Versicherungsaufwendungen usw., aber auch Aufwendungen für den Kauf von Immobilien zur eigenen Verwendung, Aufwendungen für technische Einrichtungen, Fahrzeuge usw., also alle Aufwendungen, die für den Betrieb einer Geschäftsbank notwendig sind und alles, was mit dem bezahlt werden kann, was die Geschäftsbank so abwirft. Dazu gehören die Bonuszahlungen an Mitarbeiter und Vorstand, Honorarzahlungen aus Beraterverträgen, genauso wie Spenden an Stiftungen, an die Politik und an sonstige Gesellschaften sowie die Dividendenzahlungen an die Kapitaleigner. Alles das soll unter dem Begriff *Entnahmen* hier zusammengefasst werden.

All diese *Entnahmen* werden bezahlt wie unser Hubschrauber in dem Beispiel in Kapitel 1. Dem Begünstigten wird die Zahlsumme durch einen **geldschöpfenden Schreibvorgang** auf seinem Bankkonto gut geschrieben. Dazu wird der obere Zulaufhahn geöffnet, s. Abb. 2.3.

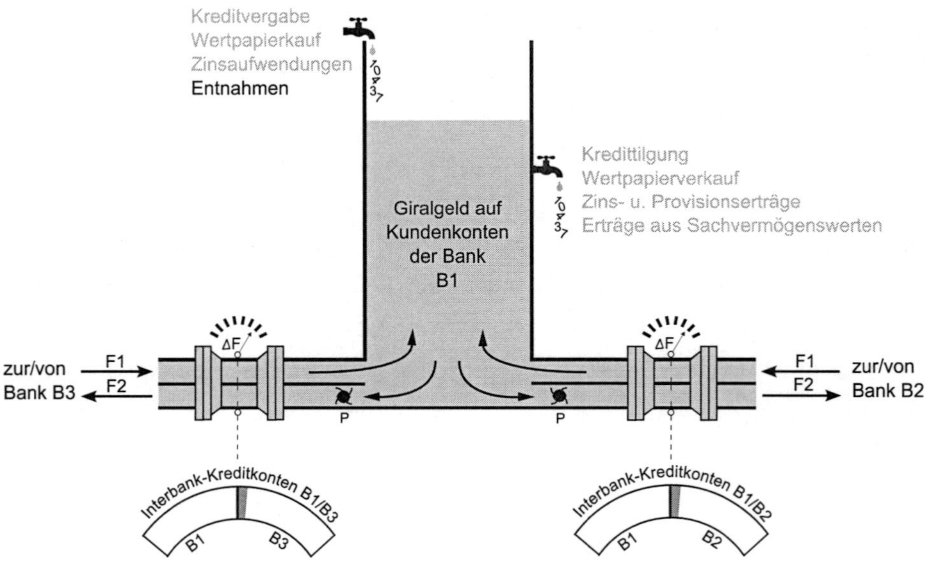

Abb. 2.3: Entnahmen der Geschäftsbank B1

Der Pegel im Behälter steigt. Die Begünstigten (Lieferanten, Mitarbeiter, Stiftungen, Kapitaleigner usw.) verwenden das Geld und überweisen es auf ein Konto einer anderen oder derselben Geschäftsbank. Erfolgt die Überweisung zu einem Konto einer anderen Geschäftsbank, so erhöhen sich die Zahlungsausgänge der überweisenden Geschäftsbank B1. In Abb. 2.3 wird zu diesem Zweck die Umwälzpumpe P von dem Bankkunden, der die Überweisung in Auftrag gegeben hat, in Gang gesetzt. Daraufhin stellt der Durchflussmesser eine Differenz ΔF zwischen den Zahlungsausgängen und Zahlungseingängen fest und übermittelt diese Differenz an die Interbank-Kreditkonten. Auf diesen wird eine Schuld der Geschäftsbank B1 gegenüber den Geschäftsbanken B2 und/oder B3 eingetragen. So werden die *Entnahmen* von der Geschäftsbank bezahlt.

Auch hier wirkt das **Zusammenspiel von geldschöpfenden Schreibvorgängen und der Kompensation der von Bankkunden initiierten Zahlungen**. Bei den anderen Geschäftsbanken werden ebenfalls *Entnahmen* getätigt und die Begünstigten der anderen Geschäftsbanken verwenden das erhaltene Geld ebenfalls für Überweisungen an Kundenkonten anderer Geschäftsbanken. Die anderen Geschäftsbanken erzeugen demnach ebenfalls Zahlungsausgänge, die wiederum bei anderen Geschäftsbanken direkt Zahlungseingänge sind. Somit werden die auf den Interbank-Kreditkonten entstehenden Schulden bei allen Geschäftsbanken vollständig neutralisiert, wenn in unserem Beispiel alle drei Geschäftsbanken die gleichen *Entnahmen* tätigen und die Kunden aller drei Geschäftsbanken in der Folge die gleiche Summe Giralgeld zu den anderen beiden Geschäftsbanken überweisen. In diesem Fall sind die *Entnahmen* keine Belastung für die Geschäftsbanken, da sie auf den Interbank-Kreditkonten bei keiner Geschäftsbank eine Schuld hinterlassen. Nur bei ungleichen *Entnahmen* und nachfolgend ungleichen Überweisungen gleichen sich die Gutschriften auf den Interbank-Kreditkonten nicht aus. Es wird aber immer eine bestimmte Summe *Entnahmen* geben, die sich zwischen den Geschäftsbanken neutralisiert.

Jetzt können wir unsere noch nicht ganz beantwortete Frage aus Kapitel 1 in dem Beispiel mit dem Hubschrauberkauf abschließend beantworten. Bekommt die Bank den Hubschrauber umsonst? Ja, sie bekommt den Hubschrauber umsonst, wenn alle Geschäftsbanken mitmachen und sich ebenfalls einen Hubschrauber oder andere Geschäftsausstattungen für umsonst zulegen. **Durch die Erhöhung der *Entnahmen* aller Geschäftsbanken in gleicher Weise wird die umlaufende Geldmenge erhöht. Woher kommt das Geld? Es entsteht aus dem Verbrauch desselben. Es wird aus Sicht der Geschäftsbank wie aus dem «Nichts» geschöpft.** Das Prinzip Gewinn = Ertrag – Aufwendungen gibt es hier nicht mehr. Das trifft besonders auf große Banken zu.

2.6 Weitere Geschäftsfelder der Geschäftsbanken

Die Geschäftsbanken haben auch Zinsaufwendungen an Anleger, Erträge aus Sachvermögenswerten und handeln mit Wertpapieren. Diese Geschäftsfelder laufen nach dem gleichen Prinzip, wie bei der Kreditvergabe und den Zinserträgen beschrieben, ab. Für interessierte Leser werden diese Geschäftsfelder im Anhang 1 abgehandelt. Ebenfalls im Anhang 1 unter A1.4 wird der Bargeldverkehr beschrieben. Bleibt die umlaufende Bargeldmenge konstant, so unterscheidet er sich dem Prinzip nach nicht von den anderen Geschäftsfällen.

2.7 Strukturell bedingte kooperative Geldschöpfung

Nach der Theorie, wie sie bisher entwickelt wurde, muss es das Ziel der großen Geschäftsbanken sein, untereinander einen Ausgleich zu schaffen. Sie müssen zusammenwirken, also miteinander kooperieren, um für alle den größtmöglichen Geschäftserfolg zu erreichen. Die Geschäftsbanken müssen dabei alle Geschäftsbereiche im Blick haben. Sämtliche geschäftlichen Aktivitäten der einen Geschäftsbank wirken auf die Aktivitäten der anderen zurück. Aus der nachfolgenden Abb. 2.4 wird die Wirkung einer einzelnen Aktivität einer einzelnen Geschäftsbank auf das gesamte Bankensystem verdeutlicht.

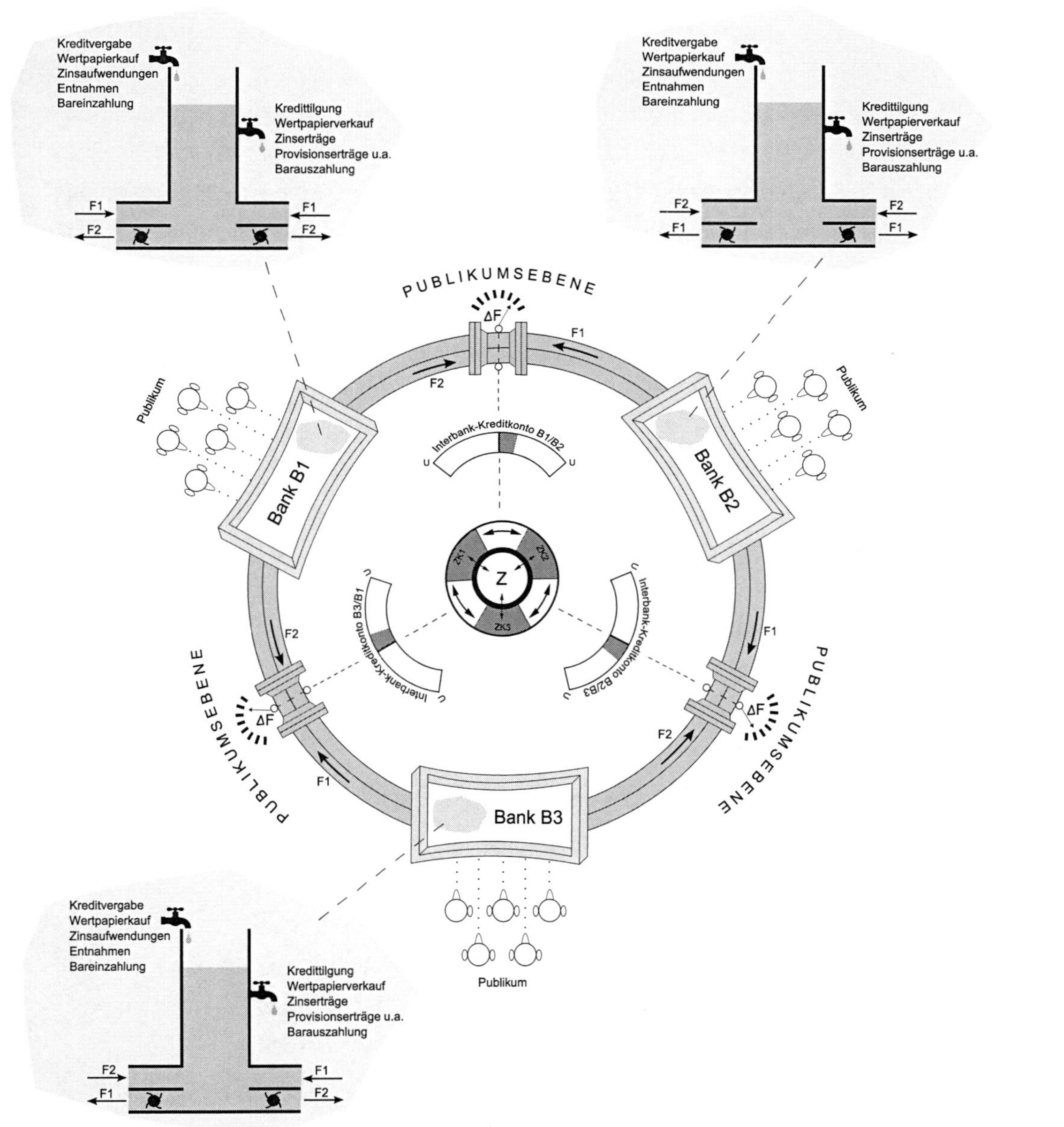

Abb. 2.4: Die strukturelle Abhängigkeit der Geschäftsbanken

Vergibt z.B. eine Geschäftsbank einen Kredit an das Publikum, so wirkt die Kreditvergabe, bei Verwendung des Geldes durch den Kreditnehmer, auf eine oder mehrere andere Geschäftsbanken. Die Kreditvergabe wirkt nicht nur auf die Kreditgeschäfte anderer Geschäftsbanken, sondern auch auf andere Geschäftsfelder der anderen Geschäftsbanken, wie Wertpapierhandel, Zinserträge, Zinsaufwendungen, Provisionserträge, Erträge aus Sachvermögenswerten und *Entnahmen*. Für die einzelne Geschäftsbank geht es immer um die aus ihren Geschäftsaktivitäten entstehende Summen der Zahlungsausgänge und Zahlungseingänge zu den anderen Geschäftsbanken. Hier ist jede Geschäftsbank bestrebt, eine ausgeglichene Zahlungsbilanz zu erreichen. Stellt die Geschäftsbank ihren Bankkunden infolge von Kreditvergaben, Wertpapierkäufen, Zinszahlungen und *Entnahmen* Giralgeld mittels **geldschöpfender Schreibvorgänge** zur Verfügung, so werden in der Folge vermehrt Zahlungsausgänge von ihren Bankkunden getätigt, die die Zahlungsbilanz zu den anderen Geschäftsbanken beeinflussen. Achtet sie darauf, dass die anderen Geschäftsbanken ebenfalls **geldschöpfende Schreibvorgänge** durchführen, so gleichen sich die Zahlungsbilanzen der Banken untereinander wieder aus. Das Beispiel mit dem Hubschrauberkauf belegt das auf eindrucksvolle Weise. Tätigen die Geschäftsbanken im Gleichschritt *Entnahmen*, so bleiben die Zahlungsbilanzen zwischen ihnen ausgeglichen und alle bekommen die *Entnahmen* umsonst.

Die großen Geschäftsbanken haben dabei einen Vorteil. Da sich bei ihnen infolge des hohen Anteils an lokalen, nationalen und internationalen Zahlungsströmen die Ein- und Auszahlungen in Anzahl und Summe auf der Publikumsebene automatisch ausgleichen, können sie mehr Werte aus der Gesellschaft abschöpfen als die kleineren Geschäftsbanken. Infolge dieses Vorteils kommt es zu einem Wettbewerb um die pure Größe der Geschäftsbank.

Aber selbst wenn diese Mechanismen der einen oder anderen Geschäftsbank nicht bekannt sein sollten, auch dann kooperieren die Geschäftsbanken automatisch miteinander und schöpfen aus ihrer Sicht Giralgeld wie aus dem «Nichts», ohne es zu wissen. Drehen nämlich alle Geschäftsbanken außer einer den oberen Zulaufhahn in Abb. 2.4 stärker auf, dann fließt vermehrt geschöpftes Giralgeld in das System. Dieses Giralgeld wird in der Publikumsebene auf alle Geschäftsbanken verteilt und kommt somit auch bei der Geschäftsbank an, die aus Unwissenheit den oberen Zulaufhahn nicht stärker aufgedreht hatte. Dadurch, dass mehr Geld im Kreislauf ist, erhält auch die unwissende Geschäftsbank mehr Zahlungseingänge. Da sie ihren oberen Zulaufhahn nicht stärker aufgedreht hatte (sie hatte ihren Kunden nicht mehr Geld zur Verfügung gestellt), werden ihre Kunden weniger Zahlungsausgänge veranlassen als die Kunden der anderen Geschäftsbanken. Das hat zur Folge, dass ihre Interbank-Kreditkonten gegenüber den anderen Geschäftsbanken vermehrt Gutschriften erhalten. Kennt sie den Mechanismus der **Kompensation der von Bankkunden initiierten Zahlungen** nicht, so führt sie den Anstieg der Interbank-Gutschriften auf die eigene erfolgreiche Banktätigkeit zurück und wird angeregt, die Interbank-Gutschriften für zusätzliche Geschäftsaktivitäten zu nutzen. Sie tätigt z.B. zusätzliche *Entnahmen*, vergibt vermehrt Kredite oder kauft mehr Wertpapiere. Dazu dreht sie den oberen Zulaufhahn ebenfalls mehr auf und nimmt so, ohne dass es ihr bewusst wird, an dem **Zusammenspiel geldschöpfender Schreibvorgänge und der Kompensation der von Bankkunden initiierten Zahlungen** teil.

Anders herum ist es, wenn ein Großteil der Geschäftsbanken den oberen Zulaufhahn für längere Zeit stark drosselt, sodass bei diesen die durch Kunden veranlassten Zahlungsausgänge zurückgehen. Dann müssen die übrigen Geschäftsbanken den oberen Zulaufhahn ebenfalls drosseln, um nicht Gefahr zu laufen, dass infolge mangelnder Zahlungseingänge, sich Schulden auf ihren Interbank-Kreditkonten anhäufen.

Ob sie es wollen oder nicht. Ob sie es wissen oder nicht. Sie kooperieren miteinander, um zu existieren. Zu einer Zeit werden sie animiert, infolge des Vorhandenseins von hohen Gutschriften auf den Interbank-Kreditkonten, die Kreditvergabe, den Wertpapierkauf und die *Entnahmen* zu steigern und zu anderen Zeiten sind sie gezwungen alles daran zu setzen, diese wieder zu drosseln. Zwischen den Geschäftsbanken besteht ein Automatismus der Kooperation. Die Kooperation ist durch die Struktur des Bankensystems automatisch vorgegeben. Man kann deshalb von einer **strukturell bedingten kooperativen Giralgeldschöpfung** sprechen. In den folgenden Ausführungen wird diese strukturell bedingte kooperative Giralgeldschöpfung kurz **kooperative Geldschöpfung** genannt.

Das Prinzip der *kooperativen Geldschöpfung* beinhaltet nicht nur das Entstehen von Giralgeld infolge der Kreditvergabe, des Wertpapierkaufs, der Zinsgabe und des Tätigen von Entnahmen, sondern auch das Vergehen von Giralgeld, infolge der Kredittilgung, dem Wertpapierverkauf, der Zinsnahme und der Provisionserträge. In der Praxis entsteht immer mehr Giralgeld als vergeht. Ursache für die ständig steigende Geldmenge sind zum einen die Entnahmen, welche zum großen Teil aus Sicht der Bank mit aus dem „Nichts“ geschöpften Geld bezahlt werden und zum anderen das Zinssystem und die nicht zurückgezahlten Kredite. Siehe hierzu auch die Ausführungen über das Zinssystem, Kap. 5.2.

Der Mechanismus der *kooperativen Geldschöpfung* birgt große Gefahren für die Gesellschaft. Den Geschäftsbanken wurden von der Gesellschaft die Freiräume gegeben, Giralgeld schöpfen zu können. Das ist ein Sonderprivileg, mit dem sie in die Lage versetzt sind, große Macht auszuüben. Bei bewusstem kooperativen Verhalten können sie sehr große Mengen Geld zur eigenen Verwendung, aus ihrer Sicht wie aus dem «Nichts», schöpfen. Man braucht nicht viel Fantasie, um sich vorzustellen, welchen Einfluss sie damit auf die Gesellschaft ausüben. Bei bewusstem kooperativen Verhalten steht es ihnen frei, die Geldmenge stärker oder weniger stark zu erhöhen. Sie können quasi anstelle der Politik eigene «Konjunkturprogramme» für die Wirtschaft auflegen oder absetzen. Ihnen bleibt es frei, mit oder gegen die Politik zu arbeiten. Sie haben eine unermessliche Macht, wenn sie im Gleichschritt agieren. Wohl gemerkt, ich spreche hier über private Geschäftsbanken.

3. Die Darstellung des Geschäftserfolges der Banken gegenüber der Öffentlichkeit

3.1 Ertragsunabhängige Einkommenserzielung

In der Konstruktion des heutigen Geldsystems ist die Vorteilsnahme für die Geschäftsbanken gleich mit eingebaut. Zur Verdeutlichung der Vorteilsnahme der Banken habe ich eine Formel zur Berechnung des möglichen Einkommens von Geschäftsbanken entwickelt. Aus dem Verständnis des Prinzips der *kooperativen Geldschöpfung* heraus ergibt sich folgende Formel:

mögliches Einkommen
= Summe Zahlungseingänge – Summe Zahlungsausgänge
+ Entnahmen

Aus der Differenz der *Zahlungseingänge* und *Zahlungsausgänge* bilden sich die Gutschriften und Schulden auf den Interbank-Kreditkonten und dem Zentralbankkonto. Die Formel sagt aus, wenn die Geschäftsbanken miteinander kooperieren, also eine ausgeglichene Zahlungsbilanz untereinander herstellen, sodass die Summen der Zahlungseingänge und Zahlungsausgänge sich gegeneinander aufheben, dann bleiben als mögliches Einkommen die *Entnahmen* übrig, die die Banken im Gleichschritt aus ihrer Sicht mit aus dem „Nichts" geschöpften Geld tätigen können.

In dieser Formel enthalten sind die von den Bankkunden mittels Überweisungen initiierten Zahlungen von Bank zu Bank, die Bargeldeingänge und Bargeldausgänge von und an Bankkunden, wie auch der Bargeldtausch zwischen Zentralbank und Geschäftsbank. Weiterhin enthalten ist auch der direkte Giralgeldtausch zwischen den Geschäftsbanken und zwischen Geschäftsbank und Zentralbank.

Alle internen Buchungen von Kundenkonto zu Kundenkonto und zwischen Kundenkonto und Bank sind keine Giralgeldzahlungen zwischen Banken. Diese fließen deshalb nicht in die Summe der Zahlungseingänge und Zahlungsausgänge ein. Sie verändern das mögliche Einkommen nicht. Zum Beispiel verändert eine Zinszahlung an ein Kundenkonto das mögliche Einkommen nicht, solange der Bankkunde dieses erhaltene Geld nicht verwendet. Erst wenn es zu einem Zahlungsausgang zu einer anderen Bank kommt, dann verändert sich das mögliche Einkommen der Bank.

Das Prinzip der *kooperativen Geldschöpfung*, welches seinen Ausdruck in dieser Formel findet, versetzt die Geschäftsbanken in die Lage auch ohne Erträge Einkommen zu erzielen. Das ist eine grundlegende Erkenntnis.

Dagegen sind Erträge für Betriebe der Realwirtschaft Grundvoraussetzung zur Erlangung von Einkommen. Jeder Betrieb der Realwirtschaft arbeitet nach dem Ertragsprinzip. Er benötigt in irgendeiner Weise Erträge, um Einkommen zu erhalten. Das Grundprinzip der Realwirtschaft lautet: „Ohne Erträge kein Einkommen".

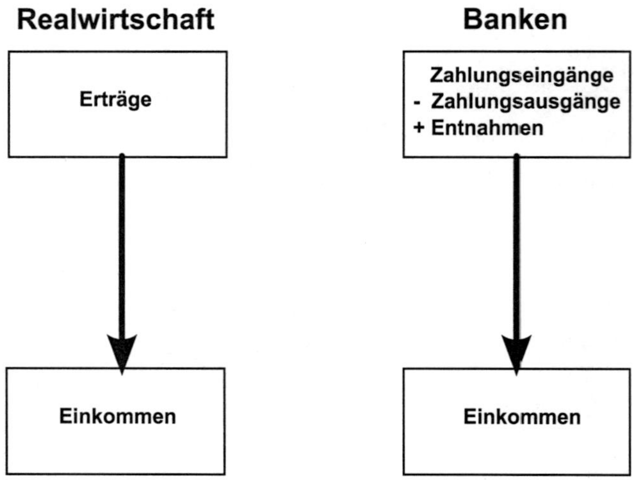

Die heutigen Banken erzielen mittels des Prinzips der *kooperativen Geldschöpfung* ihr Einkommen ertragsunabhängig. Die Höhe ihres Einkommens wird dabei durch die Entnahmen selbst bestimmt. Gleichen sich die Zahlungseingänge und Zahlungsausgänge einander aus, so sind die *Entnahmen* die

Quelle ihres Einkommens. Es werden keine Erträge benötigt bei der Einkommenserzielung mittels Giralgeldschöpfung.

Diese Aussage klingt für den in der Realwirtschaft tätigen Menschen sehr paradox. Ist er es doch gewohnt, in Ertragskategorien zu denken. Wir kennen Erträge aus Umsatz entweder aus dem Verkauf von Waren oder Erbringung von Dienstleistungen. Weiterhin kann man Kapitalerträge erzielen, z. B. über Zinseinnahmen. Oder man erhält Erträge aus Vermietung. Der realwirtschaftlich denkende Mensch setzt bei der Einkommenserzielung Erträge voraus.

Banken dagegen können mit selbst erzeugtem Geld einkaufen gehen. Sie benötigen keine Erträge. Kann man sich nämlich das Geld selbst herstellen, so ist man auf Erträge nicht angewiesen. Diese Erkenntnis über die Einkommenserzielung von Banken wird von der Wirtschaftswissenschaft ignoriert.

Das Prinzip der *kooperativen Geldschöpfung* wird bei der Ermittlung des Geschäftserfolges von Banken nicht berücksichtigt. In der Praxis wird sämtliches Einkommen der Banken nach dem Ertragsprinzip errechnet, als wenn eine Bank ein Betrieb der Realwirtschaft wäre. Die Bilanz der Banken beruht auf dem Ertragsprinzip. Es wird so getan, als wenn Banken Erträge benötigen würden, auch bei der Einkommenserzielung mittels Giralgeldschöpfung. Warum ignoriert man das Prinzip der kooperativen Geldschöpfung bei der Ermittlung des Geschäftserfolges von Banken?

Zur Erklärung der Hintergründe eine Geschichte aus dem Leben. Stellen Sie sich vor, Sie hätten eine Gelddruckmaschine im Keller. Diese Maschine druckt echtes von allen anerkanntes Geld. Ach – welch ein schönes Leben könnten Sie sich da machen. Es darf aber keiner wissen, dass Sie diese Gelddruckmaschine besitzen. Sonst wäre das schöne Leben vorbei. Wie machen Sie es, dass Ihr Nachbar und andere keinen Verdacht schöpfen? – Sie gehen Ihrer Arbeit wie gewohnt weiter nach. Dann drucken Sie mit Ihrer Gelddruckmaschine von Zeit zu Zeit nur mal einen Hunderter, um sich damit einen schönen Abend zu machen. Aber auf die Dauer wird Sie das nicht befriedigen. Mit der Gelddruckmaschine könnten Sie Millionen drucken und sich dann all Ihre Wünsche erfüllen. Zum Beispiel könnten Sie einen schönen großen Wintergarten an Ihr Haus bauen lassen, auch einen Swimmingpool und ein großes Auto kaufen.

Wie stellen Sie das an, dass die Öffentlichkeit keinen Verdacht schöpft? – Sie gründen eine kleine Firma und kaufen Wertpapiere. Erst mal ein paar, nicht so viele. Die Wertpapiere bezahlen Sie mit den Geldscheinen aus Ihrer Gelddruckmaschine. Dann tragen Sie die Wertpapiere in die Bilanz Ihres Unternehmens ein. Sie richten sich dabei nach den internationalen Bilanzrichtlinien nach IFRS. Nach diesen Richtlinien ist es Ihnen gestattet, den Wert ausgewählter Wertpapiere entweder nach dem Zeitwert oder dem Anschaffungswert in die Bilanz einzutragen. Es besteht in weiten Bereichen eine Wahlfreiheit (warum ausgerechnet Wertpapiere, s. Kap. 4.4 und Anhang A1.3). Das bedeutet für Sie, dass Sie einen großen Teil der Wertpapiere, die im Wert gestiegen sind, in Ihrer Bilanz zum Zeitwert eintragen können und einen anderen Teil, dessen Wert gefallen ist, zum Anschaffungswert. Dabei kommt heraus, dass Sie in Summe eine Wertsteigerung der Wertpapiere in Ihrer Bilanz ausweisen können, egal, wie die Wertpapiere sich am Markt gerade verhalten. Eine Wertsteigerung bedeutet Ertrag. Obwohl es sein könnte, dass die Mehrzahl Ihrer Wertpapiere im Wert gefallen sind, können Sie trotzdem in Ihrer Bilanz einen Ertrag ausweisen. Es sind Scheinerträge, die dort in Ihrer Bilanz dargestellt werden.

Wie geht die Geschichte weiter? Aufgrund der in der Bilanz ausgewiesenen Erträge kaufen Sie neue Wertpapiere mit Geldscheinen aus Ihrer Gelddruckmaschine. Diese neuen Wertpapiere tragen Sie wiederum nach dem gleichen Schema in Ihre Bilanz ein, sodass Sie nach einigen Jahren Millionenerträge darstellen können. Dann ist die Zeit für Sie gekommen, mit den Geldscheinen aus Ihrer Gelddruckmaschine Ihre geplanten Anschaffungen zu tätigen. Das bleibt Ihrem Nachbar nicht verborgen. Er will von Ihnen wissen, woher Sie das Geld für den tollen Wintergarten, den großen Swimmingpool und das teure Auto haben. Jetzt kommt Ihre große Stunde, auf die Sie die letzten Jahre hingearbeitet haben. Sie zeigen Ihrem Nachbar die Bilanz Ihres Betriebes. Er sieht die hohen ausgewiesenen Erträge und kommt aus dem Staunen nicht mehr heraus. Da kommt er nicht umhin, anzuerkennen, was Sie neben Ihrem Job so alles leisten. Sie haben ihn überzeugt. Er wird keine weiteren Nachforschungen über die Quelle Ihres Reichtums anstellen. Vor der Bilanz hat er großen

Respekt. Die Bilanz ist in seinen Augen unbestechlich. Sie können sich jetzt sicher sein, Ihre Gelddruckmaschine in Zukunft in Ruhe nutzen zu können.

Was ist das Geheimnis Ihres Erfolges? Die Geschäfte mit den Wertpapieren haben Sie nur deshalb gemacht, um sich gegenüber Ihrem Nachbarn rechtfertigen zu können. Sie agieren wie ein Zauberer, der den Blick des Publikums auf Nebenschauplätze lenkt, um seinen Zaubertrick im Geheimen unbeobachtet durchführen zu können. Die Wertpapiere haben Sie gekauft, um den Blick des Publikums (Ihr Nachbar) auf das ihm Verständliche zu lenken, dahin, wo es meint sich auszukennen, wo es in seinem Denken bestätigt wird, wo es die bekannten Ertragskategorien wiederfindet. Das Publikum ist dann am Ende sehr überrascht über die hohen Erträge, muss aber schließlich Ihre Cleverness akzeptieren. So bleibt Ihre Gelddruckmaschine unbemerkt.

Ich komme zurück zu den Banken. Die Gelddruckmaschine der Geschäftsbanken ist die *kooperative Geldschöpfung*. Diese können damit Geld selbst herstellen. Auch die Geschäftsbanken kaufen Wertpapiere mit selbst hergestelltem Geld, um Scheinerträge gegenüber der Öffentlichkeit darzustellen, sodass sie ihre Gelddruckmaschine (*kooperative Geldschöpfung*) in Ruhe nutzen können. Auch die Manager und Kapitaleigner der Geschäftsbanken nutzen dieses selbst hergestellte Geld, um sich ihre Wünsche zu erfüllen.

Was soll diese Geschichte mit der Gelddruckmaschine verdeutlichen? Aus der Sicht der Banken darf der Öffentlichkeit die Vorteilsnahme nicht bekannt werden, um sie nutzen zu können. Aus diesem Grund ignorieren die Banken die *kooperative Geldschöpfung,* wenn sie ihren Geschäftserfolg dokumentieren. Sie führen das Einkommen aus *kooperativer Geldschöpfung* in ihrem Geschäftsabschluss nicht auf. Sie stellen anstelle dessen Scheinerträge dar. Die Bilanzen der Banken werden zu diesem Zweck umgestaltet.

In der Realität ist diese Bilanzumgestaltung ein hoch anspruchsvoller Prozess. Banken haben ein großes Spektrum zur Darstellung von Scheinerträgen (in unserem Beispiel der scheinbar höhere Wert der Wertpapiere). Die komplizierten Buchführungs- und Regulierungsvorschriften für Banken sind geradezu ein Animateur für dieses Tun. Große Geschäftsbanken, welche unternehmerische

Beteiligungen und Tochterfirmen auf Offshore-Finanzplätzen betreiben, können mittels Wertpapieraustauschgeschäften besonders hohe Scheinerträge in ihren Bilanzen ausweisen. In Kap. 4 werden diese Praktiken untersucht.

Die Wirtschaftswissenschaft hat das Spiel der Banken bis heute nicht durchschaut

In der Wirtschaftswissenschaft wird seit Jahrzehnten die Giralgeldschöpfung diskutiert. Aber immer dann, wenn ein Licht am Ende des Tunnels aufleuchtete und man dachte, man hätte die Erklärung, dann kamen die *Buchführungsexperten* und verschütteten das Wissen wieder. Die *Buchführungsexperten* rufen spätestens am Ende ihrer Untersuchung einen Zeugen in den Verhandlungssaal, die Bilanz. Und die Volkswirtschaftler, der andere Teil der Wirtschaftswissenschaftler, merken nicht, dass dieser Zeuge eine Falschaussage macht. Die Bilanz ist nämlich so gestrickt, dass man dort Erträge eintragen muss, um Einkommen darstellen zu können. Wie aber bereits ausgeführt, benötigen Banken keine Erträge bei der Einkommenserzielung mittels Giralgeldschöpfung. Mit dem starren Blick auf die Bilanz wird das Geschäftsprinzip der Banken vernebelt.

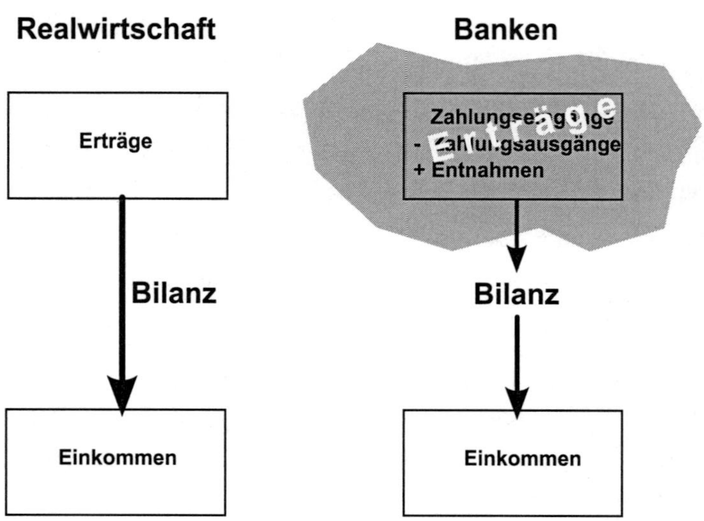

Konzentriert man sich zu sehr auf die Bilanz, so wird man in die Irre geführt. Man verliert aus den Augen, dass bei der Einkommenserzielung mittels *kooperativer Geldschöpfung* Erträge keine Rolle spielen. Die Wirtschaftswissenschaftler starren wie gebannt auf die Bilanz, wo man Erträge eintragen muss. Dadurch wird ihnen suggeriert, dass Erträge erwirtschaftet würden, auch bei der Einkommenserzielung mittels Giralgeldschöpfung.

Obwohl die Volkswirtschaftler wissen, dass keine Erträge notwendig sind, wenn man Geld selbst herstellen kann, glauben sie dem Zeugen. **Der blinde Glaube an die Bilanz, als universelles Prinzip, quasi als Naturgesetz, ist so fest in der Wirtschaftswissenschaft verankert, dass der menschliche Verstand dem untergeordnet wird.**

So segnet die Wirtschaftswissenschaft ab, dass bei der Einkommenserzielung mittels Giralgeldschöpfung Erträge erwirtschaftet würden und in einer Bilanz dokumentiert werden können. Aus dieser falschen Festlegung ist über die Jahrzehnte eine fein gesponnene, täuschend echte Konstruktion der Dokumentation des Geschäftserfolges von Banken entstanden. Das mit *kooperativer Geldschöpfung* erzielte Einkommen, das was nach der obigen Formel hinter dem Schleier entsteht, wird in der Bilanz im Vordergrund als erwirtschafteter Ertrag dargestellt. Weil, nur das in der Bilanz dargestellte wird von der Öffentlichkeit als legales Einkommen anerkannt.

Für Management und Buchhalter der Banken ist das eine große Herausforderung. In das traditionelle Bilanzschema können nur im begrenztem Umfang Erträge eingetragen werden. Nach der Formel ist aber ein sehr hohes, fast unbegrenztes Einkommen für die Banken erzielbar. Will man das Einkommen legal in Anspruch nehmen, muss es plausibel in der Bilanz dargestellt werden. Also als Quelle des Einkommens müssen Erträge ausgewiesen werden. Die von früheren Bargeldzeiten her als Erträge bekannten Zinserträge und Provisionserträge reichen dafür nicht aus. Es müssen Scheinerträge, in die Bilanz eingetragen werden, um die Segnungen der *kooperativen Geldschöpfung* (Gelddruckmaschine) in Anspruch nehmen zu können.

Ein Wirtschaftsprüfer mag sich vielleicht über die Dokumentation hoher Erträge wundern und so seine Zweifel an der korrekten Darstellung haben. Weil er aber in Ertragskategorien denkt, mit dem Bezug zu Betrieben der Realwirtschaft, kann er das Ausmaß der Vorteilsnahme der Banken nicht erkennen. Dem Betrieb der Realwirtschaft, der ja keine Gelddruckmaschine im Keller hat, nutzt die Darstellung von Scheinerträgen wenig. Letztendlich muss er sein Einkommen mittels echter Erträge erwirtschaften. Der Wirtschaftsprüfer, der dieses Ertragsdenken auf Banken überträgt, wird die dort hohen ausgewiesenen Erträge nur als Aufhübschung der Bilanz abtun. Er ist in dem Glauben, dass Banken, so wie Betriebe der Realwirtschaft auch, letztendlich ihr Einkommen doch mittels Erträge erwirtschaften müssen, auch wenn sie ihre Bilanz geschönt hatten. Er berücksichtigt nicht, dass Banken mittels *kooperativer Geldschöpfung* (Gelddruckmaschine) Geld herstellen können und die Bilanz als Schleier über diesem Geheimnis liegt.

Der Gesetzgeber übernimmt dann die falschen Vorgaben der Wirtschaftswissenschaft. Die dem Gesetzgeber vertrauende Öffentlichkeit glaubt aber, dass die Entstehung des Geldes genau geregelt ist und strengstens überwacht wird. Wir leben in einer Zeit, wo Wissenschaft und Politik die Veränderungen infolge der Ausbreitung des Giralgeldes nicht erkennen und ihre Entscheidungen aufgrund falscher Annahmen treffen. Der über Jahrzehnte andauernde Irrtum ist in der Wirtschaftswissenschaft dermaßen fest verankert, dass nicht zu erwarten ist, dass die etablierten Wirtschaftswissenschaftler in absehbarer Zeit eine Revision ihres Denkens durchführen werden. Der betriebswirtschaftlich nicht vorgebildete Mensch wird deshalb nicht umhinkommen, sich ausführlich mit der Bilanz und den Buchführungs- und Regulierungsvorschriften von Banken zu beschäftigen.

Nachfolgend eine Untersuchung über die Ermittlung des Geschäftserfolges von Banken mittels der Bilanz.

3.2 Exkurs - Was ist eine Bilanz?

In den vorhergehenden Ausführungen spielte die Bilanz eine immer größere Rolle. Die traditionelle Wirtschaftlichkeitsbetrachtung von Geschäftsbanken wird mithilfe der Bilanz durchgeführt. Will man das Handeln der Banken vollständig verstehen, muss man sich tiefgründig damit beschäftigen, wie Banken ihren Geschäftserfolg in einer Bilanz darstellen.

Die Beschäftigung mit Bilanzen erfordert von den meisten Menschen eine sehr große Anstrengung. Buchführung kann aber im Zusammenhang mit Erkenntnisgewinn sehr spannend und unterhaltend sein.

Wie ist es überhaupt dazu gekommen, Betriebsergebnisse in Bilanzform darzustellen? – Als im frühen Mittelalter die Betriebe der Kaufleute immer größer wurden, wurde es für die Steuerbehörden und Kaufleute immer schwieriger einen Überblick über die Wirtschaftlichkeit der Betriebe zu erhalten. Die Warenlager wuchsen. Die Herkunft der Waren wurde vielfältiger. Die Anzahl der Lieferanten stieg. Es mussten Handelsreisen vorfinanziert werden. Es wurden Waren an Unterhändler auf Rechnung verkauft usw. Um die Übersicht über die betriebliche Situation zu behalten, entwickelte sich eine Form der Buchführung, mit der die Kaufleute eine Bilanz für ihre Betriebe aufstellten. Sie listeten auf der einen Seite sämtliches Vermögen des Betriebes auf und dem gegenüber stellten sie sämtliche Schulden. Die erste Darstellung einer solchen Buchführungsmethode ist von einem Mönch überliefert.

„Der Franziskanermönch und Mathematiker Luca Pacioli beschrieb 1494 in seinem Buch *Samma de Arithmetica Geometria Proportioni et Proportionalita* die erste geschlossene Darstellung der „Venezianischen Methode“ (doppelte Buchführung), wie sie vermutlich in den Fernhandel treibenden italienischen Stadtstaaten ausgeübt wurde. Venedig bildete damals das Zentrum einer Weltwirtschaft, die sich von Polen über Westeuropa und das Mittelmeer erstreckte“.[8]

---

[8] Wikipedia: Bilanz, Stand 18.02.2012

Die Gegenüberstellung von Vermögen und Schulden könnte damals wie folgt ausgesehen haben:

Vermögen		Schulden	
Wert des Handelsschiffes	300	Verbindlichkeiten geg. Geldverleiher	400
Wert der Ware im Lager	650	Verbindlichkeiten geg. Lieferanten	250
Forderungen geg. Unterhändlern	350		
Kassenbestand	400		
	1700		650

Durch die Gegenüberstellung des Vermögens und der Schulden erhalten der Kaufmann und die Steuerbehörde einen Überblick darüber, wie viel von dem Vermögen des Betriebes mit Schulden belastet ist. Aus der Differenz zwischen Vermögen und Schulden kann das unbelastete Vermögen errechnet werden. Es wird Eigenkapital genannt:

Eigenkapital = Vermögen - Schulden

In unserem Beispiel beträgt das Eigenkapital des Betriebes:
1700 – 650 = 1050.

Diese Gleichung kann man wie folgt umstellen,

Vermögen = Schulden + Eigenkapital

und dann in einem heutigen Bilanzschema darstellen:

Aktiva	Bilanz	Passiva
Vermögen		**Schulden**
		Eigenkapital
Aktiva	=	Passiva

Die Aktiva-Seite stellt das Vermögen dar. Es entsteht aus der Mittelverwendung. Und die Passiva-Seite stellt die Schulden und das Eigenkapital dar. Sie geben Auskunft über die Mittelherkunft.

Die Bilanz ist aufgebaut wie eine mathematische Gleichung, Aktiva sind gleich Passiva. Die Bilanz ist eine Kombination der Denkweise eines Kaufmannes und eines Mathematikers. Beide Sichtweisen müssen zu jedem Zeitpunkt gleichermaßen beachtet werden.

In einem Beispiel wollen wir schrittweise eine Bilanz für einen kaufmännischen Betrieb aufstellen. Kauft dieser Betrieb z.B. Waren ein zum Preis von 500, so werden folgende Eintragungen in die Bilanz geschrieben:

Aktiva		**Bilanz**	Passiva
Ware	500	Verbindlichkeiten geg. Lieferanten	500
		Eigenkapital	0
	500		500

Auf der Aktiva-Seite der Bilanz wird das Vermögen des Betriebes eingetragen. Es ist entstanden aus der Mittelverwendung für den Kauf von Waren im Wert von 500.

Die Herkunft des Vermögens ist die Verbindlichkeit gegenüber dem Lieferanten, eingetragen auf der Passiva-Seite. Der Betrieb hat die Ware auf Rechnung gekauft. Der Lieferant gibt dem Käufer der Ware (unser Betrieb) einen Zahlungsaufschub. Solange die Rechnung nicht bezahlt ist, kommen die Mittel für den Erhalt der Waren aus dem Zahlungsaufschub.

Mit Eigenkapital wird die Herkunft bezeichnet, die aus eigenen Mitteln stammt.

Aus dieser Bilanz ist zu ersehen, der Betrieb hat kein Vermögen aus eigenen Mitteln. Dem auf der Aktiva-Seite dargestellten Vermögen stehen auf der Passiva-Seite Schulden in gleicher Höhe gegenüber. Das Eigenkapital ist gleich null.

In einem **zweiten Geschäftsfall** erhält der Betrieb einen Kredit in Höhe von 1000 von einer Bank. Tragen wir diesen Geschäftsfall in die Bilanz dazu, so ergibt sich folgendes Bild:

Aktiva		**Bilanz**	Passiva
Ware	500	Verbindlichkeiten geg. Lieferanten	500
Bankkonto des Betriebes	1000	Verbindlichkeiten geg. Kreditinstituten	1000
		Eigenkapital	0
	1500		1500

Die Mittelverwendung ist die Erhöhung des Bankkontos des Betriebes um 1000, sein Vermögen steigt.

Die Herkunft des Geldes ist die Verbindlichkeit gegenüber dem Kreditinstitut von 1000.

Die Bilanzsumme hat sich von 500 auf 1500 erhöht. Das Gesamtvermögen des Betriebes ist 1500. Dieses Vermögen wird bisher aber nur aus Schulden gespeist. Der Betrieb hat kein Vermögen aus eigenen Mitteln. Das Eigenkapital ist gleich null.

Weiterhin sehen wir anhand dieses zweiten Geschäftsfalles, dass es verschiedene Arten von Vermögen gibt. Die Ware ist ein Sachwertvermögen und das Geld auf dem Bankkonto, das ist Geldvermögen.

Nehmen wir einen **dritten Geschäftsfall** dazu. Der Betrieb verkauft die Hälfte der Ware an einen Kunden für 300 auf Rechnung. In der Bilanz wird das wie folgt dargestellt:

Aktiva	**Bilanz**		Passiva
Ware	500	Verbindlichkeiten geg. Lieferanten	500
Bankkonto des Betriebes	1000	Verbindlichkeiten geg. Kreditinstituten	1000
Forderungen geg. Kunden	300	Verkaufte Ware	250
		Eigenkapital	?

Sehen wir uns zuerst die Mittelherkunft an. Sie wird auf der Passiva-Seite eingetragen. Hier wird die verkaufte Ware aufgeführt. Die Hälfte des Warenbestandes wurde verkauft, also von 500 die Hälfte das sind 250.

Die Mittelverwendung, eingetragen auf der Aktiva-Seite der Bilanz, das sind die *Forderungen gegenüber Kunden*. Das ist der geforderte Verkaufspreis von 300. Die Ware mit dem Wert 250 wurde für 300 verkauft. Die Ware ist vom Kunden noch nicht bezahlt und wird deshalb als *Forderungen gegenüber Kunden* aufgeführt. Diese Forderungen sind bereits Vermögen des Betriebes, da die Rechnung zwingend vom Kunden bezahlt werden muss und bei Zahlung das Bankkonto des Betriebes erhöht wird, also das Geldvermögen dann steigt.

Wie bereits erläutert, ist die Bilanz wie eine mathematische Gleichung anzusehen, Aktiva = Passiva.

In unserem Beispiel kann ein Wert heraus gekürzt werden. Die verkaufte Ware auf der Passiva-Seite mindert den Warenbestand auf der Aktiva-Seite. Weiterhin errechnet sich das Eigenkapital aus der Differenz zwischen Vermögen, aufgeführt auf der Aktiva-Seite und Schulden, aufgeführt auf der Passiva-Seite. Es entsteht ein Eigenkapital von 50. Die Endfassung der Bilanz ist nachfolgend dargestellt:

Aktiva	**Bilanz**		Passiva
Ware	250	Verbindlichkeiten geg. Lieferanten	500
Bankkonto des Betriebes	1000	Verbindlichkeiten geg. Kreditinstituten	1000
Forderungen geg. Kunden	300	Eigenkapital	50
	1550		1550

Wie ist es jetzt um unseren Betrieb bestellt? Was können wir der Bilanz über die Situation des Betriebes entnehmen? Der Betrieb hat jetzt ein Eigenkapital von 50. Das Gesamtvermögen beläuft sich auf 1550. Davon sind 1500 Schulden und 50 aus eigenen Mitteln (Eigenkapital). Dieses dazugekommene Eigenkapital ist der Geschäftserfolg des Betriebes. Die Bilanz sagt aus, dass das Vermögen des Betriebes gegenüber der Vorperiode gestiegen ist, ohne zusätzliche Schulden aufnehmen zu müssen. Der Betrieb hat erfolgreich gewirtschaftet. Wir wollen sehen, wie sich unser Betrieb weiter entwickelt.

Ein **vierter Geschäftsfall** ergibt sich, wenn der Betrieb die Rechnung über die Warenlieferung bezahlt. Zu diesem Zweck überweist er von seinem Bankkonto 500 an den Lieferanten. Für die Bilanz ergibt sich dann folgende Aufstellung:

Aktiva	**Bilanz**		Passiva
Ware	250	Verbindlichkeiten geg. Lieferanten	500
Bankkonto des Betriebes	1000	Verbindlichkeiten geg. Kreditinstituten	1000
Forderungen geg. Kunden	300	Bankkonto des Betriebes	500
Verbindlichkeiten geg. Lieferanten	500	Eigenkapital	50

Die Mittelherkunft ist das *Bankkonto des Betriebes*. Die Mittel zur Bezahlung der Rechnung nimmt der Betrieb von seinem Bankkonto. Die Mittelherkunft wird auf der Passiva-Seite mit 500 eingetragen.

Das Geld wird für die Bezahlung der Rechnung an den Lieferanten verwendet. Es werden die Verbindlichkeiten gegenüber dem Lieferanten beglichen. Die Mittelverwendung wird als *Verbindlichkeit gegenüber Lieferanten* auf der Aktiva-Seite eingetragen.

Nachfolgend werden die *Verbindlichkeiten gegenüber Lieferanten* gegeneinander gekürzt und die Eintragungen des Bankkontos des Betriebes gegeneinander verrechnet und man erhält die nachstehende Bilanz:

Aktiva	**Bilanz**		Passiva
Ware	250	Verbindlichkeiten geg. Kreditinstituten	1000
Bankkonto des Betriebes	500		
Forderungen geg. Kunden	300	Eigenkapital	50
	1050		1050

Wie ist die Situation des Betriebes jetzt? Das Bankkonto hat sich halbiert. Die

Schulden gegenüber der Bank bestehen weiterhin in gleicher Höhe. Dafür bestehen keine *Verbindlichkeiten gegenüber Lieferanten* mehr.

Das Gesamtvermögen hat sich durch die Bezahlung der Ware von 1550 auf 1050 genau um den Zahlbetrag von 500 vermindert. Das Eigenkapital des Betriebes und der Geschäftserfolg haben sich nicht verändert. Es ist aber weniger Geld auf dem Bankkonto. Die Liquidität des Betriebes ist gesunken. Er hat weniger Geldmittel für Sofortzahlungen zur Verfügung.

Als **letzten Geschäftsfall** in diesem Beispiel betrachten wir die Veränderung der Bilanz, wenn der Kunde die Rechnung für die verkaufte Ware bezahlt. Der Kunde bezahlt 300 an den Betrieb.

Aktiva		**Bilanz**	Passiva
Ware	250	Verbindlichkeiten geg. Kreditinstituten	1000
Bankkonto des Betriebes	800	Forderungen geg. Kunden	300
Forderungen geg. Kunden	300	Eigenkapital	50

Die Mittelverwendung ist das Bankkonto des Betriebes. Auf dem Bankkonto geht eine Zahlung über 300 ein. Das Bankkonto wird auf der Aktiva-Seite von 500 auf 800 erhöht.

Die Herkunft der Mittel ist der Kunde, der die Rechnung bezahlt. Das sind die *Forderungen gegenüber Kunden*. Diese werden auf der Passiva-Seite mit 300 eingetragen.

Nun können die *Forderungen gegenüber Kunden* gegeneinander gekürzt werden und man erhält die nachfolgende Schlussbilanz:

Aktiva		**Bilanz**	Passiva
Ware	250	Verbindlichkeiten geg. Kreditinstituten	1000
Bankkonto des Betriebes	800	Eigenkapital	50
	1050		1050

Das Gesamtvermögen von 1050 und das Eigenkapital von 50 sind gleich geblieben. Durch den Zahlungseingang des Kunden ist das Bankkonto gestiegen und somit die Liquidität des Betriebes auch. Sonst hat sich aber der Geschäftserfolg nicht verändert.

Wie wir gesehen haben, ist die Darstellung der betrieblichen Aktivitäten in Bilanzform eine gute Möglichkeit einen Überblick über die wirtschaftliche Entwicklung eines Betriebes zu erhalten. Voraussetzung für die Aussagekraft ist aber, dass die Eintragungen gewissenhaft und wahrheitsgemäß erfolgen.

3.3 Die Anwendung der Bilanz auf Geschäftsbanken

Wie wird in Geschäftsbanken bilanziert? Wie tragen die Geschäftsbanken ihre Geschäftsfälle in eine Bilanz ein? Anhand einer Beispielbank sollen die wichtigsten Geschäftsfälle von Geschäftsbanken betrachtet werden.[9]

Unsere Geschäftsbank beginnt mit einem Anfangskapital von 150, welches die Eigentümer der Geschäftsbank aus eigenen Geldbeständen mitgebracht haben. Sie nimmt zusätzlich einen Kredit bei der Zentralbank von 150 auf. Von dem Gesamtvermögen von 300 zahlt sie 200 auf ihr Konto bei der Zentralbank (ZB -Guthaben) ein und legt 100 als Bargeld in die Kasse. Die Eröffnungsbilanz

[9] Die Betrachtung wird unter der Annahme einer ausgeglichenen Zahlungsbilanz zu anderen Geschäftsbanken vorgenommen.

sieht folgendermaßen aus:

Aktiva	**Bilanz**		Passiva
ZB-Guthaben	200	Verbindlichkeiten geg. Zentralbank[10]	150
Kasse	100	Eigenkapital	150
	300		300

Abb. 3.1: Eröffnungsbilanz der Geschäftsbank

Die Mittelverwendung sind das Konto bei der Zentralbank (ZB-Guthaben) und die Kasse. Diese werden auf der Aktiva-Seite eingetragen. Die Mittelherkunft, das sind die Verbindlichkeiten gegenüber der Zentralbank und das Eigenkapital.

3.3.1 Geschäftsfall Erwerb von Sachanlagen

Als erster Geschäftsfall wird der in Kapitel 1 bereits dargestellte, *Kauf eines Hubschraubers*, betrachtet. Wir wollen diesen Geschäftsfall in die Bankbilanz eintragen. Der Hubschrauber gelangt in den Besitz der Geschäftsbank. Auf der Aktiva-Seite wird der Hubschrauber als Mittelverwendung mit dem Wert 500 eingetragen, s. Abb. 3.2.

[10] Als Sicherheit werden von den Eigentümern Wertpapiere aus eigenem Besitz bei der Zentralbank hinterlegt.

Aktiva	**Bilanz**		Passiva
ZB-Guthaben	200	Verbindlichkeiten geg. Zentralbank	150
Kasse	100	Eigenkapital	150
Hubschrauber	500	?	500
	800		800

Abb. 3.2: Sachanlagenerwerb Aktiva

Was ist die Mittelherkunft? Ja, wo kommen die Mittel her, die dem Hubschrauberlieferanten auf seinem Bankkonto gutgeschrieben wurden? Wie in Kap. 1 und 2 bereits beschrieben, ist die Geschäftsbank berechtigt, dem Hubschrauberlieferanten zur Bezahlung der Rechnung sein Bankkonto durch einen **geldschöpfenden Schreibvorgang** zu erhöhen. Der Hubschrauberlieferant sieht diese Zahlen als Geld an und will sie auch als Geld verwenden. Dieses auf dem Bankkonto des Lieferanten dargestellte Guthaben kann man sich bildlich wie einen elektronischen Gutschein auf Bargeld vorstellen. Den Gutschein bekommt der Bankkunde nicht in die Hand, sondern die Höhe des Guthabens wird ihm per Kontoauszug oder Bildschirm nur angezeigt. Wie und wann löst der Hubschrauberlieferant diesen Gutschein ein?

Dieser Gutschein ist ein auf dem Bankkonto des Hubschrauberlieferanten angeschriebenes Guthaben auf Bargeld. Aufgrund der Überlegung beider Parteien, dass es unpraktisch wäre, das Geld in bar auszuzahlen, schreibt die Geschäftsbank dem Hubschrauberlieferanten das Geld auf seinem Bankkonto gut. Ihm bleibt es zu jeder Zeit frei das Geld nach Bedarf in bar abzuheben.

Kauft der Hubschrauberlieferant z. B. neue Hubschrauberteile im Wert von 500, dann wäre es wieder unpraktisch das Geld in bar von seinem Bankkonto abzuheben und es dann dem Lieferanten der Hubschrauberteile zu übergeben. Praktischer ist es, das Geld auf dessen Bankkonto zu überweisen. Durch den

Überweisungsvorgang von einem Konto einer Geschäftsbank zu einem Konto einer anderen Geschäftsbank wird der Gutschein an eine andere Geschäftsbank weitergegeben. Die die Überweisung empfangende Geschäftsbank muss jetzt für den Gutschein geradestehen und bei Bedarf Bargeld auszahlen.

Jetzt kommt das in Kap. 1 und 2 herausgearbeitete Prinzip der **Kompensation der von Bankkunden initiierten Zahlungen** zur Wirkung. Hat diese andere Geschäftsbank ebenfalls Anschaffungen in der gleichen Höhe gemacht, so stellt sie für ihren Lieferanten ebenfalls einen Gutschein im Wert von 500 zur Ansicht aus. Und wird in der Folge eine Überweisung in Gegenrichtung in der gleichen Höhe getätigt, so wandert dieser Gutschein in Richtung der ersten Geschäftsbank. Das Ergebnis ist, dass beide Geschäftsbanken für je einen Gutschein in gleicher Höhe gegenüber den Bankkunden geradestehen und bei Bedarf Bargeld auszahlen müssen. Die Gutscheine wurden gegeneinander ausgetauscht.

Dieser Austausch der Gutscheine hat keine Änderung des gegenseitigen Verrechnungskontos, des Interbank-Kreditkontos, beider Geschäftsbanken bewirkt. In der Folge schieben die Geschäftsbanken sich die Gutscheine gegenseitig hin und her, ohne dass sie vom Publikum in bar eingelöst werden. Dadurch bekommen Geschäftsbanken einen Großteil ihrer Anschaffungen umsonst. Bei Giralgeld muss man sich immer vor Augen halten, es ist stets bei irgendeiner Geschäftsbank und nie bei einem Bankkunden. Für die einzelne Geschäftsbank sind zwei Faktoren wichtig, damit sie ihre Anschaffungen umsonst bekommt. Zum einen dürfen die Bankkunden das erhaltene Geld nicht in bar von ihren Konten abheben und für immer untereinander tauschen und zum anderen muss sie darauf achten, dass sie nicht einseitig Giralgeld schöpft. Die anderen Geschäftsbanken müssen das Gleiche tun, sodass sich die Schulden auf den Interbank-Kreditkonten gegenseitig ausgleichen.

Wie soll man diesen Vorgang in einer Bilanz darstellen? Was sind ausgestellte Gutscheine, die nicht eingelöst werden? Ein von der Geschäftsbank ausgestellter Gutschein (bildliche Vorstellung) ist eine Verbindlichkeit gegenüber Bankkunden auf Bargeld. Wird dieser Gutschein von den Bankkunden nicht in bar eingelöst, dann muss die Geschäftsbank diese Schulden auf Bargeld nicht begleichen. Das Publikum verwendet den Gutschein wie Bargeld, fordert es aber von der Geschäftsbank nicht ab. Das Publikum gibt der Geschäftsbank für diesen Gutschein aber eine Leistung. Somit bekommt die Geschäftsbank vom Publikum eine Leistung, die sie nicht bezahlen muss. Aber das Publikum denkt, dass die Leistung bezahlt wurde. Was ist das?

Aus Sicht der Geschäftsbank ist es ein Geschenk. Aus Sicht des Publikums ist es ein normales Geschäft mit Lieferung, Rechnung und Bezahlung. Es ist ein Fall von Schenkung, bei dem der Schenkende nicht weiß, dass er der Schenkende ist. Das Publikum merkt nicht, dass die Geschäftsbank aus ihrer Sicht keine Gegenleistung erbringen muss. Wie soll man diesen Geschäftsfall in eine Bankbilanz einordnen? Ein Geschenk kann man nur als Eigenkapitalerhöhung darstellen. Aber Geschenke in dieser Größenordnung sprengen jeglichen Rahmen und übersteigen die Vorstellungskraft jedes Buchhalters. Denken wir daran, dass es sich hier nicht nur um einen Hubschrauber handeln kann, sondern das sämtliche Sachanlagen incl. ganzer Bankgebäude und deren Einrichtungen und u.v.m. darunter fallen. All diese Sachanlagen müssten in der Bankbilanz als Geschenke aufgeführt werden, und somit als Eigenkapitalerhöhung wirken. Für unseren Hubschrauber würde die Bilanz von einem unerschrockenen Buchhalter realistischerweise so aufgestellt werden, s. Abb. 3.3.

Aktiva		**realistische Bilanz**	Passiva
ZB-Guthaben	200	Verbindlichkeiten geg. Zentralbank	150
Kasse	100	Eigenkapital	150
Hubschrauber	500	Eigenkapital (Entstanden durch nicht in bar eingelösten Gutschein, bei ausgeglichener Zahlungsbilanz zu den anderen Geschäftsbanken)	500
	800		800

Abb. 3.3: Sachanlagenerwerb, realistische Bilanz

Der Buchhalter schreibt auf die Passiva-Seite eine Eigenkapitalerhöhung von 500. Die Herkunft der Mittel ist das Eigenkapital. Es entstand infolge einer Schenkung.

Genauso, wie unbewusst die Schenkung, ist auch der Vorbehalt der Rücknahme der Schenkung unbewusst. Der Bankkunde weiß auch nicht, dass er durch Einlösen des Gutscheines in Bargeld das Geschenk wieder zurückverlangen würde. Da aber die Geschäftsbanken dem Publikum die bargeldlose Zahlungsweise unentbehrlich gemacht haben, bleibt es bei der Schenkung für immer, solange der Umfang der bargeldlosen Zahlungen sich nicht verringert.

Es ist eine bargeldlose Parallelwährung in der Publikumsebene entstanden, erschaffen durch die Geschäftsbanken. Die Mittel für den Hubschrauber entstehen durch den bargeldlosen Zahlungsverkehr der Bankkunden und durch die Kooperation der Geschäftsbanken untereinander. Der Hubschrauber wird aus eigenen Mitteln mit wie aus dem «Nichts» geschöpften Geld finanziert, da die Geschäftsbank nicht damit rechnen muss, dass der Lieferant dieses angeschriebene Geld in bar beansprucht und die Geschäftsbank immer darauf achtet, gegenüber den anderen Geschäftsbanken eine ausgeglichene Zahlungsbilanz zu erhalten. Das erreicht sie dadurch, wenn sie sich nur dann einen Hubschrauber anschafft, wenn die anderen Geschäftsbanken in ähnlicher Weise agieren und sich z.B. auch einen Hubschrauber oder andere Sachanlagen anschaffen.

Das wäre die Bilanz für diesen Geschäftsfall, wie sie realistischerweise aufgestellt werden müsste. Wie oben schon angedeutet wurde, ist es unvorstellbar, Schenkungen in diesen Dimensionen in Bilanzen darzustellen. Würden diese Schenkungen tatsächlich in Bankbilanzen auftauchen, so würde das Publikum die Vorteilsnahme der Geschäftsbanken bemerken und das mit Sicherheit als ungerechtfertigt ansehen. Deshalb wird in der Praxis eine andere Bilanz gegenüber der Öffentlichkeit dargestellt, s. Abb. 3.4.

Aktiva	**praktizierte**	**Bilanz**	Passiva
ZB-Guthaben	200	Verbindlichkeiten geg. Zentralbank	150
Kasse	100	Eigenkapital	150
Hubschrauber	500	Verbindlichkeiten geg. Kunden	500
	800		800

Abb. 3.4: Sachanlagenerwerb, praktizierte Bilanz

In der *praktizierten Bilanz* wird auf der Passiv-Seite *Verbindlichkeiten gegenüber Kunden* für die Mittelherkunft eingetragen. Es wird so getan, als wenn die Geschäftsbank diesen Gutschein gegenüber dem Bankkunden auf normale Art und Weise begleichen muss. Hier ist nicht zu erkennen, dass diese Verbindlichkeit nur ein Gutschein auf Bargeld ist, der nicht eingelöst wird. Die Verbindlichkeit bleibt für ewig bestehen. Es wird suggeriert, dass es eine Verbindlichkeit mit Geld im Allgemeinen ist. Die derzeitige Wirtschaftslehre stellt die Geschäftsbank in die Reihe normaler Wirtschaftsbetriebe, die Verbindlichkeiten mit Geld im Allgemeinen haben, welche in absehbarer Zeit beglichen werden. Bei Geschäftsbanken ist diese Verbindlichkeit aber nur eine scheinbare Verbindlichkeit. Es ist eine Verbindlichkeit auf Bargeld. Der Bankkunde fordert das Bargeld nicht von der Bank. Solange die Verbindlichkeit nicht in bar beglichen wird, liegt sie in Form von Giralgeld vor und wird deshalb immer da sein und zwischen den Geschäftsbanken zirkulieren. Die Verbindlichkeit könnte nur mittels Bargeld beglichen werden. Dieser Fall wird aber nicht eintreten, da sich das Publikum an die bargeldlose Zahlungsweise gewöhnt hat und diese Zahlungsweise viele praktische Vorteile besitzt. Man stelle sich nur vor, alle bargeldlosen Zahlungen wieder mit Geldscheinen bedienen zu müssen, wie z.B. die Mietzahlung, Zahlung der monatlichen Telefonrechnung, die Stromrechnung und das in der Wirtschaft ständig Menschen mit Geldkoffern unterwegs wären, um die fälligen Rechnungen zu bezahlen. Nur wenn alle Bankkunden sich ihre Sichtguthaben in bar auszahlen lassen würden, nur dann würden die Verbindlichkeiten gegenüber Kunden von der Geschäftsbank vollständig beglichen werden müssen. Bei diesem theoretischen Fall wären dann alle Geschäftsbanken pleite, da sie die Verbindlichkeiten nicht begleichen könnten, weil sie das Bargeld für diese Verbindlichkeiten nicht besitzen. Sie hätten für jede ausgestellte Verbindlichkeit als Äquivalent die gleiche Menge Guthaben an Zentralbankgeld auf ihrem Konto bei der Zentralbank einlagern müssen. Dieses Zentralbankgeld kann bei Bedarf schnell in Bargeld umgewandelt werden. Die Geschäftsbanken besitzen aber in der Regel nur 3 bis 4 % Zentralbankgeld als Deckung.[11]

Dadurch, dass in der praktizierten Bilanz für die Mittelherkunft *Verbindlichkeiten gegenüber Kunden* eingetragen wird, wird der tatsächliche Geschäftserfolg der Geschäftsbanken verschleiert. Es wird die real existierende Eigenkapitalerhöhung nicht ausgewiesen. Oder anders ausgedrückt, das was die Geschäftsbanken umsonst bekommen haben, wird gegenüber der Öffentlichkeit verschwiegen.

[11] siehe Bilanz 2010 der Deutschen Bank, Commerzbank und BayernLB

3.3.2 Täuschende Abschreibungen

Da die real existierende Eigenkapitalerhöhung beim Kauf von Sachanlagen in der praktizierten Bilanz nicht ausgewiesen wird, kommt es zu einer Täuschung der Öffentlichkeit auch bei der Dokumentation der Abschreibungen.

Was sind Abschreibungen

Abschreibungen dienen der Ermittlung des Wertverlustes der Sachvermögenswerte eines Betriebes. Wird z.B. ein Hubschrauber von einem Betrieb der Realwirtschaft angeschafft, so verringert sich dessen Wert von Jahr zu Jahr, z.B. pro Jahr um 10%. Dieser Wertverlust wird mittels Abschreibungen dokumentiert. Dazu wird in der Bilanz des Betriebes auf der Aktiva-Seite die Sachanlage (Hubschrauber) mit einem geringeren Wert als im Vorjahr eingetragen. Aus der so erstellten Dokumentation ist für den Betriebsinhaber ersichtlich, wie viele Mittel der Betrieb erwirtschaften muss, um den jährlichen Wertverlust zu kompensieren. In der Praxis wird die Anschaffung von Sachanlagen in den meisten Fällen über einen Kredit finanziert. Dann dient die Erwirtschaftung der Mittel der Kreditrückzahlung.

Abschreibungen bei Banken

Auch bei den Banken wird der Wertverlust der Sachvermögenswerte ermittelt und in der Bilanz auf der Aktiva-Seite dokumentiert. In der *praktizierten Bilanz* der Banken wird aber nicht dokumentiert, dass bei jedem Sachanlagenkauf bereits Eigenkapital in Höhe des Kaufpreises entsteht.[12] Da diese Eigenkapitalerhöhung nicht in die Bilanz eingetragen wird, entsteht bei der Öffent-

---

[12] Es entsteht Eigenkapital in Höhe des Kaufpreises wenn die Zahlungen zwischen den Banken sich gegenseitig ausgleichen. Gleichen sich die Zahlungen nicht vollständig aus, so entsteht ein vom Kaufpreis abweichendes Eigenkapital. Bei den Banken, die zusätzliche Interbank-Kreditgutschriften erhalten übersteigt die Eigenkapitalerhöhung den Kaufpreis und bei denen Interbank-Kreditschulden entstehen, ist der Eigenkapitalzuwachs geringer.

lichkeit der Eindruck, die Bank müsse die Mittel für den Wertverlust noch erwirtschaften. Es wird nicht berücksichtigt, dass sich Banken mittels *kooperativer Geldschöpfung* immer wieder neues Vermögen aneignen können.

Die Täuschung der Buchführungsexperten

Die Buchführungsexperten haben das realitätsferne Bild der *praktizierten Bilanz* (Abb. 3.4) vor Augen. Sie haben über die Jahrzehnte verlernt, die den Buchführungsregeln zugrunde liegenden Abläufe zu betrachten und die Sinnhaftigkeit der Regeln zu hinterfragen. Sie stellen die *praktizierte Bilanz* als Realität hin und nehmen diese in unzulässigerweise als Zeugen für die realen Abläufe. Für sie ist die Bilanz sozusagen wie von Gott gegeben. Sie argumentieren wie folgt: „Die Bank gäbe sich selbst einen Kredit, um den Hubschrauber kaufen zu können. Und die Abschreibungen stehen für die Tilgungsraten."

Die Selbsttäuschung wird perfekt, da durch das Hinzufügen der Abschreibungen in die falsch aufgestellte Bilanz formal gesehen ein schlüssiges Bild entsteht, s. Abb. 3.4a:

Aktiva		praktizierte Bilanz	Passiva
ZB-Guthaben	200	Verbindlichkeiten geg. Zentralbank	150
Kasse	100	Eigenkapital	150
		Verbindlichkeiten geg. Kunden	500
Hubschrauber	450	Eigenkapital	-50
	750		750

Abb. 3.4a: Abschreibungen, praktizierte Bilanz

Mit dem starren Blick auf die Bilanz argumentieren die Buchführungsexperten wie folgt: Der Wert der Sachanlage (Hubschrauber) verringert sich auf der Aktiva-Seite der Bilanz um 10 % auf 450. Somit verringert sich das Eigenkapital auf der Passiva-Seite um den gleichen Betrag. Diesen Betrag müsse die Bank erwirtschaften, um die Abschreibungen zu kompensieren. So zahle die Bank den sich selbst gegebenen Kredit über die Jahre zurück.

Diese Argumentation stützt sich ausschließlich auf die buchhalterische Darstellung selbst. In der Realität aber brauchen die Mittel für die Kompensation des Eigenkapitals von den Banken nicht erwirtschaftet werden, da sie beim Kaufprozess bereits entstehen, s. Abb. 3.3. Diese Mittel werden auch nicht erwirtschaftet. Siehe hierzu die Ausführungen über den täuschenden Zinsgewinn in Kap. 2.3 und 2.4.

Den Regeln, auf die sich die Argumentation der Buchführungsexperten stützt, liegt das Ertragsprinzip aus der Realwirtschaft zugrunde. Nach diesem Prinzip muss es irgendwo Erträge geben, aus denen die Kosten bezahlt werden. Auf Banken kann dieses Prinzip aber nicht angewendet werden, da sie in Kooperation Geld schöpfen können.

Das Dilemma der Banken

Die Banken sind in einem Dilemma. Laut Buchführungsregeln dürfen und wollen sie die Eigenkapitalsteigerung beim Erwerb der Sachanlage in der Bilanz nicht ausweisen. Da sie aber Abschreibungen laut Buchführungsregeln ausweisen müssen, verringert sich das dargestellte Eigenkapital stetig. Die Buchführungsregeln sehen vor, dass die Verringerung des Eigenkapitals mit der Darstellung erwirtschafteter Mittel kompensiert wird. Obwohl die Banken die Mittel zum größten Teil nicht erwirtschaften, wird es von dem falsch angewandten Buchführungsprinzip verlangt.

Das ist den Bankmanagern bekannt. Es bleibt ihnen nichts weiter übrig, als gegenüber der Öffentlichkeit buchhalterisch plausibel darzustellen, dass sie die Mittel erwirtschaftet hätten. Auf unser Beispiel mit dem Hubschrauber bezogen bedeutet es, dass der Hubschrauber in den Augen der Öffentlichkeit nur dann als vollständig bezahlt gilt, wenn die Erwirtschaftung der Mittel für dessen Abschreibungen ordnungsgemäß dokumentiert wurden. Nach dem Prinzip her ist es dazu notwendig die Verhältnisse in der Bilanzgleichung in der Weise zu verändern, dass sich die Größe Eigenkapital erhöht. Dies führen die Banken so durch, dass es der Öffentlichkeit als plausibel erscheint und vor der Bankenaufsicht bestehen kann. Also statt zu dokumentieren, dass die Sachanlage mittels *kooperativer Geldschöpfung* (Gelddruckmaschine) erworben wurde, werden Erträge dargestellt. In der Bilanz werden Scheinerträge ausgewiesen. Um dies zu bewerkstelligen, führen Banken Umgestaltungen der Bilanz durch. Die verschiedenen Praktiken werden in Kap. 4 beschrieben.

3.3.3 Geschäftsfall Kreditvergabe

Als Nächstes sehen wir uns einen zweiten Geschäftsfall an, die Kreditvergabe. Die Geschäftsbank vergibt einen Kredit über 500 an einen Bankkunden. Dazu schreibt sie ihm auf sein Bankkonto 500 gut. Sie ist berechtigt das Bankkonto des Kreditnehmers zu erhöhen, nur weil sie den Status einer Bank hat. Wir tragen die Kreditvergabe in die praktizierte Bilanz dazu, s. Abb. 3.5.

Aktiva		**praktizierte Bilanz** Passiva	
ZB-Guthaben	200	Verbindlichkeiten geg. Zentralbank	150
Kasse	100	Eigenkapital	100
Hubschrauber	450	Verbindlichkeiten geg. Kunden	500
Forderungen geg. Kunden aus Kreditvergabe	500	Verbindlichkeiten geg. Kunden	500
	1250		1250

Abb. 3.5: Kreditvergabe, praktizierte Bilanz

In der gegenüber der Öffentlichkeit kommunizierten Bilanz, der *praktizierten Bilanz*, werden als Mittelverwendung *Forderungen gegenüber Kunden* auf der

Aktiva-Seite dargestellt. In der Denkweise des Bankbuchhalters entsteht durch die Vergabe des Kredites an den Bankkunden eine Forderung gegenüber dem Kunden, die der Bankkunde durch spätere Rückzahlung des Kredites begleichen muss. Das klingt ohne weiteres Hintergrundwissen ganz plausibel. Weiterhin wird in der Bilanz auf der Passiva-Seite als Mittelherkunft, wie beim Geschäftsfall Hubschrauberkauf, *Verbindlichkeiten gegenüber Kunden* eingetragen.

Die *Forderungen gegenüber Kunden* aus der Kreditvergabe sollen nach dem Verständnis des Bankbuchhalters Vermögen der Geschäftsbank sein und die aus der Kreditvergabe entstehenden Sichtguthaben der Kunden sollen Schulden sein. Als Besonderheit fällt hierbei auf, Vermögen und Schulden entstehen wie Phönix aus der Asche im Zuge eines Geschäftsfalles zur gleichen Zeit. Umgangssprachlich könnte man das wie folgt ausdrücken: „Ich habe eine Forderung an Dich, an das, was ich Dir verspreche zu leihen".

In Anbetracht des **Zusammenspiels von geldschöpfenden Schreibvorgängen und des Prinzips der Kompensation der von Bankkunden initiierten Zahlungen** muss die Richtigkeit dieser Bilanzeintragung ebenfalls angezweifelt werden. Hat der Vorgang der Erhöhung des Kontos des Kreditnehmers und der damit im Zusammenhang abgeschlossene Kreditvertrag eine derartige Auswirkung auf den Geschäftserfolg der Bank, wie er in der praktizierten Bilanz dargestellt wird?

Um das herauszufinden, wollen wir die Frage nach der Herkunft des Vermögens stellen. Wenn die *Forderungen gegenüber Kunden* Vermögen sind, dann muss durch sie irgendwann mal ein Vermögenszuwachs für die Bank eintreten. Der Bankbuchhalter wird hier sofort antworten: „Die Rückzahlung des Kredites begleicht die Forderung und somit entsteht ein Vermögenszuwachs für die Bank. Wird der Kredit nicht zurückgezahlt, entsteht ein Vermögensschaden für die Bank."

Wie wir aber aus Kap. 1 und 2 wissen, ändern interne Schreibvorgänge auf Kundenkonten nichts an der Vermögenslage der Geschäftsbanken. Erst der Abgleich der Zahlungen gegenüber den anderen Geschäftsbanken und der

Zentralbank bringt einen Gewinn oder Verlust zutage. Zur Verdeutlichung der Abläufe hier ein kleines Denkspiel:

„Ich habe kein Geld und Du hast kein Geld. Ich spiele jetzt Bank und leihe Dir Gutscheine auf Geld. Du nimmst die Gutscheine und verwendest sie wie Geld. Die anderen tun das auch so mit ihren Gutscheinen von anderen Banken. So zirkulieren Gutscheine anstelle von Geld in der Publikumsebene. Ich als Bank und die anderen Banken hatten vorher kein Geld, und wenn die Gutscheine von Dir und den Anderen an die Banken zurückgegeben werden (Kreditrückzahlung), habe ich und die anderen Banken immer noch kein Geld. Das Vermögen von mir als Bank und der anderen Banken ist immer dasselbe geblieben. Der Trick ist, Du und die Anderen haben sich daran gewöhnt, die Gutscheine als Geld anzusehen. Daraus ziehen ich und die anderen Banken jetzt einen entscheidenden Vorteil. Wir verleihen nicht nur Gutscheine an Euch, sondern wir bezahlen mit Gutscheinen die von Euch an uns gelieferten Waren und Dienstleistungen. Wir brauchen kein Geld, da Ihr die von uns angeschriebenen Beträge als Geld akzeptiert.

Mit dieser Situation könnte ich als Bank und die anderen Banken gut leben, wenn wir Banken uns über die Anzahl der herausgebbaren Gutscheine einigen. Da es aber sehr viele Banken auf der Welt gibt, ist eine vollständige Einigung unmöglich und wir müssen uns teils einigen und teils belauern. Geben die anderen Banken mehr Gutscheine heraus, so kann ich das auch tun. Drosseln die anderen die Herausgabe der Gutscheine, so muss ich schleunigst die Herausgabe von Gutscheinen auch drosseln. Die Gutschein-Kreditvergabe ist eine geniale Einrichtung. Wir Geschäftsbanken stellen Euch die von uns selbst erschaffenen Zahlungsmittel zur Verfügung, damit Ihr die für unser Wohlergehen benötigten Waren und Dienstleistungen produzieren könnt.

Bei der Gutschein-Kreditvergabe gebe ich kein Vermögen von mir weg (ich, die Bank) und bekomme bei Rückzahlung auch kein Vermögen zurück. Nur, wenn ich nicht aufpasse oder zu verschwenderisch bin mit der Ausgabe von Gutscheinen, dann verlangen die anderen Banken die von mir überschüssig geschöpften Gutscheine als Interbankgeld oder Zentralbankgeld von mir. In diesen Fällen ändert sich meine Vermögenssituation wirklich, aber nicht durch die Herausgabe und Rücknahme von Gutscheinen."

Dieses Denkspiel zeigt uns, wenn die durch die Bankkunden initiierten Zahlungen aus dem geschöpften Geldersatz sich zwischen den Banken aufheben, dann verändert sich das Vermögen der Geschäftsbanken nicht. Nur wenn die Kreditvergabepraxis der Banken in puncto Menge und Risiko stark voneinander abweicht, also bei der einen Bank mehr *Forderungen gegenüber Kunden* entstehen als bei der anderen, werden ungleichmäßige Kundenzahlungsströme verursacht, die über die Interbank-Kreditkonten das Vermögen der Bank beeinflussen. Nicht die Forderungen gegenüber Kunden selbst, sondern nur deren ungleichmäßiges Entstehen und Vergehen in Bezug auf andere Banken, beeinflusst das Vermögen der Banken. Zwischen den Banken werden in diesen Fällen über Interbank-Kreditkonten die Differenzen verrechnet und in der Bilanz als *Forderungen bzw. Verbindlichkeiten gegenüber Kreditinstituten* dargestellt. Die Eintragungen *Forderungen gegenüber Kreditinstituten* und *Verbindlichkeiten gegenüber Kreditinstituten* bringen eine Vermögensänderung zum Ausdruck und nicht die Eintragungen *Forderungen gegenüber Kunden* und *Verbindlichkeiten gegenüber Kunden.*

Man hat das Prinzip dann verstanden, wenn man gedanklich nachvollziehen kann, dass kein Vermögensschaden für die Banken entsteht, wenn bei allen Banken sämtliche Kundenkredite nicht zurückgezahlt werden würden oder nur die Hälfte, ein Drittel oder ein Fünftel usw.

Realistische Bilanz für den Geschäftsfall Kreditvergabe

Im Nachfolgenden werden an einem Beispiel die realen Verhältnisse in einer *realistischen Bilanz* für den Kreditfall dargestellt. Es wird angenommen, dass nicht nur ein Kredit vergeben wurde, sondern dass sich hinter der Kreditsumme 500 eine große Anzahl von Krediten verbirgt. Weiterhin wird angenommen, dass die anderen Banken in ähnlichen Größenordnungen Kredite vergeben haben.

Aus den obigen Überlegungen ging hervor, dass in einer realistischen Bilanz

Forderungen gegenüber Kunden nicht eingetragen werden dürfen, da sie das Vermögen der Bank nicht beeinflussen. Die realistische Bilanz aus Abb. 3.3 wird in Abb. 3.6 weitergeführt.

Aktiva		**realistische Bilanz**	Passiva
ZB-Guthaben	200	Verbindlichkeiten geg. Zentralbank	150
Kasse	100		
Hubschrauber	500	Eigenkapital	650
	800		800

Forderungen geg. Kunden aus Kreditvergabe	500
Sichtguthaben des Publikums	500

Abb. 3.6: Kreditvergabe, realistische Bilanz

Die Bilanz ändert sich infolge der Kreditvergabe nicht. In einer extra Liste, außerhalb der Bilanz, werden die *Forderungen gegenüber Kunden aus Kreditvergabe* und die daraus entstehenden *Sichtguthaben des Publikums* festgehalten.

Realistische Bilanz für den Geschäftsfall Kreditausfälle

Deutlicher werden die Verhältnisse bei der Darstellung der Kreditausfälle in der realistischen Bilanz. Werden einige Kredite bei unserer Bank nicht zurückgezahlt, ist in der Folge die Zahlungsbilanz zu den anderen Geschäftsbanken nicht mehr ausgeglichen. Das bewirkt Eintragungen von Gutschriften auf den Interbank-Kreditkonten der anderen Geschäftsbanken gegenüber unserer Beispielbank. Dieser Vorgang wird in der realistischen Bilanz unserer Beispielbank als *Verbindlichkeiten gegenüber Kreditinstituten* dokumentiert, s. Abb. 3.7.

Aktiva	**realistische Bilanz**		Passiva
ZB-Guthaben	200	Verbindlichkeiten geg. Zentralbank	150
Kasse	100		
Hubschrauber	500	Eigenkapital	650
		Verbindlichkeiten geg. Kreditinstituten	5
		Eigenkapital	-5
	800		800

Forderungen geg. Kunden aus Kreditvergabe	450
Sichtguthaben des Publikums	500

Abb. 3.7: Kreditausfälle, realistische Bilanz

Die *Verbindlichkeiten gegenüber Kreditinstituten* vermindern um den Betrag der Gutschriften auf den Interbank-Kreditkonten das Eigenkapital. Wie entsteht der Wert 5 bzw. -5 in unserem Beispiel?

Da in der Praxis nur ein kleiner Prozentsatz der Kredite ausfällt und je nach wirtschaftlicher Gesamtlage immer bei allen Banken in ähnlichen Größenordnungen, kann als Nachweis folgende Rechnung aufgestellt werden:

Es wird angenommen, dass in unserem Beispiel im Durchschnitt bei allen Banken 9 % der Kredite nicht zurückgezahlt werden. Unsere Bank hat eine von dem Durchschnitt abweichende Quote von 10 % ausgefallener Kredite. Von der Gesamtkreditsumme 500 werden bei unserer Bank demnach 50 nicht zurückgezahlt. Es verbleibt eine Kreditsumme von 450, die in der Liste als *Forderungen gegenüber Kunden aus Kreditvergabe* dokumentiert wird. Da bei den anderen Banken im Durchschnitt nur 9 % der Kredite ausgefallen sind (Durchschnittliche Kreditausfallsumme = 45), gleichen sich die im Zusammenhang mit den Krediten von den Bankkunden initiierten Zahlungen zwischen den Geschäftsbanken nicht aus. Die anderen Banken erhalten gegenüber unserer Bank im Durchschnitt eine Gutschrift von 5 auf ihren Interbank-Kreditkonten. Dieser Vorgang wird in unserer Beispielbilanz auf der Passiva-Seite als *Verbindlichkeiten gegenüber Kreditinstituten* eingetragen und das *Eigenkapital* um den gleichen Betrag gemindert.

Anhand dieses Beispiels wird deutlich, das der Vermögensschaden der Banken bei Nichtrückzahlung von Krediten nie so hoch ist, wie die nicht zurückgezahlte Kreditsumme. Das Beispiel zeigt auch, dass es immer Geschäftsbanken gibt, die im Zusammenhang mit Kreditausfällen Gutschriften auf ihren Interbank-Kreditkonten erhalten. Diese steigern im Zusammenhang mit Kreditausfällen sogar ihr Vermögen, da sie von den höheren Kreditausfällen der anderen Banken profitieren. In der Summe aller Geschäftsbanken ist der Vermögensschaden bei Kreditausfällen gleich null.

Diese Bilanzdarstellung wird dem dogmatischen Bankbuchhalter ganz und gar nicht gefallen. Er betrachtet die *praktizierte Bilanz* als Gott gegeben. Für ihn kommt es einem Frevel gleich, die Gelder der Kunden nicht in der Bankbilanz zu führen. Zum anderen wundert er sich aber nicht darüber, wenn ein Bootshausbesitzer die eingelagerten Boote oder ein Parkhausbesitzer die abgestellten Fahrzeuge nicht in seiner Bilanz aufführt.

Praktizierte Bilanz für den Geschäftsfall Kreditausfälle

Nun betrachten wir den Geschäftsfall *Nichtrückzahlung von Krediten* in der Praxis. In der *praktizierten Bilanz* wird ein Vermögensschaden der Bank in voller Höhe der nicht zurückgezahlten Kreditsumme ausgewiesen. Die Darstellung des Kreditfalles in der nachfolgenden *praktizierten Bilanz* macht das deutlich, s. Abb. 3.8.

Aktiva	**praktizierte Bilanz**		Passiva
ZB-Guthaben	200	Verbindlichkeiten geg. Zentralbank	150
Kasse	100	Eigenkapital	100
Hubschrauber	450	Verbindlichkeiten geg. Kunden	1000
Forderungen geg. Kunden aus Kreditvergabe	450	Eigenkapital	-50
		Verbindlichkeiten geg. Kreditinstituten	5
		Eigenkapital	-5
	1200		1200

Abb. 3.8: Kreditausfälle, praktizierte Bilanz

In der Praxis werden *Forderungen und Verbindlichkeiten gegenüber Kunden* als Bestandteil der Bilanz aufgeführt. Die in der Bilanz dargestellten *Forderungen gegenüber Kunden* auf der Aktiva-Seite werden um den nicht zurückgezahlten Betrag vermindert. Auf der Passiva-Seite bleiben die dort aufgeführten *Verbindlichkeiten gegenüber Kunden* vollständig erhalten. Das bewirkt in der Bilanzgleichung automatisch eine Eigenkapitalminderung. Auf unsere Beispielrechnung übertragen, entsteht auf der Aktiva-Seite ein Wert von 500 - 50 = 450 für die *Forderungen gegenüber Kunden* und auf der Passiva-Seite eine Eigenkapitalminderung von 50. Hinzu kommt die real entstehende Eigenkapitalminderung (-5) infolge der Schulden auf den Interbank-Kreditkonten, die in der Bilanz als *Verbindlichkeiten gegenüber Kreditinstituten* ausgewiesen wird. Insgesamt wird in der *praktizierten Bilanz* eine Eigenkapitalminderung von 55 infolge der Kreditausfälle dargestellt. In der Realität entsteht aber nur eine Eigenkapitalminderung von 5, wie bereits anhand der realistischen Bilanz errechnet.

Die *praktizierte Bilanzdarstellung* kann man umgangssprachlich wie folgt formulieren: „Gibst Du das, was ich Dir versprochen habe zu leihen, an mich nicht zurück, so werte ich das für mich als einen Verlust".

3.3.4 Täuschendes Vermögen

Was ist Vermögen für Banken? Infolge des Mechanismus der *kooperativen Geldschöpfung* muss die Anwendung des traditionellen Vermögensbegriffs auf Banken hinterfragt werden. Das allgemein als Vermögen definierte stellt sich bei der Untersuchung des Kreditfalls in einem ganz anderen Licht dar. Dort stellte sich heraus, dass die Forderungen gegenüber Kreditnehmern zum größten Teil kein Vermögen der Bank sind.

Und auch das als Sachvermögen bezeichnete, die Sachanlage unserer Beispielbank (der Hubschrauber) muss nach dieser Untersuchung mit kritischem Blick betrachtet werden. Infolge des Prinzips der *kooperativen Geldschöpfung* müssen Banken auch ihre Sachanlagen im Gleichschritt erwerben. Soll die Sachanlage als Vermögen seine Wirkung entfalten, so muss sie in Geldvermögen umgewandelt werden können. Werden Sachanlagen in Geldvermögen umgewandelt, so muss das ebenfalls im Gleichschritt geschehen. Das dadurch im Gleichschritt entstehende Geldvermögen neutralisiert sich infolge der **Kompensation der von Bankkunden initiierten Zahlungen** zum größten Teil zwischen den Banken. Es wird über die Interbank-Kreditkonten verrechnet. Somit stellt sich heraus, dass das als Sachvermögen bezeichnete für die Bank zum größten Teil gar kein Vermögen war. Bei den Sachanlagen ist es genauso wie mit den Krediten. Nur der Teil, der sich zwischen den Banken nicht ausgleicht, kann aus Sicht der Bank echtes Vermögen sein. Das tritt aber erst beim Verkauf der Sachanlage zutage. Somit muss angezweifelt werden, dass der in unserem Beispiel angeschaffte Hubschrauber in dem Umfang, wie in der Bilanz dargestellt, Vermögen für die Bank ist.

Letztendlich hat für Banken nur das Zentralbankgeld und das Interbankengeld als Vermögen eine Bedeutung. Alles andere ist nur dargestelltes Scheinvermögen. Würde z.B. eine Bank vorgebliches Sachvermögen zu ihrer eigenen Absicherung anhäufen wollen, dann müsste sie es im Gleichschritt mit den anderen Banken tun. Verkauft sie dann später ihre Sachvermögenswerte, so gibt sie einen Impuls an die anderen Banken, in gleicher Weise Verkäufe zu tätigen. Das als Vermögen gedachte, würde sich zu einem großen Teil neutralisieren. Nur die auf den Interbank-Kreditkonten oder dem Zentralbankkonto übrig bleibende Gutschrift erweist sich dann als wahres Vermögen.

Zu dem bisher in Kap. 3 gesagten kommt somit eine neue Erkenntnis hinzu. Das mittels *kooperativer Geldschöpfung* von Banken Erworbene kann in der Bilanz nicht als Vermögen aufgeführt werden. Alles dies müsste man, wie schon bei dem Kreditfall festgestellt, in einer Liste außerhalb der Bilanz dokumentieren. Die Bilanz selbst hätte dann aber nur noch eine sehr eingeschränkte Aussagekraft. Somit stellt sich als neue Erkenntnis heraus, dass die Gegenüberstellung von Vermögen und Schulden, wie sie in Bilanzform für die Realwirtschaft ursprünglich entwickelt wurde, für Banken nicht angewendet werden kann. **Die Bilanz ist zur Ermittlung der wirtschaftlichen Situation von heutigen Geschäftsbanken ungeeignet.** Wird die Bilanzform aus der Realwirtschaft auf Banken angewendet, kommt es zur Darstellung von Scheinvermögen.

Nur dann, wenn die Bank die Fähigkeit der *kooperativen Geldschöpfung* verliert, dann ist ihr Vermögen gleichzusetzen mit dem eines Betriebes der Realwirtschaft. Dies tritt ein, wenn die Bank ihre Tätigkeit aufgibt, z. B. bei einer Insolvenz. Dann kann ihr Vermögen behandelt werden, wie das eines Betriebes der Realwirtschaft.

Im laufenden Betrieb braucht die Bank kein Vermögen im traditionellen Sinne. Sie kann sich die benötigten Werte mittels *kooperativer Geldschöpfung* bei Bedarf immer wieder neu aneignen. Ihr wichtigstes Vermögen, das sind die Anzahl und die Qualität ihrer Bankkunden. Diese bestimmen, inwieweit die Bank eine ausgeglichene Zahlungsbilanz gegenüber den anderen Banken erreichen kann. Auf dieser Grundlage kann die Bank ihre Gelddruckmaschine (*kooperative Geldschöpfung*) betreiben.

Eine bewusste Täuschung?

Aus den Ausführungen in Kap. 3 ist zu ersehen, dass die Bilanzform aus der Realwirtschaft nicht das geeignete Mittel ist, die wirtschaftliche Situation von Banken abzubilden. In der Realität ist der Geschäftserfolg viel höher als mit der Bilanz dokumentiert. Die Sachanlagen werden in der Bilanz der Bank so dargestellt, als wenn sie mit erwirtschaftetem Geld gekauft würden und beim Ausfall der Kreditrückzahlung wird ein Verlust dokumentiert, den es zum großen Teil nicht gibt.

Warum hält man in der Praxis an dieser falschen Darstellungsform fest? Die Bankmanager, bei denen die Giralgeldschöpfung tagtägliches Geschäft ist, werden wissen was sie tun und auch die Diskrepanz zwischen der Realität und dem Dargestellten bemerken. Würden sie aber ihr Wissen in die Tat umsetzen und den Geschäftserfolg der Geschäftsbanken realistisch darstellen, so würde die Öffentlichkeit die Vorteilsnahme erkennen und eine Änderung des Bankensystems fordern. Das würde für die Kapitaleigner und Bankmanager der Banken Einkommensschmälerungen und Machtverlust bedeuten. Es liegt also nicht in ihrem Interesse die Darstellungsform ihres Betriebsergebnisses grundlegend zu ändern. Sie wenden bewusst das für die heutigen Banken ungeeignete Dokumentationsprinzip mittels der Bilanz an, um Vorteilsnahmen zu verschweigen.

Somit beantwortet sich die Frage aus der Überschrift dieses Abschnittes von selbst. Es kann nur eine bewusste Täuschung zur Wahrung von Privilegien sein.

Die nachfolgenden Ausführungen in Kap. 4 werden darüber noch mehr ans Licht bringen. Wir werden sehen, wie Bankmanager und Kapitaleigner der Geschäftsbanken sich die Rechtmäßigkeit der mit *kooperativer Geldschöpfung* angeeigneten hohen Gehälter, Boni, Honorarzahlungen, Dividendenzahlungen, Zuwendungen an Stiftungen usw. über die Bilanz legitimieren lassen können.

4. Das Ausmaß der Giralgeldschöpfung der Geschäftsbanken

Wie aus den bisherigen Betrachtungen hervorging, haben Geschäftsbanken infolge des Prinzips der *kooperativen Geldschöpfung* die Möglichkeit, große Vorteilsnahmen gegenüber dem Rest der Gesellschaft zu erlangen. Dabei stecken sie in einem Dilemma. Würden die Vorteilsnahmen bekannt, so würde man sie ihnen wegnehmen. Somit dokumentieren sie ihren Geschäftserfolg zur Verschleierung weiterhin in der alten vor Einführung der Giralgeldes gebräuchlichen Form mittels der Bilanz.

Da sie aber die Bilanz als Darstellungsform benutzen, wird es ihnen erschwert das *mögliche Einkommen*, welches mit *kooperativer Geldschöpfung* erzielt werden kann, legal in Anspruch zu nehmen. Das Dokumentationsprinzip mittels der Bilanz begrenzt somit ihr Einkommen.

In diesem Kapitel soll untersucht werden, welche Faktoren das *mögliche Einkommen* der Banken begrenzen. Ich unterscheide zwischen zwei Hauptgruppen der Begrenzung:

a) Begrenzung durch das Prinzip der *kooperativen Geldschöpfung* selbst.

b) Begrenzung infolge der Verwendung des Dokumentationsprinzips mittels der Bilanz und der daraus resultierenden Buchführungs- und Regulierungsvorschriften.

Bevor wir diese beiden Gruppen der Begrenzung ausführlich behandeln, wollen wir uns an einem Beispiel die Dimensionen der Giralgeldschöpfung vor Augen führen. Zur Veranschaulichung führen wir unsere Beispielbilanz aus Kap. 3, Abb. 3.5, in Abb. 4.1 weiter.

Aktiva		**praktizierte Bilanz**	Passiva
ZB-Guthaben	200	Verbindlichkeiten geg. Zentralbank	150
Kasse	100	Verbindlichkeiten geg. Kunden	1000
Sachanlagen	450		
Forderungen geg. Kunden aus Kreditvergabe	500	Eigenkapital	100
	1250		1250

Abb. 4.1: Eröffnungsbilanz

Die Untersuchung wird anhand der Bilanz durchgeführt, die gegenüber der Öffentlichkeit dargestellt wird, die *praktizierte Bilanz*[13]. In Abb. 4.1 sind alle Werte in Mill. Euro eingetragen. Unter Sachanlagen sollen sämtliche Bankgebäude incl. deren Einrichtung und alle Fahrzeuge der Geschäftsbank zusammengefasst sein.

Als theoretisches Extrembeispiel nehmen wir als Erstes an, dass unsere Geschäftsbank Wertpapiere in einem Volumen von 3000 Mill. Euro erwerben soll. Die Geschäftsbank kauft die Wertpapiere von Nichtbanken (Öffentliche Hand, Zweckgesellschaften, Industrieunternehmen, Privatperson). Sie hat beim Erwerb der Wertpapiere die Geschäftstätigkeit der anderen Geschäftsbanken beobachtet und sich mit ihnen auch abgestimmt[14], sodass sie eine ausgeglichene Zahlungsbilanz gegenüber den anderen Geschäftsbanken vorweisen kann. Die Bankkonten der Nichtbanken werden durch einen Schreibvor-

[13] Zur Vereinfachung nehmen wir an, dass die Darstellung sämtlicher laufender Kosten wie Gehälter, Gebäudenebenkosten und Verbrauchsmaterialien in der Beispielbilanz entfallen kann, da diese mit den in der Praxis darzustellenden Zinserträgen aus den Kreditgeschäften und den Provisionserträgen verrechnet werden sollen. Sie heben sich in unserer Bilanz gegeneinander auf.

[14] s.a. Anhang A1.3 „Auswirkungen des Wertpapierhandels“

gang erhöht und die Wertpapiere im Wert von 3000 Mill. gelangen in den Besitz der Geschäftsbank. In der Praxis wird der Geschäftsfall Wertpapierkauf analog dem Geschäftsfall Kreditvergabe in der Bilanz wie folgt dargestellt, s. Abb. 4.2.

Alle Werte in Mill. Euro

Aktiva	**praktizierte Bilanz**		Passiva
ZB-Guthaben	200	Verbindlichkeiten geg. Zentralbank	150
Kasse	100	Verbindlichkeiten geg. Kunden	1000
Sachanlagen	450		
Forderungen geg. Kunden aus Kreditvergabe	500	Eigenkapital	100
Wertpapiere	3000	Verbindlichkeiten geg. Kunden	3000
	4250		4250

Abb. 4.2: Wertpapierkauf

Auf der Aktiva-Seite der Bilanz werden die Wertpapiere eingetragen. Auf der Passiva-Seite stehen die *Verbindlichkeiten gegenüber Kunden*. Auch der Wertpapierkauf wird in der praktizierten Bilanz falsch dargestellt. Die *Verbindlichkeiten gegenüber Kunden* sind nur scheinbare Verbindlichkeiten, wie schon bei den Geschäftsfällen Erwerb von Sachanlagen und Kreditvergabe beschrieben. Und die Wertpapiere sind genauso wie die Forderungen aus der Kreditvergabe oder die Sachanlagen zum größten Teil kein Vermögen der Bank.

Es war wiederum nur ein **geldschöpfender Schreibvorgang** erforderlich gewesen, um die Wertpapiere gegenüber den Nichtbanken zu bezahlen. Es kann aber nicht unermesslich so weiter gehen.

Wir kommen jetzt zu den Begrenzungen der Giralgeldschöpfung. Die im Folgenden beschriebenen ersten drei Grenzen zählen zu der Gruppe der Begrenzungen, die durch das Prinzip der Giralgeldschöpfung selbst hervorgerufen werden.

Eine Grenze ist das Volumen der am Markt verfügbaren Wertpapiere, Sachanlagen und verschuldungsbereiter Kreditnehmer. Die Verschuldungsbereitschaft der Marktteilnehmer ist begrenzt und es gibt nur ein begrenztes Volumen von Wertpapieren und Sachanlagen. Die Praxis hat aber gezeigt, dass das Gesamtvolumen der Wertpapiere durch sogenannte innovative Produkte, wie z.B. Derivate (s. Kap. 5.3), doch beträchtlich gesteigert werden kann.

Eine **weitere Grenze** ist die Neigung von einigen Geschäftsbanken zu nicht abgestimmtem Verhalten. Die Grenze ist erreicht, wenn die anderen Geschäftsbanken entsprechend ihrer Größe weniger Wertpapiere und Sachanlagen kaufen und Kredite vergeben als unsere Geschäftsbank. Würde unsere Geschäftsbank weiterhin Wertpapiere und Sachanlagen in größeren Mengen kaufen und Kredite vergeben, dann würde ein Ungleichgewicht zwischen ihren Zahlungsausgängen und Zahlungseingängen entstehen und sie würde auf den Interbank-Kreditkonten gegenüber den anderen Geschäftsbanken Schulden anhäufen. Der Kauf von Wertpapieren und Sachanlagen und die Vergabe von Krediten einer Geschäftsbank können nur dann beträchtlich gesteigert werden, wenn die anderen Geschäftsbanken im gleichen Zeitraum und ähnlichem Umfang ebenfalls Wertpapiere und Sachanlagen kaufen, Kredite vergeben oder anderweitig *Entnahmen* tätigen.

Damit im Zusammenhang steht die **dritte Grenze**. Das ist die Größe einer Geschäftsbank. Inwieweit eine Geschäftsbank mit aus ihrer Sicht wie aus dem «Nichts» geschöpften Giralgeld Wertpapiere und Sachanlagen kaufen, Kredite vergeben und *Entnahmen* tätigen kann, hängt vor allem von ihrer Größe ab. Mit der Größe einer Geschäftsbank hängt auch ihr Anteil an den lokalen, nationalen und internationalen Zahlungsströmen zusammen. Je mehr Ein- und Auszahlungen in Anzahl und Summe auf der Publikumsebene getätigt werden, desto höher ist die Wahrscheinlichkeit, dass sich die laufenden Ein- und Auszahlungen einander zeitnah ausgleichen. Für kleine Geschäftsbanken ist es schwieriger Giralgeld zu schöpfen, da die Wahrscheinlichkeit, dass die daraus entstehenden Zahlungsströme relativ zeitnah über andere Geschäftsbanken als Zahlungseingang in voller Höhe zu ihnen zurückfließen, nicht so hoch ist. Es ist eher wahrscheinlich, dass bei kleinen Geschäftsbanken nur ein Teil zurückfließt. Dagegen ist die Wahrscheinlichkeit bei großen Geschäftsbanken sehr hoch. Hier kann sogar angenommen werden, dass der Teil, der den kleinen Geschäftsbanken verloren geht, zusätzlich bei den großen landet. Große Geschäftsbanken können, wenn sie gleichgeschaltet agieren, sehr hohe Summen für den Kauf von Wertpapieren und Sachanlagen, für die Vergabe von Krediten und für *Entnahmen* generieren.

Die nachfolgend beschriebenen Grenzen zählen zu der Gruppe der Begrenzung infolge der Verwendung des Dokumentationsprinzips mittels der Bilanz und der daraus resultierenden Buchführungs– und Regulierungsvorschriften.

Die **vierte Grenze** ist die Mindestreserve. Man unterscheidet zwischen gesetzlicher und banktechnischer Mindestreserve. Die gesetzliche Mindestreserve ist die Mindestmenge an Geld, welches die Geschäftsbanken auf ihren Konten bei der Zentralbank «lagern» müssen. Die gesetzliche Mindestreserve berechnet sich aus der Höhe der Kundeneinlagen mit einer vereinbarten Laufzeit oder Kündigungsfrist bis zu 2 Jahren und den von der Bank ausgegebenen Schuldverschreibungen (Wertpapiere) mit einer Laufzeit bis zu 2 Jahren. Für die im Euro-Raum niedergelassenen Geschäftsbanken wurde von der Europäischen Zentralbank (EZB) die Mindestreserve auf 1 % festgelegt. D.h., die Geschäftsbanken des Euro-Raumes müssen Zentralbankgeld in Höhe von 1 % der oben angeführten Kundeneinlagen und Schuldverschreibungen auf ihrem Konto bei der Zentralbank «lagern». Bezogen auf unser Beispiel, in welchem Kundeneinlagen (Verbindlichkeiten gegenüber Kunden) von 4000 Mill. aufgeführt sind, ergeben 1 % von 4000 Mill. gleich 40 Mill. Das Zentralbankguthaben beläuft sich in unserem Beispiel auf 200 Mill. Die gesetzliche Mindestreserveanforderung ist hier erfüllt.

Die Höhe der banktechnischen Mindestreserve wird von den Geschäftsbanken selbst bestimmt. Diese beziehen bei der Berechnung den Kassenbestand mit ein. Sie liegt über der gesetzlichen Mindestreserve und bewegt sich zwischen 3 und 4 % der Kundeneinlagen.[15] Auch diese Mindestreserve (4 % von 4000 Mill. gleich 160 Mill.) erfüllt unsere Beispielbank. Die Beispielbank hat eine Reserve von 300 Mill.

4.1 Eigenmittelanforderungen

Die **fünfte Grenze**, das sind die Eigenmittelanforderungen. Eine internationale Bankenaufsicht, der „Baseler Ausschuss für Bankenaufsicht", tritt alle drei Monate bei der Bank für Internationalen Zahlungsausgleich in Basel zusammen und erarbeitet Empfehlungen für einheitliche Standards der Bankenaufsicht. Diese Empfehlungen werden von den einzelnen Staaten und Staatengemeinschaften in nationales Recht umgesetzt. Unter anderem müssen Geschäftsbanken nach diesen Empfehlungen bestimmte Eigenmittelanforderungen erfüllen. In der zurzeit gültigen Empfehlung mit dem Namen „Basel II", müssen Geschäftsbanken ihre auf der Aktivseite der Bilanz dargestellten Mittel einer Ausfallrisikobewertung unterziehen. Je nach Höhe des Ausfallrisikos muss den Positionen auf der Aktiva-Seite eine gewisse Menge Eigenmittel gegenüberstehen. Nachfolgend wollen wir diese Empfehlungen für die Eigenmittelanforderungen auf unser Bilanzbeispiel nach Abb. 4.2 anwenden. In unserem Beispiel verwenden wir die Eigenmittelanforderungen von Deutschland, die im Kreditwesengesetz (KWG, § 10) und in der Solvabilitätsverordnung (SolvV) verankert sind.

Eigenmittelanforderungen für Wertpapiere

Als Erstes betrachten wir in unserem Beispiel die Wertpapiere. Sie sind mit einem Gesamtvolumen von 3000 Mill. auf der Aktiva-Seite eingetragen. Wir nehmen an, dass davon Wertpapiere in einem Wert von 1000 Mill. von einer Zentralregierung mit einem Rating AAA (z. B. Bundesrepublik Deutschland)

[15] s. Geschäftsbericht 2011 der Deutschen Bank, Commerzbank, Bayern LB

stammen und die restlichen 2000 Mill. von anerkannten Unternehmen, ebenfalls mit einem Rating AAA. Für die Wertpapiere von der Zentralregierung werden nach SolvV § 26 Abs. 2 keine Eigenmittel gefordert. Für die Wertpapiere der Unternehmen werden Eigenmittel gefordert. Die Forderung nach Eigenmitteln wird in der Solvabilitätsverordnung als *regulatorische Eigenmittelanforderung* bezeichnet. Die regulatorische Eigenmittelanforderung setzt sich zusammen aus der *regulatorischen Eigenmittelanforderung für Adressrisiken*, *Marktrisiken* und *operationellen Risiken*. Wir berechnen hier nur die *regulatorischen Eigenmittelanforderungen für Adressrisiken*, da sie den Hauptanteil der Eigenkapitalanforderungen ausmachen. Die *Marktrisiken* und die *operationellen Risiken* werden danach hochgerechnet.

Für die Wertpapiere der Unternehmen wird nach SolvV § 33 Standardansatz das Risikogewicht mit 20 % beurteilt und die regulatorische Eigenmittelanforderung für Adressrisiken nach § 2 Abs. 6 und § 8 SolvV wie folgt berechnet:

Die regulatorischen Eigenmittel für Adressrisiken werden in zwei Schritten errechnet.

Als Erstes wird das risikogewichtete Aktiva ermittelt:

Risikogewichtetes Aktiva aus Wertpapieren
= Risikogewicht • Forderungshöhe im Ausfallzeitpunkt
= 0,20 • 2000 Mill. = **400 Mill.**

Dann wird die regulatorische Eigenmittelanforderung für Adressrisiken nach folgender Formel berechnet:

Regulatorische Eigenmittel für Adressrisiken aus Wertpapieren
= 8 % • Risikogewichtetes Aktiva aus Wertpapieren
= 0,08 • 400 Mill. = **32 Mill.**

Eigenmittelanforderungen für Kreditvergaben

Als zweite Aktiva-Position unserer Beispielbilanz betrachten wir die *Forderungen gegenüber Kunden aus Kreditvergabe*. Aus einer Kreditvergabe an

Unternehmen bestehen *Forderungen an Kunden* von 500 Mill. Nach den gleichen Formeln wie oben wird auch hier die regulatorische Eigenkapitalanforderung für Adressrisiken berechnet. Das Risikogewicht nach Standardansatz ist ebenfalls 20 % bei einem angenommenen Rating von AAA (§ 33 SolvV).

Risikogewichtetes Aktiva aus Kreditvergaben
= Risikogewicht • Forderungshöhe im Ausfallzeitpunkt
= 0,20 • 500 Mill. = **100 Mill.**

Regulatorische Eigenmittel für Adressrisiken aus Kreditvergaben
= 8 % • Risikogewichtetes Aktiva aus Kreditvergaben
= 0,08 • 100 Mill. = **8 Mill.**

Eigenmittelanforderungen für Sachanlagen

Die Sachanlagen haben nach dem Standardansatz (§ 38 Abs. 3 Nr. 1, Sachanlagen, SolvV) ein Risikogewicht von 100 %. Die *regulatorische Eigenkapitalanforderung für Adressrisiken* für die Sachanlagen errechnet sich wie folgt:

Risikogewichtetes Aktiva aus Sachanlagen
= Risikogewicht • Forderungshöhe im Ausfallzeitpunkt
= 1 • 450 Mill. = **450 Mill.**

Regulatorische Eigenmittel für Adressrisiken aus Sachanlagen
= 8 % • Risikogewichtetes Aktiva aus Sachanlagen
= 0,08 • 450 Mill. = **36 Mill.**

Für das Zentralbankguthaben und das Bargeld in der Kasse sind keine *regulatorischen Eigenmittel für Adressrisiken* erforderlich.

Rechnen wir die oben errechneten *regulatorischen Eigenmittel für Adressrisiken* für die Aktiva-Positionen Wertpapiere, Kreditvergabe und Sachanlage zusammen, so erhalten wir:

Regulatorische Eigenmittel für Adressrisiken

= regulatorische Eigenmittel für Adressrisiken aus Wertpapieren
+ regulatorische Eigenmittel für Adressrisiken aus Kreditvergaben
+ regulatorische Eigenmittel für Adressrisiken aus Sachanlagen

= 32 + 8 + 36 = **76 Mill.**

Das sind die *regulatorischen Eigenmittel für Adressrisiken*, berechnet nach dem Standardansatz für die nach Basel II bezeichneten Adressausfallrisiken.

Die *Adressrisiken* haben den Hauptanteil an den gesamten regulatorischen Eigenmittelanforderungen. Die *Marktrisiken* und die *operationellen Risiken* sind gewöhnlich wesentlich geringer als die Adressrisiken. Sie betragen zusammen weniger als ⅓ der Adressrisiken.[16] Bei Ansatz von ⅓ für die Marktrisiken und die operationellen Risiken erhalten wir in unserem Beispiel gesamte

regulatorische Eigenmittel von

76 Mill. + 1/3 • 76 Mill. = **101 Mill.**

In unserem Beispiel in Abb. 4.2 wird ein Eigenkapital von 100 Mill. ausgewiesen. Dieses unterschreitet die errechneten 101 Mill. und genügt so den gesetzlichen Vorgaben noch nicht. Wir werden in den weiteren Ausführungen des Kap. 4 sehen, dass die Bank bis zum nächsten Quartalsbericht genügend legale Eigenmittel ausweisen kann.

Außer dem Standardansatz lässt das Gesetz noch eigene Ermittlungsmethoden der Geschäftsbanken zur Ausfallrisikobewertung zu. Diese werden hauptsächlich von großen Geschäftsbanken angewendet. Die eigenen Ermittlungsmethoden kommen meist zu noch geringeren Eigenmittelanforderungen.

Die Berechnung der Eigenmittelquote

Um die Eigenmittelausstattung der Banken vergleichen zu können, hat der Ge-

[16] s. Geschäftsbericht 2011 der Deutschen Bank, Commerzbank, Bayern LB

setzgeber die Errechnung einer Eigenmittelquote vorgeschrieben. Diese wird errechnet aus den *risikogewichteten Aktiva* aus unseren Zwischenrechnungen und den *anrechenbaren Eigenmitteln* nach der Formel:

Eigenmittelquote

= anrechenbare Eigenmittel / Risikogewichtetes Aktiva (RGA)

Die ***anrechenbaren Eigenmittel*** sind die Eigenmittel, die nach § 10 KWG aus bankenaufsichtlicher Sicht so definiert sind. Sie setzen sich zusammen aus Kernkapital, Ergänzungskapital und Drittrangmitteln. In unserem Beispiel zählt sämtliches Eigenkapital in der praktizierten Bilanz **(100 Mill.)** zu den anrechenbaren Eigenmitteln.

Zur Berechnung des **Risikogewichteten Aktiva (RGA)** werden die Einzelwerte aus unserer Zwischenrechnung für die Eigenmittelanforderungen addiert und die *Marktrisiken* und *operationellen Risiken* hinzugezogen. Bei Ansatz von ⅓ für die *Marktrisiken* und die *operationellen Risiken* errechnet sich das *Risikogewichtete Aktiva (RGA) für unser Beispiel* wie folgt:

Risikogewichtetes Aktiva (RGA)

= RGA aus Wertpapieren
+ RGA aus Kreditvergabe
+ RGA aus Sachanlagen
+ (⅓ • RGA Gesamt)

= 400 + 100 + 450 + (⅓ • 950)

= 1266,67

Durch Einsetzen der Ergebnisse in die Formel zur Errechnung der *Eigenmittelquote* ergibt sich:

Eigenmittelquote

= anrechenbare Eigenmittel / Risikogewichtetes Aktiva (RGA)

= 100 / 1266,67

= 0,079 = 7,9 %

Die Eigenmittelquote soll nach Vorgabe des Gesetzgebers 8 % nicht unterschreiten. Z.B. hatte die Deutsche Bank im Jahr 2011 eine Eigenmittelquote von 12,3 %, die Commerzbank von 15,3 % und die Bayern LB 15,5 % [17].

Auswertung

Diese Beispielrechnung wurde durchgeführt, um eine Vorstellung über die Größenordnung der Geldschöpfung der Geschäftsbanken zu bekommen. Unsere Beispielbank kann durchaus Wertpapiere in diesen Dimensionen mit aus ihrer Sicht wie aus dem «Nichts» geschöpften Giralgeld kaufen.

Der Bank fehlen in der bisherigen Darstellung noch 1 Mill. *anrechenbare Eigenmittel*. Sie weis aber, dass diese bis zum Quartalsende locker dargestellt werden können.

Diese Berechnungen wurden unter Berücksichtigung der gesetzlichen Vorschriften nach Basel II durchgeführt. Ab 2013 wird Basel III schrittweise eingeführt. Unsere Beispielbank würde auch die bisher bekannten Vorschriften nach Basel III erfüllen.

Es ist erkennbar, dass Geschäftsbanken in einem sehr großen Umfang *kooperative Geldschöpfung* betreiben können. Unserer Beispielbank war es möglich, aus den eingesetzten Mitteln der Eigentümer ein Giralgeldvolumen von mehr als dem Zehnfachen zu erzeugen. Im weiteren Ablauf kommt es für die Bank darauf an, ihr Wissen darüber in Anwendung zu bringen, möglichst viel von dem mit *kooperativer Geldschöpfung* **möglichen Einkommen** mittels kreativer Buchführung in ihrem Geschäftsabschluss darzustellen. Die dargestellte Eigenmittelquote ist für sie in diesem Sinne das Maß ihres Erfolges. Die Funktionsweise wird in den folgenden Ausführungen des Kap. 4 erklärt.

---

[17] s. Geschäftsbericht 2011 der Deutschen Bank, Commerzbank, Bayern LB

4.2 Schaffung von anrechenbaren Eigenmitteln mit aus dem „Nichts" geschöpften Giralgeld

Im Weiteren soll anhand unserer Beispielbank ausgelotet werden, wie die Banken mit den Begrenzungen infolge der Verwendung des Dokumentationsprinzips Bilanz und den Buchführungs- und Regulierungsvorschriften zu recht kommen.

Für die im Bestand befindlichen Wertpapiere dokumentieren die Geschäftsbanken Zinserträge. Wie wir aus Kap. 2 wissen, sind diese Zinserträge in der Realität zum großen Teil keine Erträge, da sie sich bei den Geschäftsbanken gegeneinander aufheben. Aus demselben Grund sind die Zinsaufwendungen (erklärt im Anhang A1.1) zum großen Teil auch keine Aufwendungen. Aber in der Praxis erscheinen diese scheinbaren Zinserträge und Zinsaufwendungen in vollem Umfang in der Gewinn-und-Verlust-Rechnung und der daraus resultierende scheinbare Zinsgewinn erhöht in der praktizierten Bilanz somit das Eigenkapital.

Es sollen jetzt die Auswirkungen des in der praktizierten Bilanz dargestellten Zinsgewinns aus Wertpapieren auf den Geschäftsabschluss der Geschäftsbanken untersucht werden. Wir nehmen an, dass in der Gewinn-und-Verlust-Rechnung für die Geschäftsbank ein Zinsgewinn aus Wertpapieren von 60 Mill. ausgewiesen wird. Dieser Betrag entsteht bei einem Wertpapiervolumen von 3000 Mill. und einer Zinsdifferenz (Zinsertrag – Zinsaufwendungen) von 2 %.

Wie wird dieser Geschäftsfall in die praktizierte Bilanz eingetragen? Der Emittent der Wertpapiere hat ein Bankkonto bei unserer Geschäftsbank. Von dessen Konto bucht die Geschäftsbank die geforderten Zinsen ab. Der Abbuchungsvorgang ist ein interner Schreibvorgang. Verrechnet mit den Zinsaufwendungen für die Bankkunden verringern sich die Beträge auf den Bankkonten um insgesamt 60 Mill., also die Gesamtverbindlichkeiten gegenüber Kunden von 4000 Mill. auf 3940 Mill., s. Abb. 4.3.

Alle Werte in Mill. Euro

Aktiva		**praktizierte Bilanz**	Passiva
ZB-Guthaben	200	Verbindlichkeiten geg. Zentralbank	150
Kasse	100	Eigenkapital	100
Sachanlagen	450		
Forderungen geg. Kunden aus Kreditvergabe	500	Verbindlichkeiten geg. Kunden	3940
Wertpapiere	3000	Eigenkapital	60
	4250		4250

Abb. 4.3: Zinsertrag aus Wertpapieren

In der Gewinn-und-Verlust-Rechnung steigert der Zinsgewinn den Gewinn der Geschäftsbank. Das Gewinn- und Verlustkonto ist ein Unterkonto des Eigenkapitalkontos. Somit bewirkt eine ausgewiesene Gewinnerhöhung eine Steigerung des Eigenkapitals.[18] Die Eigenkapitalsteigerung wird als Mittelherkunft auf der Passivseite der Bilanz eingetragen. Es wird ein zusätzliches Eigenkapital von 60 Mill. ausgewiesen. In Folge der Erhöhung des Eigenkapitals in der praktizierten Bilanz erhöht sich auch die Eigenmittelquote der Geschäftsbank.

Eigenmittelquote

= anrechenbare Eigenmittel / Risikogewichtetes Aktiva (RGA)

= (100 + 60) / 1266,67

= 0,126 = 12,6 %

[18] Hat der Emittent der Wertpapiere kein Konto bei unserer Bank, so überweist er die Zinsen an unsere Bank von einer anderen Bank. In der Folge bekommt unsere Bank eine Gutschrift auf dem Interbank-Kreditkonto. Diese Gutschrift wird in der Bilanz auf der Aktiva-Seite als Forderungen gegenüber Kreditinstituten und auf der Passiva-Seite als Eigenkapitalerhöhung dargestellt.

In der Realität ist das Wertpapiergeschäft für Banken ein Nullsummengeschäft. Es erwachsen ihnen dadurch real keine nennenswerten Zahlungseingänge. Aber mittels der falschen Dokumentation werden Zinsgewinne dargestellt. Dadurch erhöht sich die Eigenmittelquote. Die erhöhte Eigenmittelquote versetzt sie in die Lage zusätzliche *Entnahmen* mittels mit aus ihrer Sicht aus dem «Nichts» geschöpften Geld zu tätigen, s. Kap. 4.5 und/oder erneut Wertpapiere zu kaufen.

In unserem Beispiel benötigen die Geschäftsbanken *regulatorische Eigenmittel für Adressrisiken* in Höhe von 32 Mill. zuzüglich 1/3 für die Marktrisiken und operationellen Risiken gleich 43 Mill., vergl. Kap. 4.1. Infolge der dargestellten Zinsgewinne werden aber zusätzlich anrechenbare Eigenmittel in Höhe von 60 Mill. in der praktizierten Bilanz ausgewiesen. Das führt dazu, dass die mit wie aus dem «Nichts» geschöpften Giralgeld gekauften Wertpapiere ihre eigenen anrechenbaren Eigenmittel erzeugen und somit das eigentliche Ziel der gesetzlichen Vorschrift, Wertpapiere aus einer scheinbar soliden Eigenkapitalbasis heraus zu erwerben, wirkungslos wird. Somit könnte theoretisch der Kauf von weiteren Wertpapieren in Höhe von 3000 Mill. erfolgen.

4.3 Auslagerung in Zweckgesellschaften

Die Bilanz unserer Bank soll an einem weiteren Beispiel einer in der Praxis üblichen Methode weiter geführt werden. Der Erwerb von Wertpapieren ist ein risikobehaftetes Geschäft. Der Wert der Wertpapiere kann schwanken und unter ungünstigen Bedingungen kann sich der Wert der Wertpapiere verringern.

Ungünstige Wertpapiere, also Wertpapiere, die voraussichtlich an Wert verlieren werden und die am Markt voraussichtlich schlecht verkaufbar sind, werden deshalb von der Bank an eine selbst gegründete außerbilanzielle Zweckgesellschaft verkauft. Den Kreditgebern dieser Zweckgesellschaften wird eine besondere Risikoprämie versprochen. Das können die gleichen Anleger sein, welche vorher der Bank die Wertpapiere verkauft hatten. Bei der Zweckgesellschaft tauchen diese Wertpapiere unter dem Dach eines Fonds unter anderem Namen auf. Die Anleger geben jetzt ihr Geld für den Fonds.

Um diese Methode nachvollziehen zu können, wollen wir in unserem Beispiel am Ende der Berichtsperiode ungünstige Wertpapiere von Unternehmen im Wert von 1500 Mill.[19] in eine Zweckgesellschaft auslagern, s. Abb. 4.4.

Alle Werte in Mill. Euro

Aktiva		**praktizierte Bilanz**	Passiva
ZB-Guthaben	200	Verbindlichkeiten geg. Zentralbank	150
Kasse	100	Eigenkapital	160
Sachanlagen	450		
Forderungen geg. Kunden aus Kreditvergabe	500		
Wertpapiere	1500	Verbindlichkeiten geg. Kunden	2440
	2750		2750

Abb. 4.4: Auslagerung von Wertpapieren in eine Zweckgesellschaft

Die Wertpapiere werden von unserer Beispielbank an die Zweckgesellschaft verkauft. Die Zweckgesellschaft hat ein Konto bei unserer Bank. Dieses Konto wird durch den Verkauf der Wertpapiere um 1500 Mill. verringert. Das hat zur Folge, dass in der praktizierten Bilanz die Verbindlichkeiten gegenüber Kunden auf der Passiva-Seite um 1500 Mill. verringert werden und auf der Aktiva-

[19] Es wird angenommen, dass die anderen Geschäftsbanken entsprechend ihrer Größe ebenfalls Wertpapiere an Nichtbanken verkaufen und sich dadurch die gegenseitigen Zahlungseingänge und -ausgänge aufheben. Deshalb müssen keine weiteren Eintragungen in der Bilanz erscheinen.

Seite der Bestand der Wertpapiere von 3000 Mill. um die verkauften 1500 Mill. vermindert wird. Die verbleibenden Wertpapiere von 1500 Mill. setzen sich zusammen aus 1000 Mill. von einer Zentralregierung mit einem Rating AAA und 500 Mill. von Unternehmen, ebenfalls mit einem Rating AAA. Infolgedessen sinkt das risikogewichtete Aktiva für die Wertpapiere von Unternehmen auf 0,20 x 500 Mill. = 100 Mill. Es ergibt sich ein neues *Risikogewichtetes Aktiva (RGA):*

Risikogewichtetes Aktiva (RGA)

= RGA aus Wertpapieren
+ RGA aus Kreditvergabe
+ RGA aus Sachanlagen
+ (⅓ • RGA Gesamt)

= 100 + 100 + 450 + (⅓ • 650)

= 866,67

Durch Einsetzen des Zwischenergebnisses in die Formel zur Errechnung der *Eigenmittelquote* ergibt sich:

Eigenmittelquote

= anrechenbare Eigenmittel / Risikogewichtetes Aktiva (RGA)
= 160 / 866,67

= 0,185 = 18,5 %

Die Eigenmittelquote steigt auf 18,5 %.

Die Methode des Auslagerns in Zweckgesellschaften dient den Banken rein dazu, mittels kreativer Buchführung eine verbesserte Eigenmittelquote darstellen zu können. Würden sie die kreative Buchführung nicht anwenden, so würden sie Gefahr laufen, Verluste für abgewertete Wertpapiere dokumentieren zu müssen. Durch das Auslagern in Zweckgesellschaften gehen sie sicher, dass die Eigenmittelquote zumindest nicht sinkt. In unserem Beispiel steigt die Eigenmittelquote sogar.

Die erhöhte Eigenmittelquote erhöht erneut den Spielraum unserer Beispielbank. Sie kann ihn nutzen, für zusätzliche Entnahmen mit aus ihrer Sicht aus dem «Nichts» geschöpften Geld, s. Kap. 4.5.

4.4 Umgliederung von Wertpapieren

Sollten immer noch ungünstige Wertpapiere bei Erstellen des Quartals- oder Jahresabschlusses in der Bilanz enthalten sein, so können sie unter bestimmten Voraussetzungen umgegliedert werden. Was heißt das? Nach Ablauf eines Quartals bzw. Jahres sind die Banken verpflichtet, einen Abschluss ihrer Buchführung durchzuführen. In diesem Quartals- oder Jahresabschlussbericht muss unter anderem auch der Wert der Wertpapiere angegeben werden. Die Art und Weise der Wertermittlung wird durch Rechnungslegungsvorschriften vom Gesetzgeber vorgegeben.

Am 13.10.2008 wurden durch das International Accounting Standard Board (IASB) Änderungen zu den Rechnungslegungsvorschriften IAS 39 und IFRS 7 veröffentlicht. Diese Änderungen wurden am 15.10.2008 durch die EU-Kommission angenommen, s. Verordnung (EG) Nr. 1004/2008 Amtsblatt L275. Laut diesen Änderungen besteht rückwirkend zum 01.07.2008 die Möglichkeit bestimmte finanzielle Vermögenswerte umzubewerten. Diese Rechnungslegungsvorschriften gelten auch für Banken. Das bedeutet, Banken können bestimmte in ihrem Bestand befindliche Wertpapiere umbewerten. Sie haben die Möglichkeit ausgewählte Wertpapiere, die bisher nach dem Zeitwert bewertet werden mussten, jetzt zum Anschaffungswert in die Bilanz einzustellen. Dadurch behalten Wertpapiere, deren Kurs gefallen ist, in der Bilanz ihren ursprünglichen Wert. Da in großem Umfang eine Wahlfreiheit der Bewertungsmethode besteht, können Wertpapiere, deren Kurs gegenüber dem Anschaffungswert gestiegen ist, weiterhin zum Zeitwert eingestuft werden. Dadurch können Banken in weiten Bereichen die Gewinndarstellung in der Bilanz ändern.

Übertragen wir das auf unser Beispiel und nehmen an, dass diese Voraussetzungen für die Hälfte unserer Wertpapiere erfüllt sind, so kann diese Hälfte am Ende des Quartals zum Anschaffungswert 750 Mill. angesetzt werden, obwohl ihr Wert in Wirklichkeit gefallen ist und am Markt wesentlich geringere Verkaufserlöse erzielbar wären. Der Wert der anderen Hälfte ist gestiegen, wir nehmen an von 750 Mill. auf 900 Mill. In der praktizierten Bilanz kann dann der Wert der Wertpapiere auf insgesamt 1650 Mill. (davon 1000 Mill. von Zentralregierungen und 650 Mill. von Unternehmen) ausgewiesen werden. Daraus errechnet sich ein neues *risikogewichtetes Aktiva für die Wertpapiere* von Unternehmen:

Risikogewichtetes Aktiva aus Wertpapieren
= Risikogewicht • Forderungshöhe im Ausfallzeitpunkt
= 0,20 • 650 Mill. = 130 Mill.

Das gesamte Risikogewichtete Aktiva (RGA) ändert sich demzufolge:

Risikogewichtetes Aktiva (RGA)

= RGA aus Wertpapieren
+ RGA aus Kreditvergabe
+ RGA aus Sachanlagen
+ (⅓ • RGA Gesamt)

= 130 + 100 + 450 + (⅓ • 680)

= 906,67

Der höhere Wert der Wertpapiere führt in unserem Beispiel zu einem zusätzlichen Eigenkapital von 150 Mill. Die **anrechenbaren Eigenmittel** erhöhen sich somit von 160 Mill. auf **310 Mill.** Infolge dieser beiden Änderungen steigt die Eigenmittelquote auf 34,2 %.

Eigenmittelquote

= anrechenbare Eigenmittel / Risikogewichtetes Aktiva (RGA)
= (160 + 150) / 906,67

= 0,342 = 34,2 %

Durch diese Bewertungsrichtlinie werden die in der praktizierten Bilanz enthaltenen Wertpapiere regelmäßig höher bewertet. Die Geschäftsbanken haben dadurch ein sehr gutes Mittel in die Hand bekommen, um ihre Eigenmittequote unter geringem Risiko zu erhöhen. Bereits beim Erwerb der Wertpapiere kann die Bank darauf spekulieren, dass sich die Wertpapiere günstig auf die Erfüllung der regulatorischen Eigenmittelanforderungen auswirken werden. Die Beispielbilanz hat jetzt folgendes Aussehen, s. Abb. 4.5.

Alle Werte in Mill. Euro

Aktiva	**praktizierte Bilanz**		Passiva
ZB-Guthaben	200	Verbindlichkeiten geg. Zentralbank	150
Kasse	100	Verbindlichkeiten geg. Kunden	2440
Sachanlagen	450		
Forderungen geg. Kunden aus Kreditvergabe	500		
Wertpapiere	1650	Eigenkapital	310
	2900		2900

Abb. 4.5: Umgliederung von Wertpapieren

Die oben angeführten Beispiele sollen der Verdeutlichung des Prinzips der gesetzestreuen Umgestaltung von Bankbilanzen dienen. Es sollten beispielhaft einige Möglichkeiten aufgezeigt werden, wie der Gesetzgeber den Geschäftsbanken ermöglicht, je nach Situation den Geschäftserfolg der Bank gegenüber der Öffentlichkeit darzustellen. Der Bankbuchhalter aus der Praxis wird an der einen oder anderen Stelle noch andere Bilanzrestriktionen beachten müssen oder sogar noch gravierendere Manipulationsmöglichkeiten haben. Die Methoden der Manipulation der Eigenmittelquote sind noch feiner gesponnen als hier dargestellt werden kann (s. Solvabilitätsverordnung).

4.5 Legitimierung der Vorteilsnahmen

Für Wirtschaftsbetriebe ohne Banklizenz ist die Bilanz eine Bestandsaufnahme der betrieblichen Situation. In ihr werden die abgelaufenen Geschäftsprozesse dokumentiert.

Demgegenüber ist die Bilanz von Geschäftsbanken nicht nur eine Dokumentation des Vergangenen, sondern sie bestimmt vielmehr den Grad der Aneignung von Werten aus dem Publikum in der Gegenwart. Bei Geschäftsbanken laufen im Hintergrund Prozesse ab, die in das allgemein bekannte betriebswirtschaftliche Denkschema (Gewinn = Ertrag - Aufwendungen) nicht rein passen. Der Öffentlichkeit werden diese Hintergrundprozesse bewusst verschwiegen.

Die Bilanz dient den Betreibern von Geschäftsbanken dazu, die erhaltenen Vorteilsnahmen aus den verborgenen Hintergrundprozessen den sichtbaren Vordergrundprozessen zuzuschreiben. Die Vordergrundprozesse sind die bekannten Bankdienstleistungen, wie Geldanlageleistungen, Zahlungsverkehrsleistungen und Finanzierungsleistungen. Die im Hintergrund ablaufenden Prozesse sind das **Zusammenspiel von geldschöpfenden Schreibvorgängen mit der Kompensation der von Bankkunden initiierten Zahlungen,** in Kap. 2.7 als **kooperative Geldschöpfung** herausgearbeitet.

Das Einkommen aus der **kooperativen Geldschöpfung** (den Hintergrundprozessen) wird in der Bilanz gegenüber der Öffentlichkeit als Ertrag aus den **bekannten Bankdienstleistungen** (den Vordergrundprozessen) dargestellt. Obwohl die Vordergrundprozesse für die direkte Ertragserzielung bei großen Geschäftsbanken wenig Bedeutung haben, werden in ihrer Bilanz ausschließlich Vordergrundprozesse als Grund für ihren Geschäftserfolg angeführt. Diese Praxis wird durch umfangreiche gesetzlich sanktionierte Sonderregeln für Banken unterstützt. Ein Beispiel dafür sind die komplizierten Regelungen zur Ermittlung der Eigenmittelanforderungen für Kreditinstitute. Diese sind niedergeschrieben in der Solvabilitätsverordnung, ein Buch über 600 Seiten und 340 Paragrafen, nur über Regelungen für den Bereich Eigenmittelanforderungen von Kreditinstituten. Auf dieser Grundlage wird die Eigenmittelquote ermittelt, mit dessen Hilfe die Vorteilsnahmen der Banken vor der Öffentlichkeit legitimiert werden.

Legitimierung hoher Boni, Honorare und Zahlungen an Stiftungen

Wir kehren zurück zu unserer Beispielbilanz. Die Eigenmittelquote unserer Bank hat mit 34,2 % eine beträchtliche Größe erreicht. Floriert die Realwirtschaft und so auch die Finanzwirtschaft, so gleichen sich die von Bankkunden initiierten Zahlungen zwischen den Geschäftsbanken zum großen Teil untereinander aus. Die *kooperative Geldschöpfung* kann demzufolge ausgeweitet werden. Es wächst die Begehrlichkeit der Bankmanager und Bankeigner auf Vorteilsnahmen. Sie können sich mit *kooperativer Geldschöpfung* hohe Boni und Honorare auszahlen. Über die Bilanz der Bank müssen diese Ausgaben gerechtfertigt werden. D.h., der zugehörige Ertrag muss als Ergebnis von Aktivitäten mit Vordergrundprozessen dargestellt werden. Zur Vorbereitung dieser «Rechtfertigung» wurde in unserer Beispielbilanz mit gesetzestreuer Manipulation die Eigenmittelquote vergrößert. Es liegt jetzt in der Hand der Bankmanager, die Früchte dieser kreativen Bilanzumgestaltung zu ernten.

Wir nehmen an, in unserer Beispielbank wurden an Vorstand und Mitarbeiter Boni und Honorare in einer Summe von 200 Mill. zusätzlich ausgezahlt. Die Boni und Honorare konnten den Empfängern aufgrund der Mechanismen der *kooperativen Geldschöpfung* auf deren Bankkonten gutgeschrieben werden. Am Quartalsende sollen die ausgezahlten Boni rechtlich sicher in der Bilanz dokumentiert werden.

Wir tragen die Summe 200 Mill. für Boni und Honorare in unsere Beispielbilanz ein, s. Abb. 4.6.

Alle Werte in Mill. Euro

Aktiva		**praktizierte Bilanz**	Passiva
ZB-Guthaben	200	Verbindlichkeiten geg. Zentralbank	150
Kasse	100	Verbindlichkeiten geg. Kunden	2640
Sachanlagen	450		
Forderungen geg. Kunden aus Kreditvergabe	500		
Wertpapiere	1650	Eigenkapital	110
	2900		2900

Abb. 4.6: Auszahlung von Boni und Honorare

Die Begünstigten haben ein Bankkonto bei unserer Bank. Die Auszahlung von 200 Mill. erhöht die Verbindlichkeiten gegenüber Kunden von 2440 Mill. auf 2640 Mill. In der Gewinn-und-Verlust-Rechnung mindern die Auszahlungen den Gewinn der Bank. Das Gewinn-und-Verlust-Konto ist ein Unterkonto des Eigenkapitalkontos. Somit bewirkt eine ausgewiesene Gewinnminderung eine Minderung des Eigenkapitals. Das Eigenkapital wird auf der Passiva-Seite von 310 Mill. auf 110 Mill. vermindert. In Folge der Verminderung des Eigenkapitals vermindert sich auch die Eigenmittelquote der Bank:

Eigenmittelquote

= anrechenbare Eigenmittel / Risikogewichtetes Aktiva (RGA)
= (310 – 200) / 906,67

= 0,121 = 12,1 %

Im Geschäftsbericht kann am Ende eine akzeptable Eigenmittelquote von 12,1 % ausgewiesen werden, die über 8 % liegt.

So ist es möglich direkte Betriebsausgaben, die infolge der *kooperativen Geldschöpfung* aus der Sicht der Bank mit aus dem «Nichts» geschöpften Giralgeld bezahlt wurden, rechtlich sicher in der Bankbilanz zu dokumentieren. Wie von Geisterhand werden so hohe Gehälter, Honorare, Boni, Stiftungsgelder usw. ausgezahlt, obwohl diese mit den bekannten Bankdienstleistungen in der Realität nicht erwirtschaftet werden können.

4.6 Eigenkapital und Liquidität aus dem «Nichts»

Es gibt noch eine **sechste Grenze** der Giralgeldschöpfung für Geschäftsbanken, das sind die Liquiditätsanforderungen. Diese sind leicht mittels legaler Bilanzumgestaltung zu erfüllen. In diesem Zusammenhang wollen wir ein Szenario betrachten, wie mit einem Kreditgeschäft die Darstellung von höherer Liquidität und Eigenmitteln wie aus dem «Nichts» in der Bilanz bewerkstelligt werden kann. Dieses Szenario hat Dirk Solte in seinem Buch „Weltfinanzsystem am Limit“ [20] kurz umrissen. Wir wollen dieses Szenario anhand unserer Beispielbilanz konkreter ausgestalten und dabei gleichzeitig die Liquiditätsanforderungen erklären. Die Liquiditätsanforderungen für Banken sind von Land zu Land unterschiedlich. Ich beziehe mich auf die deutsche Liquiditätsverordnung.

Liquiditätsanforderungen für deutsche Banken

Die Liquiditätsverordnung beruht auf § 11 des Kreditwesengesetzes. Darin heißt es in Absatz 1: „Die Institute müssen ihre Mittel so anlegen, dass jederzeit eine ausreichende Zahlungsbereitschaft (Liquidität) gewährleistet ist“ [21]. In der Liquiditätsverordnung werden dazu detaillierte Vorgaben gemacht. „Die Liquiditätslage eines Instituts wird anhand einer monatlich zu meldenden Li-

[20] Dirk Solte: Weltfinanzsystem am Limit, S. 121

[21] KWG § 11 Absatz 1

quiditätskennziffer beurteilt. Diese Ein-Monats-Kennzahl ist als Quotient aus den verfügbaren Zahlungsmitteln und den abrufbaren Zahlungsverpflichtungen während des folgenden Monats zu ermitteln“[22].

Liquiditätskennziffer

= verfügbare Zahlungsmittel (liquide Aktiva)
/ abrufbare Zahlungsverpflichtungen

Die Bankenaufsicht verlangt von den Geschäftsbanken eine Liquiditätskennziffer ≥ 1.

Die Liquiditätsverordnung lässt auch eigene Ermittlungsmethoden der Geschäftsbanken zu. Wir verwenden hier die Standard-Ermittlungsmethode.

Aufhübschung der Darstellung der Liquidität mit Kreditverbriefungen

Zur Veranschaulichung wird die Beispielbilanz aus Abb. 4.6 weiter entwickelt. Wir nehmen an, unsere Bank vergibt einen Kredit über 30 Mill. an ein Unternehmen. Das wird in unserer Beispielbilanz wie folgt dargestellt, s. Abb. 4.7.

[22] Wolfgang Grill und Hans Perczynski: Wirtschaftslehre des Kreditwesens, S. 540

Alle Werte in Mill. Euro

Aktiva		**praktizierte Bilanz**	Passiva
ZB-Guthaben	200	Verbindlichkeiten geg. Zentralbank	150
Kasse	100	Verbindlichkeiten geg. Kunden	2640
Sachanlagen	450		
Forderungen geg. Kunden aus Kreditvergabe	500		
Wertpapiere	1650	Eigenkapital	110
Forderungen geg. Kunden aus Kreditvergabe	30	Verbindlichkeiten geg. Kunden	30
	2930		2930

Abb. 4.7: Ermittlung der Liquidität

Als Erstes wird die Liquiditätskennziffer für unsere Beispielbilanz nach der folgenden Formel ermittelt:

Liquiditätskennziffer

= verfügbare Zahlungsmittel (liquide Aktiva)
/ abrufbare Zahlungsverpflichtungen

Zu den verfügbaren Zahlungsmitteln gehören gemäß der gesetzlichen Bestimmungen bei unserer Beispielbank das ZB-Guthaben mit 200 Mill. und die Kasse mit 100 Mill. Die anderen Aktiva-Positionen sind laut Liquiditätsverordnung keine verfügbaren Zahlungsmittel. Die abrufbaren Zahlungsverpflichtungen sind für unser Beispiel laut Verordnung 10 % der täglich fälligen *Verbindlichkeiten gegenüber Kunden*. Die *Verbindlichkeiten gegenüber Kunden* belaufen sich in unserem Beispiel auf 2670 Mill. Davon sind 10 % gleich 267 Mill. Die Berechnung der Liquiditätskennziffer erfolgt demnach wie folgt:

Liquiditätskennziffer

= (liquide Aktiva aus ZB Guthaben + liquide Aktiva aus Kasse)
/ abrufbare Zahlungsverpflichtungen

= (200 Mill. + 100 Mill.) / 267 Mill.

= 1,12

Die Liquiditätskennziffer ist größer als 1 und unsere Bank erfüllt somit die Anforderungen an die Liquidität. Für Folgegeschäfte bleibt aber wenig Polster. Es besteht dann die Gefahr der Unterschreitung der Liquiditätsanforderungen.

Um die dargestellte Liquidität zur Vorbereitung von Folgegeschäften ein wenig aufzuhübschen hat die Bank vielfältige Möglichkeiten. Eine Möglichkeit ist die Verbriefung von Krediten. Dazu wird der eben vergebene Kredit an eine von der Bank selbst gegründeten Zweckgesellschaft verkauft. Diese Zweckgesellschaft sammelt gleichartige Forderungen, z.B. aus dem Windkraftanlagenbau und erstellt daraus Wertpapiere, die sie in Tranchen aufteilt und am Wertpapiermarkt verkauft. Den Erlös leitet sie an die *Mutterbank* zurück. Die Mutterbank leitet ihrerseits die Kredittilgungen und die Zinszahlungen an die Zweckgesellschaft, welche daraus die Renditeforderungen der Käufer der Wertpapiere bedient. Der entscheidende Vorteil in Bezug auf die Liquiditätsdarstellung ist, dass die *Forderungen gegenüber Kunden* jetzt umbenannt werden in *Forderungen aus verbrieften Krediten.* Diese werden in der Fachsprache als *Forderungen aus „Asset Backed Securities" (ABS)* bezeichnet. Diese Forderungen aus ABS fallen bei der Liquiditätsbewertung gemäß Gesetz unter die Rubrik *gedeckte Schuldverschreibungen*[23] und gelten dadurch als Liquidität erster Klasse und können somit in der Formel zur Ermittlung der Liquiditätskennziffer als verfügbare Zahlungsmittel angesetzt werden. Die Bilanz unserer Beispielbank verändert sich somit wie folgt, s. Abb. 4.8.

[23] Wolfgang Grill und Hans Perczynski: Wirtschaftslehre des Kreditwesens, S. 541

Alle Werte in Mill. Euro

Aktiva		**praktizierte Bilanz**	Passiva
ZB-Guthaben	200	Verbindlichkeiten geg. Zentralbank	150
Kasse	100	Verbindlichkeiten geg. Kunden	2640
Sachanlagen	450		
Forderungen geg. Kunden aus Kreditvergabe	500		
Wertpapiere	1650	Eigenkapital	110
Forderungen aus Verbriefungen (ABS)	30	Verbindlichkeiten geg. Kunden	30
	2930		2930

Abb. 4.8: Aufhübschung der Liquidität mittels Verbriefungen (ABS)

Die Forderungen aus Verbriefungen (ABS) fließen als liquide Aktiva in die nachfolgende Berechnung ein.

Liquiditätskennziffer

= verfügbare Zahlungsmittel (liquide Aktiva)
/ abrufbare Zahlungsverpflichtungen

Liquiditätskennziffer

= (liquide Aktiva aus ZB Guthaben
+ liquide Aktiva aus Kasse
+ liquide Aktiva aus ABS)
/ abrufbare Zahlungsverpflichtungen

= (200 Mill. + 100 Mill. + 30 Mill.) / 267 Mill.

= 1,24

Unsere Bank hat jetzt eine belastbare Liquidität von 1,24, die es ermöglichen würde, weitere Kreditverträge mit einem Volumen von mehr als 500 Mill. abzuschließen.

Erhöhung der Eigenmittelquote mit Tier 1-Anleihen

Aus der Geschäftsbeziehung mit dem Unternehmen, welches einen Kredit über 30 Mill. bei unserer Bank aufgenommen hatte, könnte die Bank noch weitere Vorteile ziehen. Dieses Mal in Bezug auf die Eigenmittelanforderungen. Würde das Unternehmen statt 30 Mill. einen Kredit von 60 Mill. aufnehmen, obwohl es nur 30 Mill. benötigt, so könnte die Bank dadurch ihre Eigenmittelquote erhöhen. Das geht so:

Mit den zweiten nicht benötigten 30 Mill. kauft das Unternehmen von der Bank eine Tier 1-Anleihe. Eine Tier 1-Anleihe ist ein von der Bank selbst herausgegebenes Wertpapier, welches von der Bank gewöhnlich nicht zurückgekauft werden muss und das einer Nachrangabrede unterliegt. D.h., es ist eine ewige Anleihe, die im Insolvenzfall der Bank nachrangig (nach allen anderen Gläubigern) bedient wird. Die Bank kann aber nach Ablauf einer Frist die Anleihe zur Rückzahlung fällig stellen, d.h., sie kauft die Anleihe dann doch zurück. Ist diese Frist auf $\geq$ 5 Jahre festgelegt, so werden die Verbindlichkeiten aus dieser Anleihe als Eigenmittel bei der Berechnung der Eigenmittelquote anerkannt.

Also mit den zweiten 30 Mill. aus dem Kredit kauft das Unternehmen die Tier 1-Anleihe von der Bank. Nach 5 Jahren zahlt das Unternehmen die zweite Hälfte des Kredites wieder zurück mit dem Geld, welches das Unternehmen aus der Auszahlung der Anleihe von der Bank zu diesem Zeitpunkt erhält. Dies kann für das Unternehmen bei geeigneter Zinsgestaltung bzw. geeignet verabredetem Kaufpreis aufwandsneutral sein oder auch eine Gewinnbeteiligung beinhalten. Der Vorteil für die Bank ist aus der nachfolgenden Bilanzdarstellung ersichtlich, s. Abb. 4.9.

Alle Werte in Mill. Euro

Aktiva		**praktizierte Bilanz**	Passiva
ZB-Guthaben	200	Verbindlichkeiten geg. Zentralbank	150
Kasse	100	Verbindlichkeiten geg. Kunden	2640
Sachanlagen	450		
Forderungen geg. Kunden aus Kreditvergabe	500		
Wertpapiere	1650	Eigenkapital	110
Forderungen aus Verbriefungen (ABS)	60	Verbindlichkeiten geg. Kunden	30
		Verbindlichkeiten aus Tier 1-Anleihe (Eigenmittel)	30
	2960		2960

Abb. 4.9: Eigenmittelerhöhung aus Tier 1-Anleihe

Die Forderungen aus Verbriefungen (ABS) belaufen sich jetzt auf 60 Mill. Diese erhöhen wiederum die Liquiditätskennziffer. Aber was noch viel einträglicher ist, sind die **30 Mill.** Verbindlichkeiten aus der Tier 1-Anleihe auf der Passiva-Seite. Diese zählen jetzt als **anrechenbare Eigenmittel** bei der Berechnung der Eigenmittelquote.

Die Eigenmittelquote der Bank von zuletzt 12,1 % steigt auf 15,2 %, nachfolgend die Berechnung:

Risikogewichtetes Aktiva aus Verbriefungen
= Risikogewicht • Forderungshöhe im Ausfallzeitpunkt
= 0,20 • 60 Mill. = **12 Mill.**

(Die Verbriefungen wurden von einer Ratingagentur mit 0,20 bewertet.)

Das gesamte Risikogewichtete Aktiva (RGA) ändert sich demzufolge:

Risikogewichtetes Aktiva (RGA)

= RGA aus Wertpapieren
+ RGA aus Kreditvergabe
+ RGA aus Sachanlagen
+ RGA aus Verbriefungen
+ (⅓ • RGA Gesamt)

= 130 + 100 + 450 + 12 + (⅓ • 692)

= 922,67

Nach Einsätzen der veränderten **anrechenbaren Eigenmittel** und des neuen **Risikogewichteten Aktiva (RGA)** in die Formel zur Errechnung der **Eigenmittelquote** erhält man:

Eigenmittelquote

= anrechenbare Eigenmittel / Risikogewichtetes Aktiva (RGA)
= (110 + 30) / 922,67

= 0,152 = 15,2 %

Die erhöhte Eigenmittelquote erlaubt wiederum zusätzliche *Entnahmen* von ca. 30 Mill. darzustellen, wie in Kap. 4.5 bereits beschrieben.

Erhöhung der Eigenmittelquote durch Aktientausch

Ist das Unternehmen, mit welchem unsere Bank in Verbindung steht, eine Aktiengesellschaft, so kann anstatt der Aktion mit der Tier 1-Anleihe eine noch lukrativere Methode zur Erhöhung der Eigenmittelquote angewendet werden. Dazu muss die Aktiengesellschaft und auch unsere Bank neue Aktien auf den Markt bringen. Ein Teil dieser neu emittierten Aktien kann so zum gemeinsamen Vorteil gegeneinander ausgetauscht werden. Im folgenden Beispiel kauft unsere Bank von der Aktiengesellschaft neu emittierte Aktien im Wert von 60 Mill. und im Gegenzug die Aktiengesellschaft von unserer Bank neu emittierte Aktien in gleicher Höhe. In der Bilanz kann anstelle der Tier 1-Anleihe Folgendes dargestellt werden, s. Abb. 4.10.

Alle Werte in Mill. Euro

Aktiva	**praktizierte Bilanz**		Passiva
ZB-Guthaben	200	Verbindlichkeiten geg. Zentralbank	150
Kasse	100	Verbindlichkeiten geg. Kunden	2640
Sachanlagen	450		
Forderungen geg. Kunden aus Kreditvergabe	500		
Wertpapiere	1650	Eigenkapital	110
Aktien von Aktien–gesellschaft	60	~~Verbindlichkeiten geg. Kunden~~	~~60~~
		Eigenmittel	60
	2960		2960

Abb. 4.10: Eigenmittelerhöhung durch Aktientausch

Die Aktien der Aktiengesellschaft kommen in den Besitz unserer Bank. Sie werden als *Aktien von Aktiengesellschaft* auf der Aktiva-Seite in der Bilanz dargestellt. Das Bankkonto der Aktiengesellschaft wird durch einen Schreibvorgang um 60 Mill. erhöht. Das wird auf der Passiva-Seite der Bilanz als *Verbindlichkeiten geg. Kunden* eingetragen. Diese Position ist bereits durchgestrichen, da sie im Gegengeschäft gleich wieder verschwindet. Das Gegengeschäft ist der Verkauf der von unserer Bank neu emittierten Aktien an die Aktiengesellschaft. Dazu wird das Bankkonto der Aktiengesellschaft genau um diese 60 Mill. wieder verringert. Die Position *Verbindlichkeiten geg. Kunden über 60 Mill.* entfällt somit. Da die Bilanz eine mathematische Gleichung ist, erhöhen sich dadurch automatisch die Eigenmittel um den Wert der Aktien.

Wie verändert sich die Eigenmittelquote unserer Beispielbank bei diesem Aktienaustausch? Bei einem angenommenen Rating von 0,20 für die Aktien kann die Berechnung für das Risikogewichtete Aktiva aus dem vorhergehenden Beispiel (Tier 1-Anleihe) übernommen werden. Die Berechnung der Eigenmittelquote stellt sich dann wie folgt dar:

Eigenmittelquote

= anrechenbare Eigenmittel / Risikogewichtetes Aktiva (RGA)
= (110 + 60) / 922,67

= 0,184 = 18,4 %

Aufgrund dieser gestiegenen Eigenmittelquote kann die Bank wiederum zusätzliche *Entnahmen* mit *kooperativer Geldschöpfung* tätigen.

Auch die Aktiengesellschaft erhält einen Vorteil. Sie kann ebenfalls eine Eigenmittelerhöhung in ihrer Bilanz darstellen. Damit kann sie die Öffentlichkeit beeindrucken (Hausbank, Aktionäre, etc.). Es ist ihr aber nicht vergönnt, so wie die Bank, aufgrund höher dargestellter Eigenmittel, zusätzliche *Entnahmen* zu tätigen. Ihr fehlt die Möglichkeit der *kooperativen Geldschöpfung.*

Die dargestellte Methode kann auch auf zwei Banken angewendet werden. Verkaufen sich Geschäftsbanken gegenseitig ihre neu emittierten Aktien, so profitieren alle Beteiligten von der *kooperativen Geldschöpfung.*

Die durchgeführten Berechnungsbeispiele sind sehr einfach gehalten. In der Praxis müssen noch andere Faktoren berücksichtigt werden. Zum Beispiel wurden eventuelle Abzüge bei Verbriefungen nicht berücksichtigt. Auch die Bewertung der Ratingagenturen hat einen großen Einfluss auf das Ergebnis. Es sollte aber deutlich geworden sein, welch großen Manipulationsspielraum die Geschäftsbanken bei der Darstellung ihres Geschäftserfolges haben.

Diese Beispiele sollen auch als Anstoß für weitere Konkretisierungen von Bilanzumgestaltungen dienen. Für weitere Beispiele aus der Praxis oder Ergänzungen zu den von mir vorgelegten, wäre ich dem Leser sehr dankbar, www.horstseiffert.de.

4.7 Ausnutzung von Offshore-Finanzplätzen für zügellose Entnahmen

Unsere bisherigen Betrachtungen in Kap. 4 bezogen sich hauptsächlich auf Banken, die in dem Korsett der Buchführungsregel und behördlichen Regulierungen gefangen sind. Es gibt aber Regionen auf unserer Erde, die von diesen Regulierungsmaßnahmen ganz oder teilweise ausgeschlossen sind. Diese werden als *Offshore-Finanzplätze* bezeichnet. Dort nimmt man es nicht so genau mit der Kontrolle der Banken und der Veröffentlichungspflicht der Geschäftsberichte. Zu diesen Regionen gehören die Kanalinseln: Jersey, Guernsey und die Insel Man; die karibischen Offshore-Finanzplätze: Bahamas, Bermuda, Kaimaninseln, Niederländische Antillen und Panama; die asiatischen Offshore -Finanzplätze: Hongkong SVR, Macau SVR und Singapur; der Offshore-Finanzplatz Bahrain; sowie acht weitere kleinere Offshore-Finanzzentren: Aruba, Barbados, Gibraltar, Libanon, Mauritius, Samoa, Vanuatu und Britisch -Westindien[24]. Auch die Vatikanbank (Instituto per le Opere di Religone) legt bis heute ihre Bilanzen nicht offen[25].

Mithilfe der Offshore-Finanzplätze können Geschäftsbanken ihre *Entnahmen* entscheidend steigern. Hierbei kann zwischen zwei Methoden unterschieden werden. Die erste Methode ist das Umgestalten der Bilanz mit Hilfe der Offshore-Finanzplätze und eine zweite Methode ist das Tätigen von *Entnahmen* auf Offshore-Finanzplätzen außerhalb jeglicher öffentlicher Dokumentation und behördlicher Regulierungsmaßnahmen.

Mithilfe der ersten Methode können große Banken in einem noch größerem Ausmaß ihre Bilanz umgestalten und so Scheinerlöse darstellen. Und mit der zweiten Methode ist die Darstellung von Scheinerlösen nicht mehr notwendig, da dort *Entnahmen* mittels *kooperativer Geldschöpfung* außerhalb der Bilanz getätigt werden können.

---

[24] Goetz von Peter, Ryan Stever, Christian Upper: BIZ-Quartalsbericht, Juni 2007, https://www.bis.org/publ/qtrpdf/r_qt0706ger_b.pdf

[25] www.wikipedia.de: Offshore-Finanzplätze, Vatikanbank

Zur Veranschaulichung dieser Methoden stellen wir uns folgendes Szenario vor: Eine große Geschäftsbank gründet eine Tochterbank auf einem Offshore-Finanzplatz. Die Gründungsmodalitäten werden so gestaltet, dass die Tochterbank gegenüber der Mutterbank nicht konsolidierungspflichtig ist, d. h., die Geschäftsaktivitäten der Tochterbank tauchen in der Konzernbilanz nicht auf.

In der nachfolgenden Abb. 4.11 werden die Abläufe beispielhaft in einer Grafik verdeutlicht. Die Grundlage von Abb. 4.11 bildet die bereits bekannte grafische Darstellung des Geldsystems am Beispiel von drei Geschäftsbanken. Jede der Geschäftsbanken soll in diesem Beispiel, analog der Darstellung der Bank B3, auf einem Offshore-Finanzplatz eine Tochterbank nach dem oben beschriebenen Muster gegründet haben.

Umgestaltung der Bilanz mittels Wertpapiertausch

Die Mutterbank verkauft ihre toxischen Wertpapiere vor dem Geschäftsabschluss an die Tochterbank auf dem Offshore-Finanzplatz. Im Gegenzug erhält die Mutterbank von der Tochterbank im gleichen Umfang Wertpapiere hoher Qualität. Bei diesen Transaktionen bleibt die Zahlungsbilanz zwischen Mutterbank und Tochterbank ausgeglichen. Es wird erreicht, dass die Mutterbank in ihren Büchern statt gering bewerteter Wertpapiere hoch bewertete Wertpapiere in ihrer Bilanz aufführen kann. In der Folge steigt ihre Eigenmittelquote.

Die jetzt im Besitz der Tochterbank befindlichen toxischen Wertpapiere bewirken bei dieser keine praxisferne Vermögensschmälerung, da auf Offshore-Finanzplätzen die Bilanz nicht vollständig offen gelegt werden muss. Diese Tochterbanken betreiben *kooperative Geldschöpfung* genauso wie die unter Aufsicht stehenden Banken. Sie kaufen und verkaufen im Gleichschritt mit anderen Banken Wertpapiere von Nichtbanken, sodass ihre Zahlungsbilanzen zu anderen Banken ausgeglichen sind. So haben sie immer einen Vorrat an Wertpapieren zum Zwecke des Tausches zur Verfügung. Haben sie toxische Wertpapiere in ihren Beständen, so werden auch die Verluste bei einem späteren Verkauf kompensiert. Hier wirkt der Mechanismus der **Kompensation der von Bankkunden initiierten Zahlungen**. Sie lassen sozusagen diese toxi-

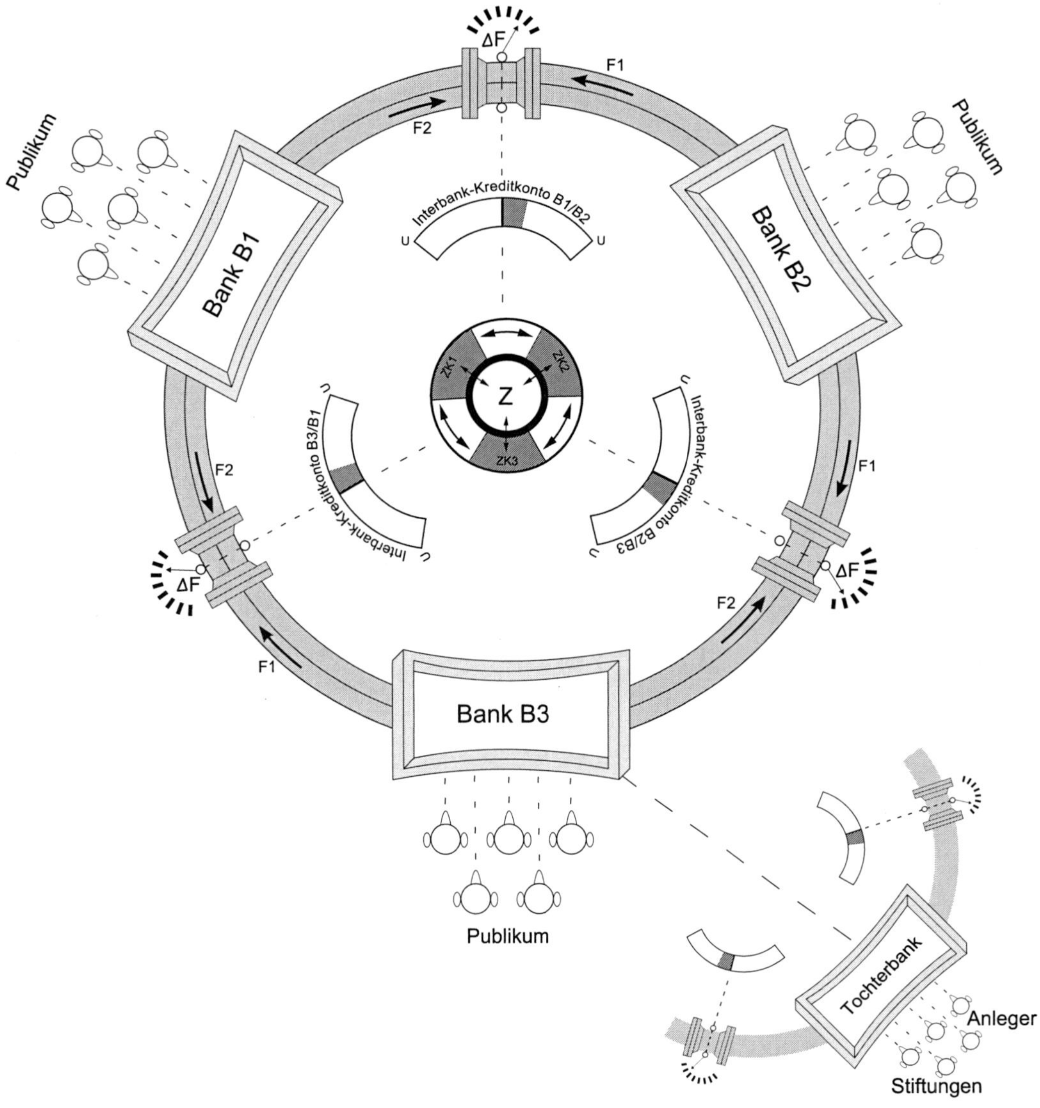

Abb. 4.11: Zügellose Entnahmen mittels Offshore-Finanzplätzen

schen Wertpapiere in Kooperation «versanden», um keinen wirtschaftlic' Schaden zu erleiden. Man stelle sich vor, dass jede große Bank zahlreic‹ ternehmerische Beteiligungen auf Offshore-Finanzplätzen unterhält. ‹

nen große Banken Bilanzumgestaltungen relativ leicht durchführen.

Tätigen von Entnahmen außerhalb der Bilanz

Da sich Banken auf Offshore-Finanzplätzen nicht in dem Korsett der Buchführungs- und Regulierungsvorschriften befinden, brauchen sie auch ihre Bilanz nicht umgestalten, wie die unter Aufsicht stehenden Banken. Sie können, ohne sich gegenüber der Öffentlichkeit rechtfertigen zu müssen, die Segnungen der *kooperativen Geldschöpfung* (ihre Gelddruckmaschine) in vollem Umfang nutzen.

Daher liegt es doch nahe, dass die Mutterbank ihre Sachanlagen (Hubschrauber) nicht selbst kauft, sondern diese von ihrer Tochterbank kaufen lässt. Die Bilanz der Mutterbank wird so nicht unnötig mit Sachanlagen belastet, sodass sie keine aufwendigen Bilanzumgestaltungen vornehmen muss. Die Mutterbank erhält dann nur noch ein vorteilhaft gestaltetes Nutzungsrecht der Sachanlage.

In gleicher Weise kann die Mutterbank mit *Entnahmen*, wie Auszahlungen an Stiftungen oder Honorarzahlungen oder Bonizahlungen verfahren. In unserem Beispiel in Abb. 4.11 benutzt die Tochterbank ihre *Entnahmen* hauptsächlich dafür, um Stiftungen mit Geld zu versorgen. Zweckmäßigerweise sind die Stiftungen ebenfalls auf Offshore-Finanzplatzen angesiedelt. Werden die *Entnahmen* im Gleichschritt mit anderen Banken getätigt, so gleichen sich die Zahlungen zwischen den Banken aus, so das bei Verwendung des Geldes durch die Stiftungen keine Schulden auf Interbank-Kreditkonten entstehen. Die der Tochterbank zugeflossenen Zahlungen von Anlegern, die ihr Geld zwecks Steuerersparnis zu Offshore-Finanzplätzen transferieren, sind Teil des Funktionsprinzips. Die Einzahlungen der Anleger verursachen Gutschriften auf Interbank-Kreditkonten. Diese Gutschriften dienen als Ausgleichsbehälter für vorübergehende Ungleichgewichte auf den Interbank-Kreditkonten. Darüber hinaus können überschüssige Spareinlagen als *Ertrag aus dem Sparverhalten der Bankkunden* für eigene Zwecke verwendet werden, s. Anhang A2.1.

Würde man eine Bilanz für die Tochterbank aufstellen, so ist es durchaus wahrscheinlich, dass infolge der hohen Entnahmen ein negatives Eigenkapital dargestellt werden müsste. Ein negatives Eigenkapital bei einer Bank wird unweigerlich als insolvent interpretiert. Da die Bilanz nicht veröffentlicht wird, wird darüber nichts bekannt. Mit einem negativen Eigenkapital ist eine Bank auf einem Offshore-Finanzplatz keineswegs insolvent. Solange das Verhältnis zwischen Zahlungseingängen und Zahlungsausgängen ausgeglichen ist, tritt keine Zahlungsunfähigkeit ein.

4.8 Scheinbarer und realer Geschäftserfolg

Es gibt viele Möglichkeiten für Geschäftsbanken ihre Bilanzen gemäß der gesetzlichen Vorschriften manipuliert darzustellen. Neben Scheinerträgen (Zinserträge, Provisionserträge, Wertpapiererträge) werden auch Scheinaufwendungen (Zinsaufwendungen, Kreditausfälle, Wertpapierkursstürze) in der Bilanz der Banken dargestellt. So könnte man denken, da wird der eine Fehler durch den anderen Fehler kompensiert. Das ist die große Täuschung der Buchführungsexperten, die die scheinbaren Erträge und Aufwendungen gegenüberstellen und daraus einen plausiblen Gewinn errechnen. Sie übersehen, dass es sich hier nur um eine Darstellungsform handelt und große Banken einen weiten Spielraum haben, je nach Interessenlage mehr oder weniger Scheinerträge oder Scheinaufwendungen darzustellen. Der Gesetzgeber hat nicht nur versäumt die Geldschöpfungshoheit der Zentralbank auf das Giralgeld zu erweitern, er hat sich auch zu Gesetzen verleiten lassen, die den Banken diesen Spielraum einräumen.

Das führt nicht nur zur Legitimierung der ungerechtfertigten Vorteilsnahmen der Geschäftsbanken, sondern es entstehen auch trügerische Aussagen über die wirtschaftliche Situation von Banken. Besonders folgenreich sind die falschen Aussagen der praktizierten Bilanz über den Zustand einer Geschäftsbank i Hinblick auf eine mögliche Insolvenz. Aufgrund der falschen Anwendung Bilanz können Geschäftsbanken als insolvenzgefährdet eingestuft werd wohl ihre wirtschaftliche Situation nicht so schlecht ist, wie in der praktizierten Bilanz dargestellt. Brechen z.B. die Kurse von Wertpapieren weltweit ein, so kompensieren sich die Kursverluste für die Geschäftsbanken infolge des **Zusammenspiels von geldschöpfenden Schreibvorgängen und der Kompensation der von Bankkunden initiierten Zahlungen** immer in einem gewissen Grade. Der Schaden für die einzelne Bank wird nie so hoch sein, wie er in der praktizierten Bilanz ausgewiesen wird.

Betrachtet man die Situation aller Banken der Erde in Krisenzeiten, so erhält man eine verblüffende Aussage: **Die Verluste der Banken in ihrer Gesamtheit sind immer gleich null. Dagegen können die Verluste des Publikums große Dimensionen annehmen.**[26] Infolge des Zahlungsausgleichs über die Interbank-Kreditkonten und über die Zentralbankkonten ist das Geld, welches eine Bank verliert, immer ein Gewinn für eine andere Bank. Es kann auf dem Finanzmarkt passieren was will, es gibt neben den Verliererbanken genauso viele Gewinnerbanken. An echter Substanz verlieren kann nur das Publikum. Diese Logik wohnt unserem heutigen Geldsystem inne. Unter dem Begriff „Banken“ müssen an dieser Stelle die Zentralbanken mit einbezogen werden.

Dem Gesetzgeber sind diese Zusammenhänge nicht bekannt. Und so kam es, dass die Banken seit der Finanzkrise ab 2008 den Staatsvertretern immer mehr notleidende Bilanzen vorlegten, die ein alternativloses Handeln der Staaten in Richtung Bankenrettung suggerierten. Unter dem Druck, noch mehr Rettungspakete für die Banken auflegen zu müssen und damit noch mehr Steuergelder zu verschwenden, ließ sich der Gesetzgeber zu Gesetzen verleiten, mit denen die Banken ihre dokumentierte Eigenmittelquote noch leichter erhöhen können, s. Kap. 4.4. Der Spielraum zur Bilanzumgestaltung wurde somit erweitert. Das ist gleichbedeutend mit Einkommensgeschenken an die Banken.

---

[26] Diese Aussage gilt auch, wenn die Bargeldmenge sich verändert. Es ist nämlich nicht einzusehen, von Verlusten zu sprechen, wenn die Banken ihrer Bargeldeinlöseverpflichtung nicht nachkommen können, s.a. Anhang A1.4 „Einordnung des Bargeldverkehrs“.

5. Unbeglichene Schulden, Zinsen und Derivate

5.1 Unbeglichene Schulden

Wie kommt das Geld in Umlauf? Wir wollen uns noch einmal genauer damit beschäftigen. Voran stellen wir die Betrachtungsweise, wie sie von den meisten Geldtheoretikern mitgetragen wird. Am Ende erhalten wir aufgrund der Erkenntnisse der **strukturell bedingten kooperativen Giralgeldschöpfung** der Geschäftsbanken eine neue Grundaussage.

Voraussetzung für das Entstehen unseres heutigen Geldes ist eine Schuld. Die Zentralbank, die laut Gesetz als einzige Institution berechtigt ist gesetzliche Zahlungsmittel zu erschaffen, darf Geld nur herausgeben, wenn sich im Gegenzug jemand verschuldet. Es sind die Geschäftsbanken, die sich bei der Zentralbank verschulden, in dem sie einen Kredit bei ihr aufnehmen und so Zentralbankgeld erhalten. Diesen Kredit müssen sie nach einiger Zeit zurückzahlen. Nach der Rückzahlung wird der Kredit gestrichen und das Zentralbankgeld wieder vernichtet. Das ist ein sich ständig wiederholender Prozess, sodass eine gewisse Anzahl an Krediten gewährleistet, dass immer Zentralbankgeld bei den Geschäftsbanken vorhanden ist.

Das Zentralbankgeld ist die Grundlage des in der Publikumsebene umlaufenden Geldes. Zentralbankgeld können die Geschäftsbanken im Verhältnis 1:1 in Bargeld umwandeln, in dem ihr Guthaben auf ihrem Zentralbankkonto um den Betrag des erhaltenen Bargeldes vermindert wird. Das von der Zentralbank erhaltene Bargeld zahlen die Geschäftsbanken dann an ihre Kunden aus.

Die Geschäftsbanken zahlen aber nur Bargeld aufgrund eines Guthabens auf einem bei ihnen geführten Bankkonto aus. Wie füllt sich das Bankkonto des Kunden, das er bei der Geschäftsbank unterhält? Die Geschäftsbanken verhalten sich gegenüber ihren Bankkunden genauso, wie die Zentralbank ihnen gegenüber. Sie erhöhen das Guthaben auf den Konten ihrer Kunden dann, wenn diese sich bei ihnen verschulden. Einer der Bankkunden muss einen Kredit aufnehmen, damit das Guthaben auf seinem Konto erhöht wird und durch Überweisung auf Konten anderer Bankkunden gelangen kann. Der Kreditnehmer muss diesen Kredit auch wieder zurückzahlen und dann andere oder er selbst wieder einen neuen Kredit aufnehmen, um ein neues Guthaben zu bekommen. Also das Bargeld bekommt ein Bankkunde von seiner Geschäftsbank aufgrund eigener Schulden oder Schulden eines anderen bei dieser oder einer anderen Geschäftsbank. Die Geschäftsbanken ihrerseits hatten sich bei der Zentralbank verschuldet, um das Bargeld von dieser zu bekommen. Das Bargeld kommt somit in direkter Linie von der Zentralbank über die Geschäftsbanken durch Verschuldung zum Bankkunden.

Die Bankkunden verwenden aber hauptsächlich Giralgeld (angeschriebenes Geld). Ca. 90 % der gesamten Geldmenge in der Publikumsebene ist Giralgeld und nur 10 % ist Bargeld[27]. Das Giralgeld wird anders behandelt als das Bargeld. Für die Menge Giralgeld, die in der Publikumsebene vorhanden ist, brauchen sich die Geschäftsbanken nur zu einem kleinen Teil bei der Zentralbank verschulden. Wie groß dieser Teil ist, hängt von verschiedenen Vorgaben ab, wie in Kapitel 4 herausgearbeitet. In unserem Beispiel benötigte die Geschäftsbank weniger als 1/10 Zentralbankgeld für das in der Publikumsebene bereitgestellte Giralgeld. Dirk Solte spricht von mehr als der 60-fachen[28] Giralgeldmenge, die auf Grundlage der per Kredit aufgenommenen Zentralbankgeldmenge, von den Geschäftsbanken erzeugt werden kann. Das Giralgeld in der Publikumsebene basiert somit hauptsächlich auf Schulden von Bankkunden gegenüber Geschäftsbanken und nur zu einem kleinen Teil auf weitergeleiteten Schulden der Geschäftsbanken gegenüber der Zentralbank. Das ist der heutige Erkenntnisstand der Entstehung von Geld.

Wie in Kap. 1 bis 4 herausgearbeitet wurde, entstehen die Giralgeldbestände in der Publikumsebene nicht nur aus Schulden von Bankkunden gegenüber den

---

27 Vgl. Kap. 1.2

28 Dirk Solte: Weltfinanzsystem am Limit, S. 258 ff

Geschäftsbanken, sondern auch durch Geschäftsbanken, die im Gleichschritt *Entnahmen* tätigen. Wer verschuldet sich, wenn Geschäftsbanken in Kooperation *Entnahmen* tätigen? Schöpfen die Geschäftsbanken bei dieser Art der Giralgeldentstehung einfach neues Geld, ohne dass sich dafür jemand verschuldet? Die geschöpften Giralgelder in der Publikumsebene sind bildlich gesehen Gutscheine auf Bargeld, die vom Publikum zum größten Teil nicht eingelöst werden. Diese vom Publikum nicht eingelösten Gutscheine auf Bargeld (das Giralgeld) sind Schulden der Geschäftsbanken gegenüber den Bankkunden. Die Geschäftsbanken selbst sind also die Schuldner für das zusätzlich geschöpfte Giralgeld infolge des Tätigen von *Entnahmen* im Gleichschritt.

Unter diesem neuen Gesichtspunkt stellt sich die Frage: Sind bei der Kreditvergabe und dem Wertpapierkauf ebenfalls auch die Geschäftsbanken die Schuldner? Bei diesen Geschäftsfällen werden ja auch Gutscheine auf Bargeld ausgegeben, die von den Kreditnehmern nicht in bar eingelöst werden. Wir wollen das näher beleuchten.

Bei der Bereitstellung des Kredites auf dem Bankkonto des Kreditnehmers ist wegen der ausgestellten Gutscheine die Bank der Schuldner gegenüber dem Kreditnehmer. Solange der Kreditnehmer den auf seinem Bankkonto angezeigten Betrag nicht in bar verwendet, ist die Geschäftsbank der Schuldner. Da der Kreditnehmer von der Bank aber ein verwendbares Zahlungsmittel erhalten hat, ist auch der Kreditnehmer der Schuldner gegenüber der Bank. Jeder aus seinem Blickwinkel ist der Schuldner des anderen. Die Bank ist der Schuldner, weil sie ja nur Gutscheine zur Verfügung stellt. Und der Kreditnehmer ist der Schuldner, weil er die Gutscheine wie Geld verwenden kann, also ein Zahlungsmittel zur Verfügung erhält.

Bei Verwendung des angeschriebenen Betrages in bar durch den Kreditnehmer begleicht die Bank ihre Schuld. Ab jetzt ist der Kreditnehmer der alleinige Schuldner. Verwendet der Kreditnehmer den angeschriebenen Betrag nicht in bar sondern in Giralgeld, so sind die Gesamtheit aller Geschäftsbanken und der Kreditnehmer die Schuldner. Die Banken sind Schuldner gegenüber dem Publikum, weil sie verpflichtet sind, Bargeld für den Gutschein bereit zuhalten, egal, bei welcher Bank er gerade ist. Aber auch der Kreditnehmer kann nicht darauf verweisen, dass nicht er, sondern die Banken die Schuldner sind und somit der Kredit von ihm nicht zu tilgen wäre. Ihm bleibt es ja zu jedem Zeitpunkt frei, den angeschriebenen Betrag in bar zu verwenden. Die Banken räumen ihm ein, ihre Schuld gegenüber ihm zu jeder Zeit zu begleichen. Nur wenn die Bank die Barauszahlung verweigern würde, ihm also eine Giralgeldverwendung vorschreiben würde, dann hätte er das Recht, die Tilgung des Kredites zu verweigern. Solange dies nicht geschieht, muss sich der Kreditnehmer auch als Schuldner bekennen und den Kredit tilgen und bei Nichttilgung mit seinem Eigentum dafür einstehen. Der Fall der Weigerung einer Barauszahlung durch die Geschäftsbanken würde dann eintreten, wenn alle Bankkunden ihre angeschriebenen Beträge in bar verwenden wollten und die Banken dieses aus den bekannten Gründen nicht auszahlen könnten.

Es bleibt die Erkenntnis: Bei der Kreditvergabe durch Geschäftsbanken ist für den gutgeschriebenen Betrag aufgrund eines Kredites der einzelne Kreditnehmer der Schuldner. Aber gegenüber der Gesamtheit aller angeschriebenen Beträge in der Publikumsebene sind die Geschäftsbanken die Schuldner. Das betrifft die Beträge, die durch Kreditvergabe, Wertpapierkauf und das Tätigen von *Entnahmen* entstanden sind. Die Geschäftsbanken sind Schuldner auf Dauer, da das Publikum die angeschriebenen Beträge nicht in bar beansprucht. **Alles Geld entsteht infolge von Schulden. Geschäftsbanken müssen aber nicht alle ihre Schulden begleichen. Das ist ihre ungerechtfertigte Vorteilsnahme.**

In der Geldschöpfungstheorie wurde bisher immer angenommen, dass es kein Geld mehr gäbe, wenn alle Kreditnehmer ihre Schulden zurückzahlen würden. Das stimmt jetzt so nicht mehr, da ein Großteil des Geldes, das von den Geschäftsbanken in Kooperation für getätigte *Entnahmen* geschöpft wurde, dann immer noch da wäre.

5.2 Zins und Zinseszins

Bei den Geldsystemkritikern gibt es eine ambivalente Diskussion zur Wirkung des Zins- und Zinseszinses. Eine umfassende Untersuchung über die krisenverstärkende Wirkung des Zins- und Zinseszinses hat Bernd Senf in seinem Buch „Der Nebel um das Geld“ [29] durchgeführt. Er hat fünf Krisentendenzen, die durch den Zins verstärkt werden, untersucht: die Krise der Wirtschaft, der Umwelt, der Gesellschaft, des Staates und der Dritten Welt. Darüber hinaus hat der Zins noch eine Verschleierungsfunktion, wie in Kap. 2.4 „Täuschender Zinsgewinn“ beschrieben und in Kap. 4 nachgewiesen. Der Zins ist auch willfähriger Gehilfe zur Täuschung der Öffentlichkeit über den wahren Geschäftserfolg der Geschäftsbanken. Nachfolgend soll die Wirkung des Zinssystems unter Berücksichtigung der bisher gewonnenen Erkenntnisse näher untersucht werden.

Zur Einführung in das Thema erzähle ich die Geschichte von Robinson und Freitag, die auf einer Insel leben. Die Inspiration erhielt ich beim Nachhören eines Vortrages von Jörg Buschbeck über das Internet.[30]

Freitag strandete nach Robinson auf der Insel und war total entkräftet. Robinson ist ein guter Mensch und hilft ihm wieder auf die Beine, in dem er ihm Kokosnüsse gibt. Da Robinson nicht nur ein guter Mensch ist, sondern auch ein Geschäftsmann, so schreibt er Freitag dafür einen Schuldschein aus, über 10 Nahrungseinheiten, incl. 10 % Zinsen. Freitag kann sich in der Folgezeit durch Beerensammeln über Wasser halten, hat aber begriffen, dass er die Schulden plus Zinsen an Robinson noch zurückzahlen muss. Aus Strandgut baut er sich ein Boot und geht im Meer fischen. Die gefangenen Fische bietet er dem Robinson an, der sie gerne zur Begleichung des Schuldscheines entgegen nimmt (5 Fische = 1 Nahrungseinheit). Freitag zahlt bis zum Ende des Jahres 50 Fische für die Tilgung plus 5 Fische für die Zinsen. Das gefällt dem Freitag gut und er kauft von Robinson weitere Kokosnüsse auf Kredit, den er

[29] Bernd Senf: Der Nebel um das Geld

[30] Jörg Buschbeck: Soll=Haben, März 2011, Vortrag auf dem Geldkongress in Berlin

später mit Fischen locker zurückzahlen kann. Ja, wo ist das Problem mit den Zinsen? Freitag bezahlt die Zinsen einfach mit zusätzlichen Fischen und die kleine Inselwirtschaft floriert. Man kann sich auch vorstellen, dass es auch mal umgedreht ist, in dem Robinson bei Freitag einen Kredit aufnimmt, weil z.B. die Kokosnussernte erst in einigen Wochen ist, Robinson aber jetzt Fische essen will. Dann stellt Freitag dem Robinson einen Schuldschein für die erhaltenen Fische aus. Freitag erhält dann später von Robinson die Tilgung und die Zinsen in Form von Kokosnüssen. Ja, hier gibt es wohl kein Problem mit den Zinsen. Die zusätzlichen Schulden infolge der Zinsen werden einfach mit Produkten bezahlt. Die Geschichte ist aber noch nicht zu Ende.

Wir stellen uns vor, dass aus irgendwelchen Gründen als Dritter ein Banker auf die Insel kommt. Dieser beobachtet das Treiben der beiden anderen. Der Banker schlägt den beiden vor, statt Schuldscheine Geldscheine zu verwenden, da die Schuldscheine doch teilweise unleserlich sind und es deshalb zu Streit kommen kann. Robinson kennt das schon aus seinem früheren Leben und stimmt sofort zu. Freitag hat Robinson als fairen Geschäftspartner erlebt und lässt sich auch dazu überreden.

Wir nehmen an, die Kokosnussernte lässt mal wieder auf sich warten. Robinson will aber Fisch essen. Robinson geht zum Banker und nimmt einen Kredit über 10 Geldscheine auf, nebst 10 % Zinsen. Robinson kauft bei Freitag, der schon Bescheid weiß, das die Geldscheine genauso wie Schuldscheine verwendet werden können, für 5 Geldscheine Fische. Jeder von beiden besitzt danach 5 Geldscheine.

Die Kokosnussernte ist gekommen und Freitag hat Appetit auf Kokosnüsse. Für die 5 Geldscheine kauft sich Freitag bei Robinson Kokosnüsse. Jetzt sind wieder 10 Geldscheine im Besitz von Robinson. Das Jahr geht zu Ende und der Banker drängt auf die Rückzahlung des Kredites. Er fordert 10 Geldscheine zur Tilgung und 1 Geldschein für die Zinsen. Robinson hat aber nur 10 Geldscheine. Da schlägt der Banker vor, ich gebe dir einen zweiten Kredit über 10 Geldscheine. Davon kannst du die Zinsen bezahlen und hast noch 9 übrig. Gesagt getan. Aber wenn Robinson an die spätere Rückzahlung des zweiten Kredites denkt, dann bekommt er ein sorgenvolles Gesicht. Er muss später 11 Geldscheine zurückzahlen, hat aber nur 9. Robinson sagt sich, wenn sich Freitag ebenfalls einen Kredit über 10 Geldscheine bei dem Banker geben lassen würde, und dann bei mir Kokosnüsse für 2 Geldscheine kauft, dann hätte ich 11 Geldscheine zur Rückzahlung des Kredites zusammen. Dann hätte aber Freitag nur noch 8 Geldscheine und könnte seinen Kredit (Tilgung + Zinsen = 11 Geldscheine) seinerseits nicht zurückzahlen. Robinson kommt zu dem Schluss, irgendetwas stimmt hier nicht. Bevor der Banker auf der Insel war, hat doch alles so gut funktioniert. Was macht der Banker eigentlich mit den Zinsen? Wenn der Banker mit den Geldscheinen, die er als Zinsen von uns bekommt, Fische und Kokosnüsse bei uns kaufen würde, dann würde genau das benötigte Geld für die Rückzahlung der Kredite wieder bei uns vorhanden sein.

Wir sehen anhand dieser Geschichte, dass das Geldsystem funktionieren könnte, wenn alle Zinsen sofort wieder durch Nachfrage in den Geldkreislauf zurückgelangen würden. Wie sieht aber die Wirklichkeit aus? Wir verlassen gedanklich die Insel von Robinson und Freitag und nehmen die Inselgeschichte als Anstoß darüber nachzudenken, wie das in unserem Geldsystem abläuft. In unserem Geldsystem nehmen die Banken nicht nur Zinsen von den Kreditnehmern, sondern sie sind gezwungen auch Zinsen an ihre Bankkunden (Anleger) zu geben. Warum ist das so?

Banken brauchen Bankkunden. Ohne Kunden können Banken nicht existieren. Das leuchtet jedem ein. Wie kommen die Banken zu ihren Bankkunden? Sie werben mit günstigen Kreditvergaben, mit guten Anlagemöglichkeiten und mit geringen Kontoführungsgebühren, sodass möglichst viele bei ihnen ein Bankkonto einrichten. Die einen richten bei der Kreditname ein Konto ein, die anderen lassen ihr Geld von einer anderen Bank wegen der guten Anlagemöglichkeiten auf diese Bank überweisen und dritte richten ein Bankkonto ein, weil sie über diese Bank mit geringen Gebühren ihren Geldverkehr abwickeln können.

Wer legt denn fest, dass es Zinsen gibt? Wer verlangt nach Zinsen? Liegt es in der Hand der Banken, dieses zu beeinflussen? Wir erinnern uns an die grundlegenden Erkenntnisse von Kap. 1 und 2.

Die Geschäftsbanken müssen bestrebt sein, eine ausgeglichene oder positive Zahlungsbilanz gegenüber den anderen Banken zu erreichen. Das bedeutet, die Summe der Zahlungseingänge muss gleich oder höher sein, als die Summe der Zahlungsausgänge. Wird das nicht erreicht und die Zahlungsbilanz gegenüber den anderen Banken wird negativ, so entstehen Schulden gegenüber den anderen Banken. Können die Schulden in einer bestimmten Zeit von der Bank nicht verringert werden, so muss sie vermehrt Kredite bei der Zentralbank aufnehmen und daraus ihre Schulden gegenüber den anderen Geschäftsbanken begleichen. Entsteht dann in der Folgezeit wiederum eine negative Zahlungsbilanz gegenüber den anderen Geschäftsbanken, so beginnt das Spiel von Neuem. Das geht so lange gut, bis die Schuldnerbank ihre Kredite gegenüber der Zentralbank nicht mehr tilgen kann. Dann stellt die Zentralbank die Kreditvergabe für diese Bank ein. Die Folge ist dann die Zahlungsunfähigkeit der Bank.

Um diese Bredouille zu vermeiden, müssen die Geschäftsbanken alles daran setzen, eine ausgeglichene oder positive Zahlungsbilanz gegenüber den anderen Geschäftsbanken zu erreichen. Eine negative Zahlungsbilanz kann die Bank vermeiden, wenn sie potente Bankkunden gewinnt, die ihr Geld bei ihr einzahlen. Durch diese Bankkunden kommen mehr Zahlungseingänge in die Bank hinein als wieder herausfließen. Die potenten Bankkunden werden gelockt mit Zinsversprechen.

Geldverknappung in der Realwirtschaft

Die praktizierte Zinsgewährung der Banken an die Anleger hat eine große Auswirkung auf die Realwirtschaft. Die Anleger, das sind die Sparer und die Wertpapierkäufer, also die, die der Bank Geld geben und darauf warten, dass das Geld über Zinsen sich vermehrt. Da die Anleger der Teil der Bevölkerung sind, die nicht alles in ihrem Besitz befindliche Geld zur Bestreitung ihres Lebensunterhaltes ausgeben müssen, verlässt ein Teil ihres Geldes den *Raum der Realwirtschaft*. Um die Zusammenhänge näher zu betrachten, sehen wir uns Abb. 5.1 an.

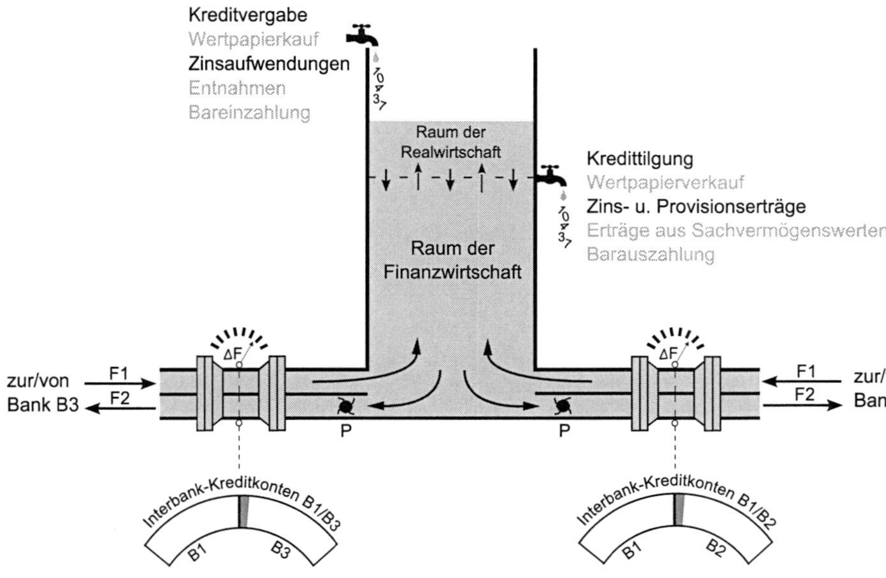

Abb. 5.1: Abwanderung des Giralgeldes von der Realwirtschaft in die Finanzwirtschaft

In Abb. 5.1 ist das uns bekannte Bild der Darstellung der Geschäftsbanken als Giralgeldbehälter zu sehen. Zusätzlich ist der Giralgeldbehälter in einen *Raum der Realwirtschaft* und in einen *Raum der Finanzwirtschaft* unterteilt. Im *Raum der Realwirtschaft* befindet sich das Giralgeld, welches zur Geldversorgung der Wirtschaftsteilnehmer benötigt wird. Im *Raum der Finanzwirtschaft* befindet sich das Giralgeld der Anleger. Die Einteilung in diese beiden Räume ist funktionell und nicht örtlich zu verstehen. Geld für Anlagezwecke einerseits oder zur Bezahlung von Produkten und Dienstleistungen andererseits, kann sich auf ein und demselben Bankkonto befinden.

Bei der Geldversorgung des Publikums gelangen die Kredite für die Realwirtschaft in Abb. 5.1 über den oberen Zulaufhahn (Kreditvergabe) in den *Raum der Realwirtschaft*. Die Bank erhält daraus von den Kreditnehmern Zinserträge. Diese werden über den unteren Ablaufhahn aus dem Giralgeldbehälter abgelassen. Die Kredite werden in der Wirtschaft verwendet und ein Teil des

Geldes gelangt zu den Anlegern in den *Raum der Finanzwirtschaft*. Die Bank bezahlt an die Anleger Zinsen. Das sind für die Bank Zinsaufwendungen. Diese gelangen über den oberen Zulaufhahn in den Giralgeldbehälter. Einen Teil der Anlegerzinsen wollen die Anleger erneut anlegen, er sinkt ab in den *Raum der Finanzwirtschaft*. Den anderen Teil der Zinsen verwenden die Anleger zum Bezahlen von Produkten und Dienstleistungen, er bleibt im *Raum der Realwirtschaft*. Die Kredite müssen von den Kreditnehmern getilgt werden. Die Tilgung fließt über den unteren Ablaufhahn aus dem *Raum der Realwirtschaft* ab. In Summe fließt aus dem *Raum der Realwirtschaft* mehr heraus, als in ihn hineinfließt.

Um die Kredite vollständig tilgen zu können, muss deshalb die Wirtschaft erneut Kredite aufnehmen. Diese werden über den oberen Zulaufhahn in den Giralgeldbehälter geleitet. Die zusätzlichen Kredite müssen wiederum mit Zinsen an die Bank bedient werden, die als Zinserträge aus dem unteren Ablaufhahn abgelassen werden. Der Zyklus beginnt von Neuem. Die im ersten Zyklus in den *Raum der Finanzwirtschaft* abgesunkenen Anlegerzinsen verlangen jetzt Zinseszinsen. Es müssen erneut zusätzliche Kredite von der Wirtschaft aufgenommen werden usw. Die Summe der zusätzlichen Kreditaufnahmen muss so hoch sein, wie die Beträge, die laufend aus dem *Raum der Realwirtschaft* in den *Raum der Finanzwirtschaft* abfließen. Das ist das Giralgeld, welches die Anleger zur Vermehrung aus dem *Raum der Realwirtschaft* in den *Raum der Finanzwirtschaft* leiten und dessen Zinsen und Zinseszinsen, die nicht in den *Raum der Realwirtschaft* zurückfließen.

Der Zinseszins-Effekt

Bei den Geldsystemkritikern gibt es einen Streit darüber, welcher Teil von beiden der größere ist. Sind es die zur Vermehrung in den *Raum der Finanzwirtschaft* geleiteten Beträge oder sind es deren Zinsen und Zinseszinsen? Es läuft auf die Frage hinaus – fließen die Zinsen und Zinseszinsen letztendlich doch wieder in den *Raum der Realwirtschaft* zurück und resultiert die Zunahme der Geldmenge im *Raum der Finanzwirtschaft* allein aus den ständig steigenden realwirtschaftlichen Einkommen eines Teils der Bevölkerung? Es wird bei denen, die die krisenverstärkenden Auswirkungen des Zinses und Zinseszinses anzweifeln, angenommen, dass die Zinsen und Zinseszinsen auch der Reichen von ihnen selbst in übersehbaren Zeiträumen immer wieder konsumiert werden, sodass sich kein langfristiger Zinseszinseffekt im *Raum der Finanzwirtschaft* herausbilden kann.

Im Folgenden wollen wir uns an einem Beispiel die Wirkung des Zinses und des Zinseszinses veranschaulichen. In Deutschland gibt es mehr private Lebens- und Rentenversicherungen als Einwohner. In diese wird stetig aus dem *Raum der Realwirtschaft* abgezweigtes Giralgeld eingezahlt. Die Versicherungen sind mit ihren Bankkonten im *Raum der Finanzwirtschaft* angesiedelt, s. Abb. 5.2.

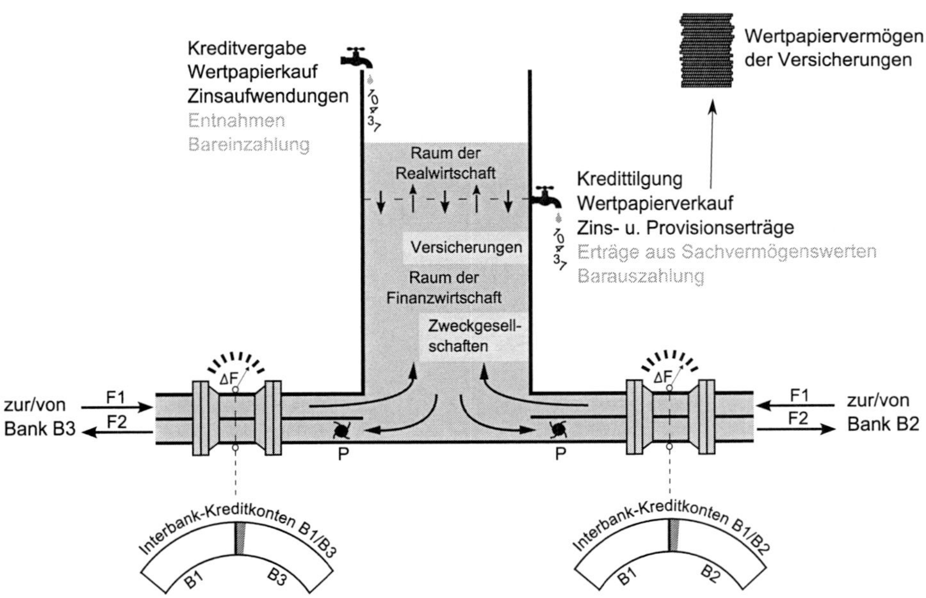

Abb. 5.2: Geldvermehrung über Zins und Zinseszins durch Versicherungen

Für die eingezahlten Gelder kaufen die Versicherungen Wertpapiere, die im

Besitz der Banken sind.[31] Das Geld auf dem Konto der Versicherung wird in Abb. 5.2 zu diesem Zweck über den Ablaufhahn aus dem *Raum der Finanzwirtschaft* abgelassen. Für die Bank ist es ein Wertpapierverkauf an Nichtbanken. Die Zinsen bekommt die Versicherung Jahr für Jahr von den Emittenten der Wertpapiere.

- Ist der Emittent der Wertpapiere der Staat, so gelangen die vom Staat zu zahlenden Zinsen aus den Steuereinnahmen zu den Versicherungen oder über zusätzlich vom Staat aufgenommene Kredite. Die aus den Steuereinnahmen gezahlten Zinsen gelangen aus dem *Raum der Realwirtschaft* zu den Versicherungen in den *Raum der Finanzwirtschaft*. Die über zusätzliche Kredite gezahlten Zinsen gelangen über den oberen Zulaufhahn (Kreditvergabe) in den Giralgeldbehälter. Fast sämtliche Zinsen für die Versicherungen gelangen direkt in den *Raum der Finanzwirtschaft*. Nur ein kleiner Teil, die Betriebsausgaben der Versicherungen, fließt zurück in den *Raum der Realwirtschaft*. Von den Zinsen, die in den *Raum der Finanzwirtschaft* gelangt sind, kauft die Versicherung erneut Wertpapiere. Das Spiel beginnt von Neuem. Auf diese Weise vermehrt sich das Geldvermögen in Form von Wertpapieren über Zins und Zinseszins.

- Ist der Emittent der Wertpapiere die Bank selbst, so gelangen die von der Bank zu zahlenden Zinsen über den oberen Zulaufhahn (die Zinsaufwendungen) in den Giralgeldbehälter. Die Bank zahlt die Zinsen für die Wertpapiere direkt durch Kontoerhöhung an die Versicherung. Die Zinsen sinken, wie oben bereits beschrieben, zum größten Teil in den *Raum*

---

[31] Dirk Sollte beschreibt in seinem Buch „Weltfinanzsystem am Limit“ in Kap. V, S. 75 ff, dass sämtliche neu emittierten Wertpapiere zuerst von Geschäftsbanken (Investment-Banken) im „Primärmarkt“ aufgekauft und dann nach Bedarf weiter verkauft werden. Er kommt zu dem Schluss: „Der Finanzmarkt ist nicht polypolitisch: Zusammenfassend muss man davon ausgehen, dass Finanzkonglomerate (aus Kredit-Banken, Investment-Banken, Versicherungen) maßgeblich bestimmen können, wer welchen Umfang an Finanztiteln halten „darf“. Dabei werden auch die jeweiligen Margen aus Zinsertrag und Steuereinsparung „zugeteilt“.“

der Finanzwirtschaft ab und nur ein kleiner Teil fließt zurück in den *Raum der Realwirtschaft.* Von den Zinsen des Raums der Finanzwirtschaft werden wieder Wertpapiere durch die Versicherung gekauft. Der Zyklus beginnt von Neuem. Das Geldvermögen vermehrt sich somit in Form von Wertpapieren über Zinsen und Zinseszinsen.

- Bestehen die Wertpapiere z. B. aus „verbrieften Krediten", so ist der Emittent der Wertpapiere eine Zweckgesellschaft. Die Bank verkauft Kreditforderungen an eine Zweckgesellschaft. Die Zweckgesellschaft macht aus den Kreditforderungen Wertpapiere und verkauft diese an die Versicherungen. Die Bank bekommt Zinsen von den Kreditnehmern. Diese werden als Zinserträge über den unteren Ablaufhahn aus dem *Raum der Realwirtschaft* abgelassen. Die Bank leitet die Zinserträge an die Zweckgesellschaften als Zinsaufwendungen weiter, in dem sie den oberen Zulaufhahn aufdreht und gleichzeitig das Konto der Zweckgesellschaft erhöht. Die Zweckgesellschaft leitet die erhaltenen Zinsen, die jetzt Zinsen aus Wertpapieren sind, mittels Überweisung weiter an die Versicherungen. Die Quelle der Zinsen sind die Zinsaufwendungen der Bank, die über den oberen Zulaufhahn in den Giralgeldbehälter geleitet wurden. Die Zinsen sinken zum größten Teil in den *Raum der Finanzwirtschaft* ab und werden dort auf dem bereits beschriebenen Weg über erneuten Wertpapierverkauf durch den Zinseszinsmechanismus vermehrt.

Das Geldvermögen vermehrt sich so über Jahrzehnte über den Zinseszinseffekt bei den Versicherungen im *Raum der Finanzwirtschaft.* Das Giralgeld ist in Wertpapieren gebunden und wird am Ende der Laufzeit der Lebensversicherungen durch die Versicherungen in Giralgeld zurückverwandelt und an die Inhaber der Lebensversicherungen ausgezahlt. Dazu werden Wertpapiere von den Versicherungen an Banken verkauft.

Der überwiegende Teil der Versicherten wird mit dem ausgezahlten Geld Nachfrage im *Raum der Realwirtschaft* erzeugen, sodass deren Geld nach Jahrzehnten wieder in den *Raum der Realwirtschaft* zurückgelangt. Der kleinere Teil der Versicherten, der noch andere Einkunftsarten hat, wird das aus den

Versicherungsverträgen ausgezahlte Geld erneut anlegen und somit die Geldvermehrung über die Zinseszinsspirale weiter betreiben. Auch ihre Erben werden zum größten Teil nicht anders handeln. So wird dem *Raum der Realwirtschaft* mit der Zwischenstation des *Raums der Finanzwirtschaft* Giralgeld für die Wertpapieranlage entzogen. Das im *Raum der Finanzwirtschaft* vermehrte Giralgeld wird immer wieder in Wertpapiere umgewandelt. Die Wertpapieranlage ist konserviertes Giralgeld, welches sich über den Zinsmechanismus ständig vermehrt.

Für die Bevölkerungsgruppe, die hohe Einkommen zur Verfügung hat, gibt es noch andere vielfältige Geldanlageformen mit Zins und Zinseszins, wie Investmentfonds, Genussscheine, Zertifikate usw., s. a. Kap. 5.3. Die Geldvermehrung über Zins und Zinseszins läuft dort nach dem gleichen Prinzip ab, wie anhand der Lebens- und Rentenversicherungen erklärt wurde. Die von der Wirtschaft zusätzlich aufgenommenen Kredite zur Abdeckung der Tilgungslücke müssen dadurch immer größer werden. Es handelt sich hier um eine exponentielle Steigerung der zusätzlich notwendigen Kreditaufnahmen.

In Deutschland besitzen 10 % der Bevölkerung mehr als die Hälfte allen Geldvermögens incl. Wertpapiere.[32] Wenn diese Bevölkerungsgruppe z.B. 1/5 ihres Vermögens über Jahrzehnte in verzinsliche Anlageprodukte anlegt und die daraus erhaltenen Zinsen nicht konsumiert, also wiederum anlegt, so verdoppelt sich ihre Geldanlage bei einem Zinssatz von 5 % alle 15 Jahre. Nach bereits 60 Jahren würde sich dieses Fünftel ihres Geldvermögens nur infolge des Zinseszinseffektes auf das 16-fache erhöht haben. An diesem Rechenbeispiel wird die gewaltige Auswirkung des Zinseszinseffektes deutlich. Nach weiteren 15 Jahren würde sich dieses Geldvermögen nochmals verdoppeln, auf das 32-fache des Ursprungswertes usw. Ich meine, die Menschen, die die Wirkung des Zinseszinseffektes anzweifeln, können sich nicht vorstellen, dass man so viel Geld über so große Zeiträume übrig haben kann und dann noch generationsübergreifende Vermögensbildung betreibt.

Auf Dauer kann die Wirtschaft die aus dem *Raum der Realwirtschaft* abflie-

[32] Wochenbericht des DIW, Berlin Nr. 4/2009, S. 59

ßenden Gelder nicht ersetzen. In der Wirtschaft müssen immer wieder in steigender Anzahl neue Kredite aufgenommen werden. Es ist ein hoffnungsloses Unterfangen. Die Wirtschaft kann diesen ständigen Aderlass nicht lange überstehen. Aus dem *Raum der Realwirtschaft* fließen sozusagen die Lebenssäfte ab. Die Folge sind Firmenpleiten, Arbeitslosigkeit usw. Es kommt zur Krise in der Wirtschaft. Zusätzlich wird die Gesellschaft polarisiert und durch ständigen Wachstumszwang die Umwelt zerstört. Diese Vorgänge hat Bernd Senf ausführlich erklärt.[33]

Um die unter Geldmangel leidende Wirtschaft mit zusätzlichem Geld zu versorgen, springt der Staat der Wirtschaft zur Seite und verkauft Wertpapiere (Staatsanleihen) an die Banken. Die Erlöse stellt der Staat der Wirtschaft als Konjunkturprogramme zur Verfügung. Der Staat unterliegt aber, genauso wie die Wirtschaft, den gleichen Mechanismen. Der Staat als Emittent der Wertpapiere muss Zinsen an die Wertpapierbesitzer zahlen und muss dazu zum großen Teil erneut Kredite aufnehmen, die direkt zu den Anlegern in den *Raum der Finanzwirtschaft* fließen und Zins und Zinseszins hervorrufen.

Bleiben die erwarteten höheren Steuereinnahmen aus, so kann der Staat die Kredite nicht tilgen. Er verschiebt die Tilgung immer weiter nach hinten, sodass immer höhere Zinsbelastungen für ihn entstehen. Für die Schulden müssen am Ende die Bürger mit ihren Steuern aufkommen. Infolge der hohen Belastung des Staates muss der Staat wichtige Aufgaben für die Gesellschaft vernachlässigen. Es kommt zur Verstärkung der bereits von Bernd Senf beschriebenen Krisentendenzen, der Krise der Gesellschaft und des Staates. Die Gesellschaft gewöhnt sich an die hohe Staatsverschuldung. Der Staat nimmt in der Folge erneut Kredite auf und verschuldet sich immer höher. Das macht ihn angreifbar für Spekulanten, die auf die Zahlungsunfähigkeit des Staates wetten, s. Kap. 5.3 „Die Problematik der Derivate“. Auf einmal sind die Staatsschulden nicht mehr nur Zahlen in der täglichen Berichterstattung, sondern reale Erpressung ganzer Völker mit nachfolgender Verarmung großer Bevölkerungsteile. Der Staat gelangt infolge des Zins- und Zinseszinses in eine Ab-

[33] Bernd Senf: Der Nebel um das Geld, S. 89 ff

hängigkeit von privaten Banken. Die großen Geschäftsbanken, in der Berichterstattung als «der Markt» bezeichnet, entscheiden darüber ob und zu welchem Zinssatz die Staaten Kredite erhalten, s.a. Anhang A1.3, „Auswirkungen des Wertpapierhandels".

In Folge der leistungslosen Geldvermehrung bei den Vermögenden entsteht ein verdeckter Frondienst der weniger Vermögenden an die Vermögenden. Der Zins bewirkt eine Umverteilung von „Unten" nach „Oben". Die, die es sich leisten können, jahrzehntelang über den Zins und Zinseszins ihr Geld zu vermehren, fordern von dem Rest der Bevölkerung dafür eine Leistung ab. Je weniger vermögend ein Mensch ist, um so mehr muss er dieser Forderung nachgeben, um seinen Lebensunterhalt bestreiten zu können. Es entsteht ein Automatismus. Zu mehr Geld kommt automatisch leistungslos immer mehr Geld hinzu. Der Abstand der Vermögenden zu den weniger Vermögenden wächst dadurch unaufhörlich.

5.3 Die Problematik der Derivate

Ein bisher noch nicht betrachteter Geschäftszweig der Geschäftsbanken ist der Handel mit Finanzderivaten, kurz Derivate. Derivate werden von Geschäftsbanken erschaffen.[34] Es sind Wetten auf finanzwirtschaftlich relevante Ereignisse oder Abläufe. Dabei spielen Wertpapiere eine wichtige Rolle. Um Derivate richtig verstehen und einordnen zu können, betrachten wir im Folgenden die Wertpapiere genauer. Bei den Wertpapieren gibt es zwei große Gruppen, die verzinslichen Wertpapiere und die Wertpapiere mit Teilhaberrechten. Der Besitzer von verzinslichen Wertpapieren erhält Zinsen und der Besitzer von Wertpapieren mit Teilhaberrechten erhält einen Teil des Gewinnes des ausgebenden Unternehmens.

---

[34] Marktanteile emittierter Derivate in Deutschland: www.derivateverband.de/DEU/Statistiken/Marktanteile

- Verzinsliche Wertpapiere sind Schuldverschreibungen. Der Aussteller der Schuldverschreibung bietet diese dem Finanzmarkt zum Kauf an. Auf einer Schuldverschreibung könnte geschrieben sein: „Wer diese Schuldverschreibung kauft, erhält von mir nach 2 Jahren den Nennwert plus 10 % Zinsen zurück". Ein typischer Emittent von Schuldverschreibungen ist der Staat, dann heißen sie Staatsanleihen.

- Wertpapiere mit Teilhaberrechten sind Aktien. Der Aussteller der Aktie bietet diese ebenfalls dem Finanzmarkt zum Kauf an. Auf dieser Aktie könnte geschrieben sein: „Wer diese Aktie kauft, besitz einen Teil meines Unternehmens. Er bekommt an jedem Jahresende nach Möglichkeit einen Teil des Unternehmensgewinns als Dividende ausgezahlt. Es kann aber sein, dass das Unternehmen in einem Jahr keinen Gewinn abwirft oder eine Dividendenauszahlung nicht ratsam ist, dann wird auch nichts ausgezahlt."

Darüber hinaus gibt es Mischformen von Wertpapieren, bei denen sowohl Zinsen als auch Teilhaber-Gewinnanteile ausgezahlt werden können, wie z.B. Genussscheine. Weiterhin werden Wertpapiere gebündelt als Wertpapierpakete am Finanzmarkt angeboten. Das sind „Investmentfonds", kurz Fonds. In einem Fonds können verschiedene Wertpapiere, Sachvermögenswerte (wie z.B. Immobilien) und Derivate enthalten sein.

Wir kommen zurück zu den Derivaten. Was kann man sich unter Derivaten vorstellen? Wo kann man sie einordnen? Wie oben schon genannt, ein Derivat ist eine Wette. Wie entsteht ein Derivat? Eine Bank denkt sich eine Wette aus, über eine Konstellation von eventuell eintretenden oder ablaufenden finanzwirtschaftlichen Vorgängen, die stattfinden könnten oder nicht. Eine einfache Wette könnte z.B. sein, ob der Kurs einer bestimmten Aktie X steigt oder fällt. Die Bank setzt darüber ein Schriftstück auf, eine Wettvereinbarung, in dem sie die Wettbedingungen beschreibt. Dieses Schriftstück heißt „Derivat". Dort könnte dann z.B. aufgeschrieben sein:

„Wer dieses Derivat kauft, geht mit mir, dem Herausgeber, folgende Wette ein: Ich wette, dass der Kurs der Aktie X am Ende des Handelstages, dem

01.09., den derzeitigen Wert der Aktie von 80 Euro nicht überschreiten wird. Wer dagegen wetten will, der kaufe dieses Derivat und zahle an mich 10 Euro pro Derivat. Am 01.09. steht es ihm dann frei, die Aktie X von mir, unter Vorlage dieses Scheines, für 80 Euro zu erwerben. Legt der Käufer des Derivates den Schein bei mir nicht vor, so soll es mir egal sein. Dann behalte ich die Aktie".

Das ist das Wettangebot der Bank, die das Derivat erschaffen hat. Derjenige, der dagegen wettet und das Derivat kauft, hofft auf einen steigenden Kurs der Aktie X bis zum 01.09, und zwar auf mindestens 80 Euro zzgl. 10 Euro. Bei allen Kursen über 90 Euro am Stichtag 01.09. hat er die Wette aus seiner Sicht[35] gewonnen. Hat die Aktie X am 01.09. z.B. einen Kurs von 95 Euro, so hat der Käufer des Derivates einen Ertrag von 15 Euro. Er müsste dann nur noch den Schein bei der Bank vorlegen und die Aktie X, die jetzt pro Stück 95 Euro wert ist, für 80 Euro bei dieser Bank erwerben und sofort für 95 Euro am Markt verkaufen. Bei Vorlage des Scheines ist es dann gewöhnlich so, dass die Aktie X nicht an den Besitzer des Scheines übergeben wird, sondern ihm nur der Ertrag (in unserem Beispiel 15 Euro) gutgeschrieben wird, da in den meisten Fällen unterstellt wird, dass der Käufer die Aktie sofort für den höheren Preis weiter verkaufen würde. Die Entscheidung über den tatsächlichen Weiterverkauf wird der Bank (dem Aussteller des Derivates) überlassen. So sind die so genannten „Leerverkäufe" möglich. Da nicht vorgesehen ist, dass der Derivatekäufer die Aktie selbst kauft, braucht die Bank die Aktie auch nicht besitzen.

Auf dem Derivatenmarkt gibt es Tausende verschiedene Produkte (Wettmöglichkeiten). Man wettet nicht nur auf steigende oder fallende Aktienkurse, sondern auch z.B. auf steigende oder fallende Zinsen, Währungen, Indizes (z.B. DAX, Down-Jones, Immobilen-Indizes), Rohstoffpreise, Lebensmittelpreise, Staatsanleihen, Wertveränderungen anderer Derivate usw. Darüber

---

[35] Wie in der Folge zu sehen ist, hat die Bank bei einem Stückpreis der Aktie von 95 Euro auch gewonnen wenn sie die Aktie selbst besitzt und am Stichtag verkauft, nämlich den Verkaufspreis des Derivates von 10 Euro je Aktie. Sie hätte auch gewonnen, wenn die Aktie um weniger als 10 Euro gefallen wäre.

hinaus gibt es strukturierte Produkte, die verschiedene Derivate, Aktienwerte und Schuldverschreibungen in sich vereinen. Diese nennen sich Zertifikate. Derivate und Finanzprodukte, die Derivate beinhalten, werden am Finanzmarkt gehandelt. Für diese gibt es Methoden, um deren Wert zu ermitteln. Derivate, die eigentlich nur Wetten auf andere Wertpapiere sind, werden so selbst zu Wertpapieren. Derivate werden nicht nur von dem Emittenten (die Bank) an Nichtbanken verkauft, sondern sie werden auch zwischen den Nichtbanken gehandelt. Die Wertpapiere (handelbare Finanzprodukte) kann man andererseits unterteilen in derivative Wertpapiere und nichtderivative Wertpapiere, also Wertpapiere mit Wettanteil oder ohne.

Das Volumen des Derivativen-Handels (des Handels mit derivativen Wertpapieren) ist sehr groß. Es übersteigt die in der Publikumsebene befindliche Geldmenge bei Weitem. Ca. 80 % des in der Publikumsebene geschöpften Giralgeldes fließt in den Derivativen-Handel[36], s. Abb. 5.3.

[36] Franz Hörmann, Otmar Pregette: Das Ende des Geldes, S.71

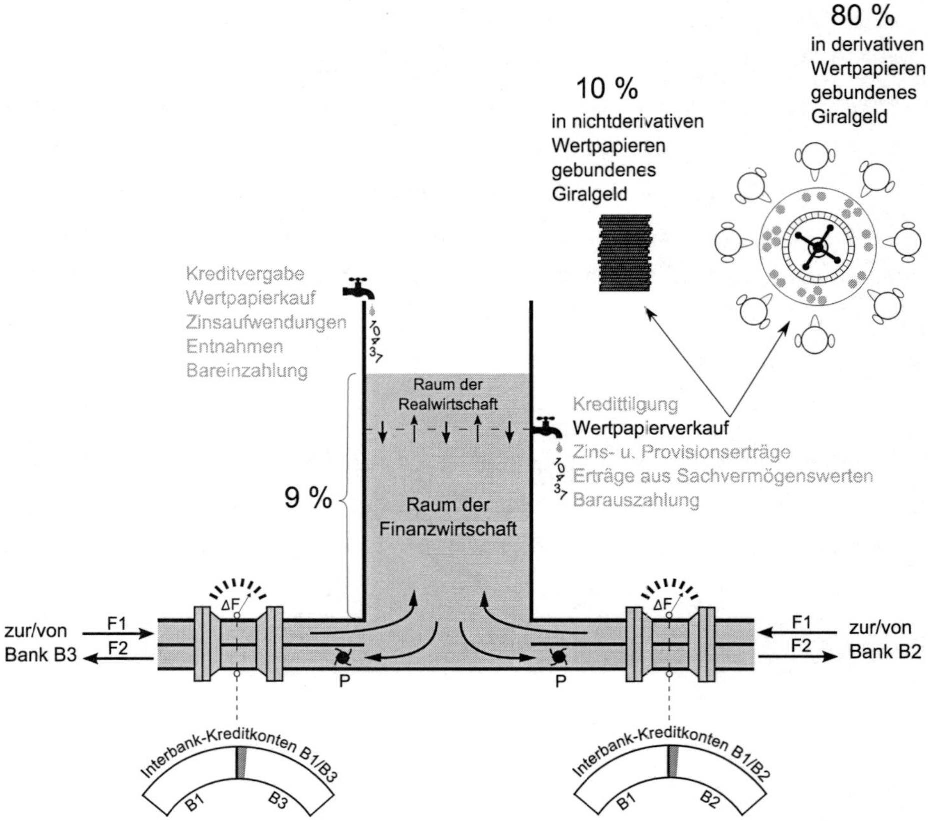

Abb. 5.3: Anteil des in derivativen Wertpapieren gebundenen Giralgeldes

Wir sehen in Abb. 5.3 die bereits bekannte Darstellung der Geschäftsbank als Giralgeldbehälter. In dem Giralgeldbehälter «lagert» das Giralgeld der Publikumsebene. Das sind ca. 9 % der in der Publikumsebene vorhandenen Finanzwerte. Der weitaus größere Teil, ca. 80 % des von den Geschäftsbanken geschöpften Giralgeldes, fließt in den Derivativen-Markt. Nur ca. 10 % fließen in den Nichtderivativen-Markt. Die restlichen ca. 1 % sind Bargeld.

Es ist also so, dass durch den Verkauf von Wertpapieren der Geschäftsbanken an Nichtbanken insgesamt ca. 90 % des ehemals geschöpften Giralgeldes aus dem *Raum der Realwirtschaft* und dem *Raum der Finanzwirtschaft* entzogen wurden. Ca. 9 % des ehemals geschöpften Giralgeldes befindet sich nur noch in der Publikumsebene. Von diesen 9 % Giralgeld steht nur der kleinere Teil der Realwirtschaft zu Verfügung.

Hier werden die Dimensionen deutlich. Die Realwirtschaft ist hierbei das kleinste Licht. Den dort tätigen Menschen stehen die geringsten Geldmittel zur Verfügung, obwohl sie diejenigen sind, die die eigentlichen Werte bereitstellen (s.a. Kap. 6.3). Um den Zusammenbruch von Real- und Finanzwirtschaft zu vermeiden, verschuldet sich der Staat. Diese Schulden müssen dann ausgerechnet die Menschen, denen ohnehin schon die geringsten Geldmittel zur Verfügung stehen, über die Steuern bezahlen.

Absicherung der Vorteilsnahme

Will eine Geschäftsbank erfolgreich sein, also Reichtum und Macht für ihre Eigentümer und Manager erlangen, so muss sie ihre *Entnahmen* ständig vergrößern. Sie kann mehr Ressourcen aus dem Publikum entnehmen, wenn sie möglichst groß ist. Die Größe einer Bank bestimmt die Menge des Giralgeldes, welches sie für sich selbst wie aus dem «Nichts» schöpfen kann. Es ist eine einfache Rechnung. Der zu verteilende Kuchen, die mit **kooperativer Giralgeldschöpfung** möglichen *Entnahmen*, werden zwischen den Geschäftsbanken nach ihrer Größe aufgeteilt. Bei den Geschäftsbanken, bei denen mehr Ein- und Auszahlungen in Anzahl und Summe auf der Publikumsebene getätigt werden, ist die Wahrscheinlichkeit höher, dass sich die laufenden Zahlungseingänge und Zahlungsausgänge einander zeitnah ausgleichen. Diese Geschäftsbanken bekommen von dem Kuchen, der mit aus dem «Nichts» geschöpften *Entnahmen*, mehr ab als die anderen. Eine Geschäftsbank, die untätig ist, deren *Entnahmen* werden sich stetig verkleinern. Die Größe einer Bank ist für deren Erfolg von entscheidender Bedeutung. Die Geschäftsbanken sind deshalb bestrebt, ständig die Anzahl der Bankkunden zu erhöhen und besonders die zu gewinnen, die infolge ihrer Wirtschaftskraft mehr Zahlungseingänge als Zahlungsausgänge initiieren. Im Kampf um eine hohe Zahl finanzkräftiger Bankkunden spielt der Handel mit derivativen Wertpapieren für die Banken eine besondere Rolle. Mit attraktiven Angeboten für den Derivativen-Markt ziehen Geschäftsbanken finanzkräftige Bankkunden an. Sie erhöhen dadurch die Anzahl und das Volumen der Zahlungseingänge bei dieser Bank. In der Folge kaufen diese Bankkunden bei ihrer Bank derivative Wertpapiere. Beim Verkauf derivativer Wertpapiere von Geschäftsbanken an Nichtbanken werden große Mengen Giralgeld von den Konten der finanzkräftigen Bankkunden abgezogen. Das in derivative Wertpapiere umgewandelte Giralgeld kann somit von den Bankkunden nicht mehr für Zahlungsausgänge verwendet werden und bewirkt für die Bank eine positive Zahlungsbilanz gegenüber den anderen Geschäftsbanken. Der Verkauf derivativer Wertpapiere hat dadurch für die Geschäftsbanken die gleiche Wirkung wie die Spareinlagen. Es wird ein zusätzlicher Ertrag analog dem „Ertrag aus dem Sparverhalten der Bankkunden" erzeugt, s. Anhang 2. Dadurch haben Banken mit einem hohen Anteil derivativer Spieler ein Zusatzeinkommen. Um diese Wirkung zu erzielen, das Vermögen möglichst vieler Bankkunden im *Derivativen-Handel* zu binden, denken sich Banken immer neue Wetten (Derivate) aus. In Deutschland werden an den Börsen mehr als 500.000 unterschiedliche derivative Produkte gehandelt.[37]

Mit dem Derivativen-Handel entziehen die Geschäftsbanken der Publikumsebene große Mengen Geld. Das Derivativen-Spielcasino ist sozusagen das Überlaufbecken für den *Raum der Finanzwirtschaft*. Mit dem Derivativen-Handel haben die Geschäftsbanken einen Weg gefunden, das übermäßige Ansteigen des Pegels im Giralgeldbehälter der Geschäftsbanken zu verhindern. Deshalb kommt es trotz ständiger Giralgeldschöpfung der Geschäftsbanken nicht zu einer ausufernden Inflation.

Das Geld, welches für Wetten benutzt wird, fehlt der Realwirtschaft. Außerdem geht den Anlegern die Orientierung auf die Realwirtschaft verloren. Das kann nur im Interesse der Banken sein, deren Einfluss auf Wirtschaft und Gesellschaft dadurch wächst.

---

[37] Lutz Johanning, Sigrid Müller, Dirk Schiereck: Abschlussbericht zur Überprüfung der Einhaltung des Derivate Kodex, Juni 2011, Wissenschaftlicher Beirat für den Derivate Kodex des DDV

6. Vermögens- und Machtkonzentration

Wie in den vorhergehenden Kapiteln an unterschiedlichen Stellen angedeutet, bringt das herrschende Geldsystem systembedingt Vermögens- und Machtkonzentrationen hervor. Im Folgenden werden dazu einige Beispiele angeführt und Zusammenhänge dargelegt.

6.1 Die Entnahmen der Geschäftsbanken als Steuerungsinstrument der Gesellschaft

Das Tätigen von *Entnahmen* mit **kooperativer Geldschöpfung** dient den großen Geschäftsbanken nicht nur zur Bereicherung, sondern hat noch eine gestaltende Komponente. Die großen Geschäftsbanken können damit Gesellschaft gestalten. Zur Veranschaulichung sehen wir uns die folgende Abb. 6.1 an. Über den Zulaufhahn fließen außer Kreditvergaben, Wertpapierkauf und Zinsaufwendungen auch *Entnahmen* in den Giralgeldbehälter. Die *Entnahmen* der Geschäftsbanken, das sind Betriebsausgaben, Mittel für den Erwerb von Sachvermögenswerten, Bonuszahlungen, Spenden an Stiftungen usw., wie in Kap. 2.5 bereits beschrieben. Von den *Entnahmen* fließen ein Teil in den *Raum der Realwirtschaft* und ein Teil in den *Raum der Finanzwirtschaft*. Die *Entnahmen* der Geschäftsbanken tragen dazu bei, frisches Geld in den *Raum der Realwirtschaft* zu leiten. Dieses Geld steht der Realwirtschaft zusätzlich zur Verfügung, um Kredite zu tilgen und Kreditzinsen zu zahlen. Infolge der *Entnahmen* kommt es deshalb zur zeitweisen Abschwächung der von Bernd Senf beschriebenen „ökonomischen Krise“[38]. Diese *Entnahmen* können, wenn die Geschäftsbanken sie im Gleichschritt tätigen, große Ausmaße annehmen.

[38] Bernd Senf: Der Nebel um das Geld, S. 89

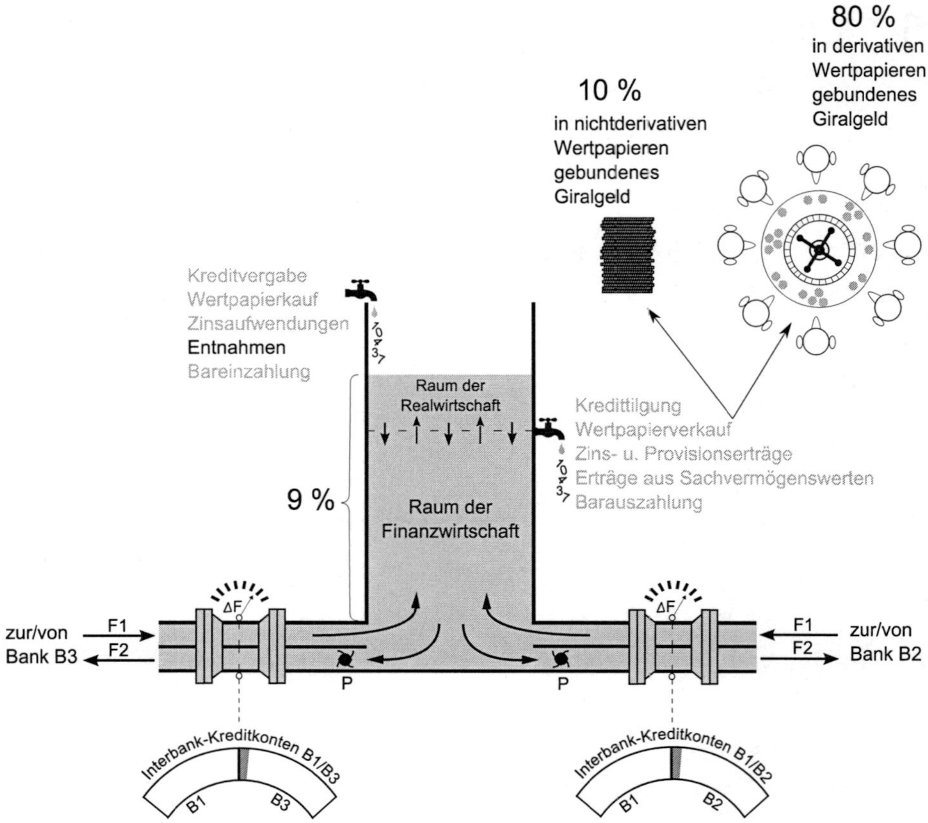

Abb. 6.1: Entnahmen der Geschäftsbanken als Steuerungsinstrument der Gesellschaft

Die Geschäftsbanken haben es nun in der Hand, mittels *Entnahmen* aus **kooperativer Geldschöpfung**, den Staat bei seinen Konjunkturprogrammen zu entlasten oder nicht. Drosseln sie die *Entnahmen*, so muss der Staat den Geldhahn über Kreditaufnahmen weiter aufdrehen. Steigern die Geschäftsbanken dagegen die *Entnahmen*, so können sie anstelle des Staates ihre eigenen «Konjunkturprogramme» für die Wirtschaft auflegen und so den Staat entlasten. Dabei haben die Geschäftsbanken es selbst in der Hand, den Kreis der Begünstigten zu bestimmen. Somit können private Banken über das Geld Staat und Gesellschaft fast nach Belieben manipulieren. Im Gegensatz zum Staat brauchen die Geschäftsbanken ihre Schulden gegenüber dem Publikum nicht zurückzahlen. Es sind Dauerschulden auf Bargeld, die das Publikum nicht einfordert, s. Kap. 5.1.

Zum einen können Geschäftsbanken die Gesellschaft zielgerichtet gestalten und zum anderen wird die Gesellschaft auch als Ergebnis des Marktagierens der Banken beeinflusst. Mittels der Entnahmen, der Kreditvergabe und dem Wertpapierkauf wird die hauptsächliche Menge Giralgeld von den Geschäftsbanken für das Publikum bereitgestellt. Diese Geschäftsfelder stehen in Konkurrenz zueinander. Vergeben die Geschäftsbanken z. B. mehr Kredite an Nichtbanken, kann weniger Giralgeld in den anderen Geschäftsfeldern erzeugt werden. Das Wertpapiergeschäft ist viel flexibler als das Kreditgeschäft. Wertpapiere kann man besser zur Umgestaltung von Bilanzen einsetzen. Und mit dem Wertpapierhandel können die Banken die mittels *Entnahmen* überschüssig geschöpfte Geldmenge besser steuern (Umleitung in das Derivativen-Spielcasino). So verschiebt sich der Fokus des Marktagierens für die Banken. Aus Sicht der Vorteilsnahme um jeden Preis, der effektiven Ausnutzung der *kooperativen Geldschöpfung* (Gelddruckmaschine), ist das Geschäftsfeld Kreditvergabe für die Banken unattraktiv. Banken vergeben deshalb nur noch zögerlich Kredite an die Realwirtschaft und bevorzugen das Wertpapiergeschäft und das Tätigen von *Entnahmen*, um das Publikum mit Giralgeld zu versorgen. Dadurch setzen sie die Realwirtschaft unter Druck, der die Gelder für Investitionen fehlen. Dieses ruft wiederum den Staat auf den Plan, welcher sich infolge zusätzlicher Konjunkturprogramme verschulden muss.

6.2 Banken großer Wirtschaftskonzerne

Große Wirtschaftskonzerne haben oft eigene Banken, z.B. Volkswagen, Siemens, Sony, Microsoft usw. Sie führen ihre Bankkonten bei der eigenen Bank. Da große Konzerne von Hause aus ein weitverzweigtes Lieferanten- und Kundennetz haben, ist für sie eine eigene Bank von Vorteil. Mit dieser eigenen Bank können sie teilhaben an der Vorteilsnahme infolge **kooperativer Geld-**

schöpfung. Da große Unternehmen vielfältige Zahlungsströme in der gesamten Welt verursachen, ist die Wahrscheinlichkeit groß, dass ein Teil der Zahlungsausgänge nach kurzer Zeit wieder als Zahlungseingänge zurück zur Konzernbank fließt. Der Teil der *Entnahmen* für Entwicklung und Produktion, der im Gleichschritt mit *Entnahmen* anderer Konzern- und Geschäftsbanken getätigt wird, kann dann aus Sicht des Konzerns mit aus dem «Nichts» geschöpften Giralgeld bezahlt werden. Dadurch übervorteilen sich die bankbesitzenden Unternehmen gegenüber denen ohne eigene Bank.

Für den Geschäftserfolg von Konzernen mit eigener Bank ist die Größe des Konzerns von Bedeutung. Wie bei den normalen Geschäftsbanken beschrieben, wo allein die Größe einer Geschäftsbank den Grad der Vorteilsnahme aus der *kooperativen Geldschöpfung* bestimmt, beeinflusst hier die Größe des Konzerns den Geschäftserfolg der Konzernbank. Es ist vorstellbar, dass es innerhalb des Konzerns zur Verschiebung der Gewichte hin zu vermehrten Finanzgeschäften führen kann. Weiter gedacht könnte es so weit führen, dass die Finanzgeschäfte die Oberhand im Konzern gewinnen und Produktion und Verkauf der Waren dann hauptsächlich zur Unterstützung der Zahlungsströme zu anderen Banken dienen.

6.3 Der Deal der Vermögenden

Wer erbringt die Leistungen für die *Entnahmen* der Geschäftsbanken mit aus dem «Nichts» geschöpften Giralgeld? Die Leistungen erbringt das Publikum. Das Erbringen dieser Leistungen kann man als verdeckten Frondienst an Banken bezeichnen. Die Geschäftsbanken sind als Analogie zu den Grundherren der Feudalgesellschaft die «Herren der Geldschöpfung». Den Herren der Geldschöpfung wird in moderner Form ein Frondienst erbracht, ohne dass die Leistungserbringer es bemerken. Dieser Frondienstanspruch resultiert aus den *Entnahmen* der Geschäftsbanken mit **kooperativer Geldschöpfung**.

Einen anderen Frondienst hatten wir bereits bei der Beschreibung der Auswirkungen des Zinses am Ende von Kap. 5.2 erwähnt. Infolge des Zinssystems erbringen dort die weniger Vermögenden für die Vermögenden einen Frondienst, s. Abb. 6.2.

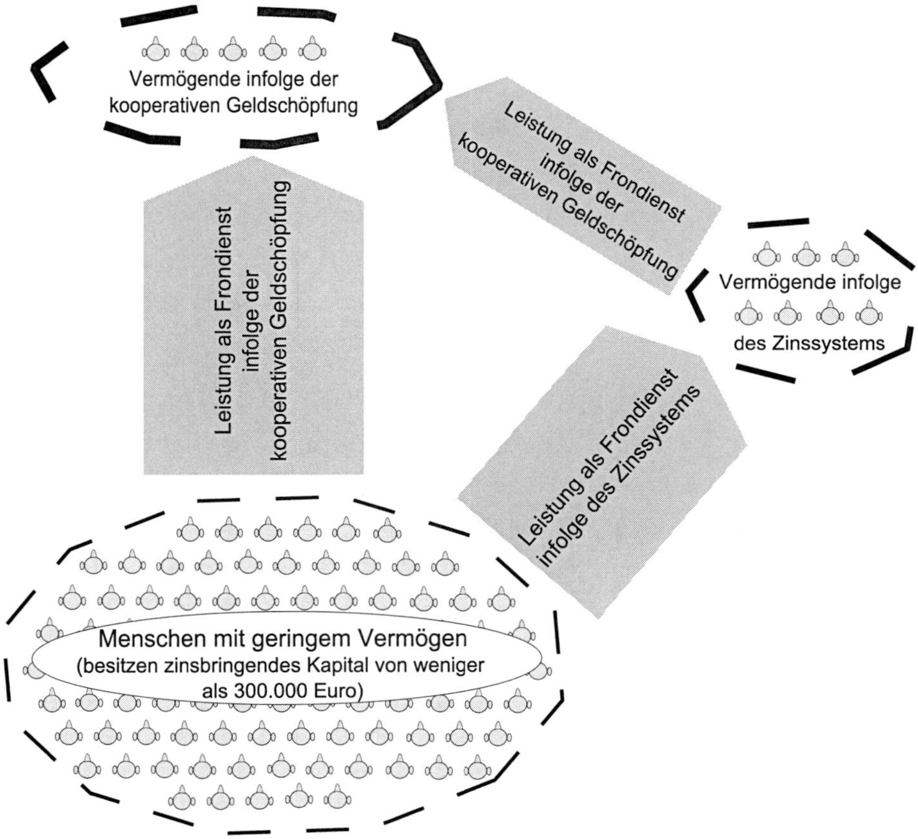

Abb. 6.2: Frondienst infolge der Giralgeldschöpfung und des Zinssystems

Diese beiden Frondienste hängen miteinander zusammen. Die Menschen mit geringerem Vermögen erbringen zum einen Leistungen als Frondienst infolge der **kooperativen Geldschöpfung** und zum anderen Leistungen als Frondienst infolge des **Zinssystems**. Die Geschäftsbanken erzeugen das Giralgeld für das Tätigen von *Entnahmen* und für die Zahlung der Zinsen an die Anleger vorwiegend in Kooperation aus ihrer Sicht wie aus dem «Nichts», s.a. Kap. 2.5 und Anhang A1.1. Die *Entnahmen* benutzen sie zu ihrer eigenen Bereicherung und der ihrer Günstlinge. Die Zinszahlungen, die ebenfalls aus selbst geschöpftem Giralgeld stammen, fließen den Anlegern zu. Aus den Zinszahlungen der Banken entsteht aber nur für die vermögenden Anleger ein Vorteil. Die Geschäftsbanken schöpfen Zinszahlungen mit Giralgeld aus dem «Nichts» für alle, wissen aber, dass nur die wirklich Vermögenden davon profitieren[39, 40, 41]. Somit erhalten die Vermögenden, die nicht direkt von der *kooperativen Geldschöpfung* profitieren, über den Umweg der Zinsen ihren Frondienst. Auch wenn sie bemerken würden, dass sie ja selbst auch einen Frondienst, hervorgerufen durch die *kooperative Geldschöpfung*, an die Banken leisten (sofern sie produktiv tätig sind), würden sie erkennen, dass ihr erhaltener Frondienst ungleich größer ist, als der den sie selbst leisten.

Über die Zinsgabe wurde die Gesellschaft an einen Prozess der schleichenden Ungerechtigkeit gewöhnt. Die Banken zogen sozusagen das vermögende Publikum in die Gedankenwelt der leistungslosen Aneignung von Werten mit hinein. Es wird von den vermögenden Anlegern als selbstverständlich angesehen, dass sich Geld vermehrt und ihre einzige «Arbeitsleistung» darin besteht, es in die richtigen Kanäle zu leiten. Bei dieser Fixierung auf das Geld blenden sie aus, dass es ja welche geben muss, die ihren Leistungsanspruch einlösen. Sie blenden auch aus, dass die Masse der Bevölkerung von der Zinsgabe der Ban-

---

[39] Zinsen erhalten alle Anleger, auch die kleinen. Von den Zinsen profitieren aber nur die Anleger mit großem Vermögen. Bei den kleinen Anlegern wird der scheinbare Zinsertrag durch unsichtbare Zinslasten über die Produktpreise wieder aufgefressen. Nur für ca. 10-15% der Anleger entsteht ein realer Zinsertrag, s. Bernd Senf: Der Nebel um das Geld, S. 99.

[40] „Erst ab ca. 300.000 Euro **zinsbringendes Kapital** zählen Sie zu den Gewinnern. Denn mit großen Vermögen (die man auch langfristig anlegen kann) kann man viel **höhere Renditen** erzielen als mit kleinen Beträgen. Die lukrativsten Investitionen, die besten Fonds etc. sind nur den Reichen zugänglich." Tobias Plettenbacher: Neues Geld – Neue Welt. S. 24.

[41] Die kleinen Anleger wissen nicht um die Zusammenhänge und sehen ihre scheinbaren Zinserträge für real an. Sie werden über die wahren Verhältnisse getäuscht und dazu verleitet, kritische Meinungen zum Zinssystem als ein Angriff auf ihr kleines, unter großen Mühen zusammengespartes Vermögen zu sehen.

ken nicht profitiert. Es ist nämlich diese «Masse», die gezwungen ist, Leistungen für die Zinsgewinner bereitzustellen.

Das geht so weit, dass das Geld der vermögenden Anleger, welches den Zwang hat, sich vermehren zu müssen, immer mehr gemeinschaftliche Einrichtungen als Gegenstand der Vermehrung benutzt. Diese werden zu diesem Zweck privatisiert. Der vermögende Anleger zerstört im Zusammenwirken mit den Banken die Gemeinschaft, egal, ob er es will oder nicht.

Die **kooperative Geldschöpfung** ist eine Wurzel der Korruption in der Welt. Zum einen verursacht sie stillschweigende Vorteilsnahmen und Machtzuwachs für einige wenige und zum anderen wird sie über die Zinsgabe zum **Helfer einer täuschenden massenpsychologischen Korruption**.

6.4 Die Finanzkrise - ein kalkulierter Kollateralschaden?

Will eine Geschäftsbank wirtschaftlich bestehen, so muss das Verhältnis zwischen der Summe der Zahlungseingänge und der Summe der Zahlungsausgänge ausgeglichen oder positiv sein. Wie wir in den vorhergehenden Kapiteln herausgearbeitet haben, müssen die Geschäftsbanken, um dieses Ziel zu erreichen, systembedingt miteinander kooperieren. Nur eine vollkommene Kooperation würde für alle Geschäftsbanken das optimale Ergebnis hervorbringen. Das ist aber nur ein theoretisches Gedankenspiel, welches in der Praxis nicht umsetzbar ist. Es wird immer nicht eingeweihte oder aufstrebende oder unkoordinierte Banken geben, die sich nicht daran halten, weshalb bei ihnen eine positive Zahlungsbilanz gegenüber den anderen Banken entsteht. Eine positive Zahlungsbilanz der einen Geschäftsbank bedeutet aus mathematischen Gründen automatisch eine negative Zahlungsbilanz bei einer oder mehreren anderen Geschäftsbanken. Diese anderen sind bestrebt dem entgegenzuwirken, um zumindest einen Ausgleich zu erreichen oder besser ein Polster für spätere Zeiten anzusammeln. So entsteht eine Konkurrenz zwischen den Geschäftsbanken. Alle Geschäftsbanken versuchen eine positive Zahlungsbilanz zu erreichen, was praktisch nicht möglich ist. Der einzelnen Geschäftsbank stehen drei grundsätzliche Methoden zur Verfügung, eine positive bzw. ausgeglichene Zahlungsbilanz zu erreichen.

Die **erste Methode** ist die Gewinnung zusätzlicher Kunden. Jedes neue Bankkonto bringt zusätzliche Zahlungseingänge mit sich. Hierzu werden die potentiellen Bankkunden mit Zinsversprechen und geringen Kontoführungsgebühren gelockt. Die Zinsaufwendungen will die Bank in Kooperation mit den anderen Banken aus ihrer Sicht wie aus dem «Nichts» schöpfen (s. Anhang A1.1, „Zinsaufwendungen“ und Kap. 2.4, „Täuschender Zinsgewinn“). Die Bank erhält bei der Anlegervermehrung mehr Zahlungseingänge als Zahlungsausgänge. Sie setzt dabei die Zinsgabe als Instrument im Konkurrenzkampf ein. Sie muss bei der Festlegung des Zinssatzes und der Kontoführungsgebühren das Nutzenverhältnis zwischen einem höheren Zinssatz oder geringeren Kontoführungsgebühren und der Anzahl der neu hinzugewonnenen Kunden abwägen. Vergibt sie mehr Zinsen oder erhebt geringere Kontoführungsgebühren gegenüber ihren Kunden, als die anderen Banken das tun, verursacht dies Interbankgutschriften bei der Konkurrenz. Demgegenüber führen höhere Zahlungseingänge infolge zusätzlicher Kunden bei ihr selbst zu Interbank-Gutschriften von anderen Geschäftsbanken.

Eine **zweite Methode** eine positive Zahlungsbilanz gegenüber den anderen Geschäftsbanken zu erreichen, ist das Animieren der Bankkunden, ihr Geld in irgendeiner Weise bei der Bank zu belassen. Hierzu werden den Bankkunden verschiedene Möglichkeiten angeboten. Die traditionelle Form ist, das Geld bei der Bank zu sparen. Eine andere Form ist, der Verkauf von Wertpapieren in allen Schattierungen incl. der Derivate an Bankkunden. Auch die Kreditvergabe kann eine Methode sein, Bankkunden zu gewinnen, die ihr Geld bei der Bank belassen. Dies geschieht in indirekter Form. Denn, Kreditnehmer als Unternehmer sind die zukünftigen Anleger, wenn sie erfolgreich werden und zu Vermögen kommen.

Die **dritte Methode** die Differenz der initiierten Zahlungen ihrer Kunden positiv zu gestalten, ist eine destruktive Methode. Das ist die Methode die Konkurrenzbanken zu verführen, im Ergebnis ihrer Geschäftstätigkeit zusätzliche

Zahlungsausgänge zu erzeugen oder, was gleichbedeutend ist, geringere Zahlungseingänge zu erhalten. Diese Methode nutzt das Prinzip der kommunizierenden Röhren im gesamten Bankensystem zum Schaden der anderen aus. In Kap. 3.3.3 hatten wir die Erkenntnis gewonnen, dass Geschäftsbanken auch von Kreditausfällen bei der Konkurrenz profitieren können. Immer dann, wenn bei den anderen Geschäftsbanken mehr Kreditausfälle auftreten, dann bekommt meine Bankengruppe Gutschriften auf den Interbank-Kreditkonten. Die Struktur des heutigen Geldsystems ermöglicht es den Banken, infolge von Kreditausfällen bei anderen Banken einen direkten Vermögenszuwachs zu erzielen. Den Bankmanagern ist bekannt, dass sie in Kooperation mit anderen Banken Geld entstehen lassen können. Solange sie im Gleichschritt Kredite vergeben und Kreditausfälle ebenfalls entstehen, bleiben alle Banken unbeschadet. Sie haben in dieser Situation keinen Vermögensschaden durch ausgefallene Kreditrückzahlungen. Wird der Gleichschritt aber gestört, müssen sie auf der Seite stehen, die weniger Kreditausfälle hat, als die anderen Banken. Liegt es da nicht nahe, dieses Mittel gezielt einzusetzen, also bewusst darauf hinzuarbeiten, dass das so eintritt. Daraus ergibt sich ein Szenario, welches in der Vergangenheit so provoziert sein könnte und mit großer Wahrscheinlichkeit der Auslöser der Finanzkrise ab 2008 war:

Im Wettbewerb um mehr Zahlungseingänge schaffen einige große Geschäftsbanken ein allgemein günstiges Klima für Kreditaufnahmen, unterstützt durch die Gesetzgebung. Die Schwelle für die Vergabe von Krediten wird dabei bewusst so weit gesenkt, dass die Nichtrückzahlungsquote in der Zukunft steigt. Zahlen also Kreditnehmer nachfolgend bei bestimmten Banken ihre Kredite verstärkt nicht zurück, so hat die Bankengruppe mit geringeren Kreditausfällen einen Vermögenszuwachs. Somit brauchen die Initiatoren dieser Methode bei der Euphorie um die Kreditvergabe nur darauf achten, nicht ganz so unsichere Kredite zu vergeben oder in ihrem Bestand zu halten, wie die Konkurrenz. Mit dem Wissensvorsprung über die Hintergründe und der gezielten Beeinflussung von Rating-Agenturen sollte dies funktionieren. Setzt dann eine Welle von Kreditausfällen ein, so kompensieren sich zwischen den Geschäftsbanken nur die Ausfälle in gleicher Höhe. Die darüber liegenden Kreditausfälle der einen

Bankengruppe erzeugen bei dieser einen Vermögensschaden und bei der Bankengruppe mit geringeren Ausfällen einen Vermögenszuwachs.

Die Umsetzung in der Praxis

In der Phase vor 2008 wurden in den USA und anderen Ländern vermehrt Immobilienkredite vergeben (bekannt als Immobilienblase). Diese Kredite wurden verbrieft als besichertes Geldmarktpapier an Zweckgesellschaften verkauft, von diesen zu Wertpapieren gemacht und weltweit gehandelt. Nach dem Bekanntwerden der Zahlungsunfähigkeit einer sehr großen Zahl von Kreditnehmern lief eine voraussehbare Kettenreaktion ab:

In die Kreditbanken flossen infolge der Kreditausfälle weniger Zahlungseingänge. Diese geringeren Zahlungseingänge erhielten alle Banken, die diese Kreditvergabeeuphorie mitmachten, in unterschiedlicher Intensität. Somit glichen sich die Zahlungen zwischen den Banken nicht vollständig aus. Das reale Vermögen der Banken mit geringeren Kreditausfällen stieg und das derjenigen mit höheren Kreditausfällen sank.

Auch wenn die Kreditbanken weiterhin ihre Verpflichtungen gegenüber den Zweckgesellschaften erfüllen konnten und die vertraglich vereinbarten Zahlungen aufgrund der vorberechneten Tilgungen und Zinsen mittels *kooperativer Geldschöpfung* an die Zweckgesellschaften abführten, mussten sie infolge der falschen Buchführungsvorschriften gegenüber der Öffentlichkeit in Misskredit kommen.

Die Auswirkungen der Anwendung falscher Buchführungsvorschriften

Die oben beschriebenen realen Geschehnisse wurden durch Handlungen überlagert, die infolge der Verwendung der falschen Buchführungsvorschriften mittels der Bilanz ausgelöst wurden:

Die Kreditbanken müssen laut Buchführungsvorschriften die Kreditausfälle in voller Höhe als Verlust dokumentieren, obwohl real nur ein Teilverlust entsteht, s. Kap. 3.3.3. Aufgrund der zu dokumentierenden Verluste mussten Analysten folgende Schlussfolgerung ziehen: Da die Immobilienpreise sanken und die Banken die Immobilien der säumigen Zahler nicht in entsprechender Weise verwerten können, wurde aufgrund der aus der Realwirtschaft übernommenen Denkweise allgemein angenommen, dass ein sehr großer Vermögensschaden für die Banken eintreten wird.

Die Analysten mussten weiter feststellen, dass daraus folgend die Besicherung der Verbriefungen nicht mehr gegeben sei. Die Verbriefungen galten nur noch in sehr eingeschränkter Form als besicherte Geldmarktpapiere. Da die Verbriefungen die Grundlage der von den Zweckgesellschaften ausgegebenen Wertpapiere sind, fiel daraufhin der Kurs der Wertpapiere drastisch. Diese Wertpapiere hatten weltweit viele Banken als profitabel scheinend erworben. Laut Buchführungsvorschriften müssen diese den Werteverfall ebenfalls realitätsfern als hohe Vermögensschmälerung in ihren Büchern dokumentieren.

Also nicht nur die kreditgebenden Banken hatten jetzt die Pflicht eine hohe vermögensschmälernde Dokumentation durchzuführen, sondern auch die Banken, die auf Grundlage der Verbriefungen Wertpapiere gekauft hatten. Die Pflicht zur vermögensschmälernden Dokumentation betraf also weltweit sehr viele Banken. Diese drohende schwarze Wolke der auszuweisenden Verluste, die zum Ende des Berichtszeitraumes immer näher kam, verunsichert die gesamte Finanzwirtschaft. Aus dieser Verunsicherung heraus schwand das Vertrauen der Banken untereinander. Interbankenkredite wurden nur noch zögerlich vergeben und wenn, dann mit hohen Zinsen.

Geschieht dann ein Ereignis, wie der Zusammenbruch einer großen Bank (Lehman Brothers), wird mit einem Schlag die Prophezeiung der bilanzgläubigen Analysten zur scheinbaren Realität. Der Vertrauensverlust wurde übermächtig. Obwohl viele Banken nicht zahlungsunfähig waren und andere nur deshalb, weil wegen der Verunsicherung Interbankenkredite auch vorübergehend nicht mehr zu haben waren, wurde das gesamte Bankensystem instabil.

Die Profiteure

Die Profiteure von allem waren die Banken, bei denen geringere Kreditausfälle auftraten bzw. die weniger abgewertete Wertpapiere in ihrem Bestand hatten. Diese erhielten einen Vermögenszuwachs. Zur Erleichterung der Legitimierung von Einkommenserhöhungen und zur Abmilderung des Zwanges Verluste zu schreiben, wurden auf Druck der Finanzwirtschaft die Buchführungsvorschriften rückwirkend dahin gehend geändert, dass Wertpapiere von da an höher bewertet werden können, s. Kap. 4.4. Das ist ein verstecktes Eingeständnis der Bankmanager an das Prinzip der *kooperativen Geldschöpfung*. Spätestens zu dem Zeitpunkt, als sie dem Gesetzgeber die Gesetzesvorlage diktierten, hätte dieser stutzig werden müssen. Das Gesetz ist ein weiterer Schritt, die Vorteilsnahmen der Banken aus der *kooperativen Geldschöpfung* zu legalisieren.

Die Verlierer

Auch Nichtbanken (öffentliche Hand, Betriebe der Realwirtschaft, Privatpersonen) hatten Wertpapiere dieser Zweckgesellschaften erworben. Infolge der Kursabstürze hatten diese einen großen Vermögensschaden. Bei ihnen ist es nicht nur ein dokumentierter, sondern ein tatsächlicher Vermögensschaden. Da Nichtbanken kein Geld schöpfen können und demzufolge bei ihnen auch das Prinzip der *kooperativen Geldschöpfung* nicht wirkt, können sie nicht von ausgleichenden Zahlungen untereinander profitieren. Dieser Kollateralschaden wurde bei dem Gerangel um die Vormachtstellung über das Geld der Welt bewusst in Kauf genommen. Infolge der großen Geldvernichtung bei den Nichtbanken wurde die Geldmenge insgesamt verringert, sodass die Grundlage für eine weitere Runde der *kooperativen Geldschöpfung* gelegt war.

Die großen Verlierer dieses «Spiels», die Kreditnehmer (Hausbauer, Unternehmen, Staaten), die ihre Kredite nicht tilgen können, werden als Mittel zum Zweck benutzt, wie Schachfiguren oder Spielkarten. In der Folge entsteht eine ansteigende Verschuldung und schleichende Enteignung von privaten Schuldnern und ganzen Staaten, s. hierzu auch Bernd Senf [42].

---

[42] Bernd Senf: Kreditbedarf, Verschuldung und Enteignung - ein Grundmuster in der Geschichte des Geldes, 1998, www.berndsenf.de/pdf/Kreditbedarf,%20Verschuldung%20Enteignung.pdf

7. Vorschlag für eine Neuordnung des Geldsystems

Die vorangegangenen Ausführungen zeigen überaus deutlich, dass das derzeitige Geldsystem falsch konstruiert ist. Es entspricht bei Weitem nicht den Anforderungen einer demokratisch-gerechten Gesellschaftsordnung. Das Geldsystem muss dringend reformiert werden.

7.1 Forderung an die Geschäftsbanken ihre Schulden zu bezahlen

„Alles Geld entsteht infolge von Schulden. Geschäftsbanken müssen aber nicht alle ihre Schulden begleichen.“ Das war das Resümee aus Kap. 5.1. An mehreren Stellen unserer Untersuchung wurde festgestellt, dass die Geschäftsbanken hohe Schulden gegenüber dem Publikum angehäuft haben. Diese Schulden zahlen die Geschäftsbanken nur deshalb nicht zurück, weil das Publikum sie nicht dazu auffordert. Diese Schulden müssen bei einer Neuordnung des Geldsystems klar benannt und quantifiziert werden. Dahinter stehen jahrzehntelange Leistungen des Publikums an die Geschäftsbanken, die nicht bezahlt wurden.

Die aus dem «Nichts» geschöpften Giralgelder für getätigte *Entnahmen* (s. Kap. 2.5) sind entstanden aus *Schulden aller Geschäftsbanken* gegenüber der gesamten Bevölkerung. Diese Schulden können errechnet werden, indem zu der *Giralgeldmenge der Publikumsebene* der Anschaffungswert, der von Geschäftsbanken herausgegebenen und im Besitz des Publikums befindlichen Wertpapiere addiert werden und danach die Forderungen der Geschäftsbanken an Wirtschaft und Staaten abgezogen werden. Übrig bleibt das aus der Sicht der Geschäftsbanken in Kooperation aus dem «Nichts» geschöpfte Giralgeld, mit dem diese die *Entnahmen* getätigt hatten.

Schulden aller Geschäftsbanken =

Giralgeldvermögen der Publikumsebene

\+ Anschaffungswert, der von Geschäftsbanken herausgegebenen und im Besitz des Publikums befindlichen Wertpapiere

\- Forderungen der Geschäftsbanken gegenüber Wirtschaft und Staaten

Zur Veranschaulichung dient die Darstellung der Geschäftsbanken als Giralgeldbehälter, s. Abb. 7.1.

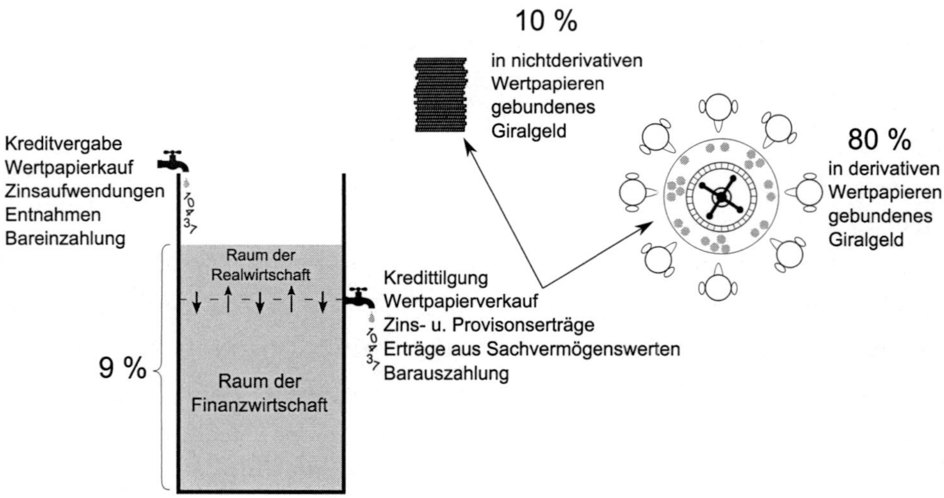

Abb. 7.1: Ermittlung der Schulden der Geschäftsbanken

In dieser Abbildung wird die gesamte Giralgeldmenge aller Geschäftsbanken in einem Giralgeldbehälter dargestellt. Über den Zulaufhahn fließen alle von Geschäftsbanken geschöpften Giralgelder hinein und über den Ablaufhahn wieder heraus. So bildet sich das *Giralgeldvermögen der Publikumsebene*. Es ist das auf Bankkonten angeschriebene Geld im *Raum der Realwirtschaft* und im *Raum der Finanzwirtschaft*. Die *von Geschäftsbanken herausgegebenen und im Besitz des Publikums befindlichen Wertpapiere*, einschließlich der Derivate, sind durch **geldverringernde Schreibvorgänge** entstanden. Diese sind Teil des *Wertpapierverkaufs*, in der Grafik am Ablaufhahn in der Mitte des Giralgeldbehälters dargestellt. Das dort für Bankpapiere abgeflossene Giralgeld ist in Wertpapieren gebunden, welches, genauso wie das Giralgeldvermögen der Publikumsebene, aus Schulden der Geschäftsbanken gegenüber dem Publikum entstanden ist.

Die *Schulden aller Geschäftsbanken* entstanden mittels dem in Kooperation geschöpften Giralgeld zum Tätigen von *Entnahmen*. Könnten die Geschäftsbanken ihre Schulden zurückzahlen? Das ist schlicht unmöglich. Die Geschäftsbanken haben das Meiste schon verbraucht. Das Publikum hat für sie über Jahrzehnte und Jahrhunderte Dienstleistungen erbracht und Waren geliefert, die entweder verbraucht oder an Günstlinge weiter gegeben wurden. Nur die im Besitz der Geschäftsbanken verbliebenen Sachvermögenswerte und Wertpapiere sind noch vorhanden. Es ist deshalb nur recht und billig eine Regelung zu finden, wie die Geschäftsbanken im Zuge einer Neuordnung des Bankensystems durch Rückgabe von Sachwertvermögen und Wertpapieren einen Teil ihrer Schulden tilgen können. In der Folge würden sich dadurch die Staatsschulden verringern.

Es bleibt nicht mehr viel Zeit. In der Vergangenheit wurden die Schulden der Geschäftsbanken bei besonderen Ereignissen, wie z. B. Währungsreformen, einfach vermindert. Die letzte derartige Währungsreform war in der Bundesrepublik Deutschland im Jahre 1949 nach dem 2. Weltkrieg. Damals wurde das Geld im Verhältnis von ca. 10 zu 1 abgewertet. Für 10 Reichsmark bekam man 1 DM bei gleichbleibenden Verbraucherpreisen. Damit wurden die Schulden der Geschäftsbanken durch 10 geteilt. Die Geschichte zeigt, dass eine Währung von Zeit zu Zeit zusammenbricht. Die Nutznießer sind in jedem Fall die Geschäftsbanken.

Auch die Abschaffung des Bargeldes wird von den Banken vorangetrieben. Nach Wegfall des Bargeldes würde es dem Publikum nicht mehr möglich sein, das Giralgeld in Bargeld umzuwandeln. Das Giralgeld, welches von den Geschäftsbanken ausgestellte Gutscheine auf Bargeld sind, würde das Publikum alternativlos als Geld, so als wenn es von der Zentralbank kommen würde, anerkennen müssen. Die Geschäftsbanken müssten nicht mehr befürchten, dass das Publikum durch einen Bankenrun die Rückzahlung der Schulden fordert. Mit Abschaffung des Bargeldes wären die Geschäftsbanken mit einem Schlag praktisch von ihren Schulden befreit.

7.2 Geld ist ein Maß für Leistungsversprechen

In einem neu geordneten Geldsystem darf es nicht möglich sein, dass sich jemand über Geldmanipulation auf Kosten der Gesellschaft bereichert. Bei der Entwicklung eines neuen Geldsystems muss die Gesellschaft besonderes Augenmerk auf die Geldentstehung, die Identität und die Wertbeständigkeit des Geldes legen. Bisher entsteht Geld immer infolge von Schulden, Schulden der Wirtschaft, des Staates und der Geschäftsbanken.

Wir erinnern uns an die Geschichte mit Robinson und Freitag. Beide hatten sich gegenseitig Schuldscheine ausgestellt. Man könnte die Schuldscheine auch Gutscheine nennen. Das kommt auf die Sichtweise an. Aus der Sicht von Robinson war der erste Schein ein Schuldschein, den Freitag für die Kokosnüsse unterschreiben musste. Aus der Sicht von Freitag hätte es auch ein Gutschein sein können, wenn Freitag die Initiative ergriffen und dem Robinson einen Gutschein gegeben hätte. Einen Gutschein, den Robinson nach Bedarf für Waren oder Dienstleistungen bei Freitag einlösen kann. Würden Robinson und Freitag Gutscheine verwenden, könnte die Geschichte wie folgt erzählt werden:

Freitag strandet auf der Insel, sieht Robinson mit seinen Kokosnüssen und sagt zu Robinson: „Wenn Du mir Kokosnüsse gibst, dann gebe ich Dir einen Gutschein, für den Du später bei mir Waren und Dienstleistungen erhalten kannst“. Oder er sagt, nach dem er sich gestärkt hat, zu Robinson: „Wenn Du mir hilfst ein Boot zu bauen (also wenn Du für mich arbeitest), dann gebe ich

Dir einen Gutschein, für den Du später Fische von mir bekommen kannst“. Robinson hätte dann schon zwei Gutscheine. Gutscheine kann man auch an andere weiter geben. Robinson könnte einen der Gutscheine auch an einen Dritten weiter geben, der ihm z.B. bei der Kokosernte geholfen hatte und ihm erzählen, dass er dafür bei Freitag Fische bekommen kann. Gutscheine können dadurch wie Geld verwendet werden.

Stellen wir uns vor, die Insel ist wesentlich größer als die in der Originalgeschichte und auf der Insel hat ein Flugzeughersteller seinen Sitz. Freitag, den die Flugzeuge faszinieren, geht zum Flugzeughersteller und sagt: „Wenn Du mir ein Flugzeug gibst, dann gebe ich Dir 100.000 Gutscheine, für die Du später Fische von mir bekommen kannst“. Da sagt sich der Flugzeughersteller, was soll ich mit den vielen Fischen und außerdem wird der bis zu seinem Lebensende nie Fische für 100.000 Gutscheine liefern können. Vorher wird er vielleicht in einem Sturm umkommen oder wird wegen Rückenschmerzen arbeitsunfähig. Der Flugzeughersteller muss das Angebot leider ablehnen. Er gibt Freitag aber den Tipp zum Banker zu gehen und sich dort Geld zu leihen. Der Banker sieht, dass Freitag ein helles Köpfchen ist und dass aus dem was werden könnte und sagt zu ihm: „Geld für ein Flugzeug kann ich Dir jetzt nicht geben aber Geld für ein Schiff. Auf dem Schiff kannst Du Leute beschäftigen und große Mengen Fisch fangen. Diese kannst Du dann am Markt für Geld verkaufen, das Geld bei mir sparen und dann ein Flugzeug kaufen.“

Mit Geld also würde Freitag seine Träume verwirklichen können. Was ist bei Geld anders? Der Austausch von Waren und Dienstleistungen über Gutscheine ist eine gute Sache, aber Gutscheine sind in ihrer Nutzung eingeschränkt. Geld dagegen ist universeller verwendbar. Ein Gutschein ist nur eine begrenzte Zeit gültig, spätestens bis zur Geschäftsaufgabe des Herausgebers. Weiterhin ist der Gutschein bei der Weitergabe nur dort verwendbar, wo der Herausgeber Vertrauen genießt. Geld dagegen braucht nur das Vertrauen der Geldverwender gegenüber dem Gesetzgeber und die immer wiederkehrende Erfahrung, dass es von jedermann akzeptiert wird.

Wenn also der Gutscheinaussteller die Gesellschaft ist, so kann jeder von jedem bei Vorlage des Gutscheines eine Leistung erhalten. Dann ist es ein Universalgutschein[43], der dann Geld genannt wird. Diese Universalgutscheine werden in unserem Geldsystem von der Zentralbank gegen das Versprechen herausgegeben, dass ein oder mehrere Angehörige der Gesellschaft dafür eine Leistung erbringen. Die Zentralbank tritt hier als Vermittler für den Leistungsanspruch auf. Der Ablauf ist folgender:

Will ein Wirtschaftsteilnehmer von einem anderen eine Leistung beanspruchen, so gibt er einen persönlichen Gutschein (Leistungsversprechen in Form eines Businessplan) über die Zwischenstation Geschäftsbank an die Zentralbank. Die Zentralbank tauscht diesen Gutschein in einen Universalgutschein (Geld) um und gibt ihn über die Zwischenstation Geschäftsbank an den Wirtschaftsteilnehmer zurück. Das ist das Prinzip der Kreditvergabe. Für diesen Universalgutschein (Geld) kann der Wirtschaftsteilnehmer bei irgendeinem Anderen die gewünschte Leistung beziehen.

Um sein Leistungsversprechen einzulösen, muss der Wirtschaftsteilnehmer gegenüber anderen eine Leistung erbringen, von denen dafür einen Universalgutschein (Geld) einfordern und diesen über die Zwischenstation Geschäftsbank an die Zentralbank zurückgeben. Das ist für die Zentralbank der Nachweis der erbrachten Gegenleistung. Die Zentralbank gibt ihm dafür seinen persönlichen Gutschein (sein dokumentiertes Versprechen in Form des Businessplans) über die Zwischenstation Geschäftsbank zurück.

Von der Theorie her ist das ein schlüssiges Verfahren. Wie wir aber in den vorhergehenden Kapiteln gesehen haben, gibt es in der Zwischenstation Geschäftsbank Manipulationsmöglichkeiten zur eigenen Bereicherung. Die als Giralgeld durch die Zentralbank herausgegebenen Universalgutscheine sind nicht nummeriert. Infolge der Einführung von Giralgeld ließ sich die Identität der Universalgutscheine nicht mehr feststellen. Die Geschäftsbanken geben einfach eigene Universalgutscheine heraus, von denen das Publikum annimmt, dass es die von der Zentralbank wären. Mit diesen Universalgutscheinen bezie-

---

43 Das Prinzip von Gutscheinen und Universalgutscheinen (Geld) hat Bernd Senf in seinem Buch „Der Nebel um das Geld“ ab Seite 132 ausführlich von verschiedenen Seiten beleuchtet.

hen die Geschäftsbanken schamlos Leistungen aus der Gesellschaft, ohne Gegenleistungen dafür zu erbringen.

Die Schlussfolgerung daraus ist: Es müssen Regeln aufgestellt werden, die das Giralgeld fälschungssicher machen. Die bestehenden Regeln für die Finanzwirtschaft tolerieren eher die Fälschertätigkeit, als sie zu unterbinden.

7.3 Wie könnte ein neues Geldsystem aussehen?

Wie kann ein Geldsystem gestaltet sein, welches nicht manipuliert und nicht für ungerechtfertigte Vorteilsnahmen missbraucht werden kann? Um Geldmanipulationen zu verhindern, müssen die **drei grundsätzlichen Fehler** des heutigen Geldsystems beseitigt werden:

1. Geschäftsbanken können, wenn sie im Gleichschritt agieren, Giralgeld aus ihrer Sicht wie aus dem «Nichts» schöpfen und für eigene Zwecke verwenden. Hierbei entsteht immer Giralgeld in Kooperation für die Geschäftsbanken wie aus dem «Nichts», ob sie es wollen oder nicht, es ist strukturbedingt. Neben der unberechtigten Vorteilsnahme durch die Geschäftsbanken entsteht eine unkontrollierte Geldvermehrung. Bei bewusster Kooperation können die Geschäftsbanken den Geldschöpfungsprozess gezielt beeinflussen und damit Macht über gesamte Volkswirtschaften ausüben.

2. Geschäftsbanken nehmen das Geld ihrer Kunden in Verwahrung und geben vor, das Geld in der Wirtschaft und am Kapitalmarkt anzulegen, benutzen aber einen Großteil dieses Geldes für eigene Zwecke, beschrieben in Anhang 2 „Ertrag aus dem Sparverhalten der Bankkunden“.

3. Geschäftsbanken nutzen die Mechanismen des Zinssystems zur Einflussnahme auf die Gesellschaft. Die Mechanismen des Zinssystems führen zu einem ständig steigenden Abfluss des Geldes aus dem Raum

der Realwirtschaft in den Raum der Finanzwirtschaft. Staat und Wirtschaft müssen das im Realwirtschaftsraum fehlende Geld ständig ersetzen. Es kommt zu einer dauerhaft steigenden Verschuldung der Realwirtschaft und des Staates sowie deren Abhängigkeit von den Geschäftsbanken und den dahinterstehenden Vermögenden. Die Gesellschaft wird gespalten in produktiv tätige Wert-Schöpfer und in unproduktiv geldvermehrende Wert-Abschöpfer[44].

Diese Prozesse laufen von der Öffentlichkeit unbemerkt im Hintergrund ab. Im Vordergrund dagegen präsentieren die Banken der Öffentlichkeit die allgemein bekannten Bankdienstleistungen wie Geldanlageleistungen, Zahlungsverkehrsleistungen und Finanzierungsleistungen. Das sind hauptsächlich Alibidienstleistungen der Banken. Diese Dienstleistungen werden dazu benutzt, um einen seriösen Geschäftsprozess gegenüber der Öffentlichkeit vorzutäuschen. Bei der Gestaltung eines neuen Geldsystems muss darauf geachtet werden, die Hintergrundprozesse zu eliminieren und die Vordergrundprozesse neu zu definieren.

Zu Punkt 1.: Zur Verhinderung der Geldschöpfung durch die Geschäftsbanken gibt es bereits Vorschläge des Vereins Monetäre Modernisierung (MoMo[45]). Den Vorschlag „Vollgeld" von Joseph Huber halte ich für den ausgereiftesten. Er ist eine sehr gute Basis auf dem Weg zu einem neuen Geldsystem. Joseph Huber schlägt vor, das staatliche Vorrecht der Geldschöpfung auf das Buchgeld (Giralgeld) auszuweiten. „Vollgeld" ist dann das alleinige Geld, welches nur von der unabhängigen staatlichen Zentralbank, der „Monetative", herausgegeben wird. Der Begriff „Monetative" bezeichnet eine monetäre Staatsgewalt, analog zur legislativen, exekutiven und judikativen Staatsgewalt.

---

44 Den Begriff Wert-Abschöpfung hat Bernd Senf erstmals benutzt und erklärt in seiner Schrift: „Der Zins bei Marx und Gesell – Über das Verhältnis von Wert-Schöpfung und Wert-Abschöpfung", 1998, s. www.berndsenf.de

45 Verein Monetäre Modernisierung, Die Vollgeld-Reform

Dieser Begriff wurde erstmals von Bernd Senf für eine unabhängige staatliche Geldschöpfungsinstitution geprägt[46]. Die Geldschöpfung der Geschäftsbanken soll unterbunden werden, indem die Girokonten (Bankkonten für die täglichen Zahlungen) der Bankkunden aus den Bankbilanzen ausgegliedert werden. Die Girokonten werden dann von den Banken nur noch treuhänderisch im Auftrag der Kunden verwaltet. Somit soll es den Geschäftsbanken nicht mehr möglich sein, Geld zu schöpfen. Es darf dann nur noch „Vollgeld“ als alleiniges Geld von allen Wirtschaftsteilnehmern, öffentlichen Stellen und Banken verwendet werden. Das „Vollgeld“ besteht in Form von Bargeld (Münzen und Banknoten) und in Form von Buchgeld (auf Geldkonten und mobilen Geldspeichern).

In dem Vollgeldsystem wird „Vollgeld“ zwecks Inumlaufbringung von der Zentralbank (Monetative) an den Staat gegeben. Der Staat bezahlt damit öffentliche Aufgaben, sodass „Vollgeld“ auf die Girokonten der Bankkunden fließt. Die Girokonten werden durch die Geschäftsbanken treuhänderisch verwaltet. Die Banken erhalten für die Verwaltung der Girokonten Gebühren von den Bankkunden. Dazu verringert die Bank mittels eines Schreibvorganges das Girokonto und erhöht um den gleichen Betrag ihr Konto bei der Zentralbank. Die Bankkunden sparen auch einen Teil ihres auf den Girokonten angeschriebenen Geldes. Dazu verringert die Bank das Girokonto des Sparers um den Sparbetrag und erhöht gleichzeitig ihr Konto bei der Zentralbank. In einer für den Sparer einsehbaren Liste vermerkt die Bank die zu Sparzwecken an die Bank übergebene Geldmenge. Diese Liste kann in Form eines Sparbuches existieren oder in Form eines Sparkontoauszuges. Das Zentralbankkonto der Geschäftsbank, welches von dem Entwickler des „Vollgeldes“ auch Betriebskonto genannt wird, erhält also Geldzuflüsse aus Gebühren oder Spareinlagen. Für die Darlehensvergabe dürfen die Geschäftsbanken dann nur noch „Vollgeld“ verwenden, welches sie auf ihrem Betriebskonto zur Verfügung haben.

Eine Arbeitsgruppe des MoMo um Philippe Mastronadi hat Bedenken, dass die Geschäftsbanken auch bei dem Vollgeldsystem von Huber einen Weg fin-

46 Bernd Senf: Der Tanz um den Gewinn, S. 64

den werden, das Geldsystem für ihre Zwecke zu manipulieren. Aufgrund dessen hat diese Arbeitsgruppe auf Basis des Vollgeldsystems von Huber ein *Model des Gewährleistungsstaates* mit der Bezeichnung *Service Public*[47] entwickelt. Sie stellen fest: „Das Aufsichtsmodell – freier Markt unter Aufsicht – hat versagt.“… „Der Finanzmarkt ist kein gewöhnlicher Markt, in dem die Privatautonomie jedes einzelnen Teilnehmers das höchste Gut ist, sondern ein öffentlicher Raum, in dem eine öffentliche Aufgabe zu erfüllen ist“.

Sie schlagen in Bezug auf das Geldsystem eine staatliche Steuerung privater Markthandlungen in unterschiedlichen Graden vor. Die Kompetenz des Staates soll dahin erweitert werden, dass er den Finanzmarkt und das Geldsystem über Vorgaben steuern kann, ohne die Banken zu verstaatlichen. Die Verantwortung über das Geld liegt dann in den Händen des Staates und die Banken sind dessen Dienstleister.

Unter Berücksichtigung des Vorschlages von Joseph Huber und unter Einbeziehung der Gedanken der Gruppe um Philippe Mastronadi und den Erkenntnissen aus der vorliegenden Schrift habe ich einen eigenen Vorschlag für ein neues Geldsystem erarbeitet.

7.4 Gedanken auf dem Weg zu einem neuen Geldsystem

In unserem heutigen Geldsystem wird der Fokus auf die Fälschungssicherheit von Bargeld gelegt. Die Überprüfung der Echtheit von Giralgeld wird vernachlässigt. Das Vertrauen in die Banken wird überstrapaziert. Sie werden auf einen seriösen Sockel gehoben, wo sie nicht hingehören. Die dort tätigen Menschen sind genauso anfällig für Betrugshandlungen wie der Durchschnitt der Bevölkerung auch. Die gerechte Verwaltung des Geldes hat für eine funktionierende Gesellschaft einen sehr hohen Stellenwert. In einem neuen Geldsys-

[47] Verein Monetäre Modernisierung, Die Vollgeld-Reform, S. 55 ff

tem ist es deshalb notwendig, die gleichen Maßstäbe an das Giralgeld in Bezug auf die Fälschungssicherheit anzulegen, wie sie schon für das Bargeld gelten.

Wie soll in einem Vollgeldsystem kontrolliert werden, dass auch überall Vollgeld verwendet wird? Eine hundertprozentige Kontrolle wäre möglich, wenn die Zentralbank (Monetative) in sämtliche Kontobewegungen von Bankkundenkonten und Betriebskonten der Geschäftsbanken zu jedem Zeitpunkt Einblick hat. Folgende grafische Darstellung entsteht daraus, s. Abb. 7.2.

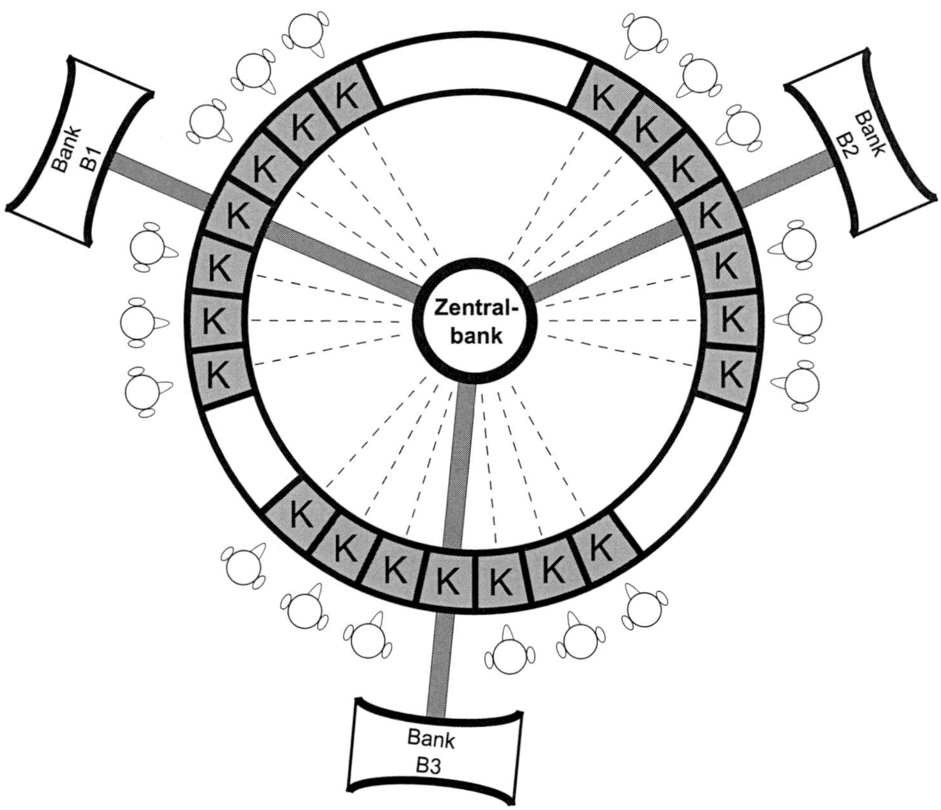

Abb. 7.2: Das transparente Vollgeldsystem:
Die Bankkonten (K) als zentrales Element des Geldsystems

Ich nenne dieses Vollgeldsystem als Arbeitsbegriff das *transparente Vollgeldsystem*, ein für jedermann durchschaubares Geldsystem. In Abb. 7.2 werden die Bankkonten (K) als zentrales Element des Geldsystems dargestellt. Die Bankkonten (angeschriebene Girogelder und Spargelder) sind der Souverän des zukünftigen Geldsystems. Diese werden von den Finanzdienstleistern verwaltet. Die Bankkonten stehen unter Kontrolle der Zentralbank. Jede Kontobewegung, Quelle und Ziel des Geldes, wird von der Zentralbank zeitgleich elektronisch überprüft. Giralgeld darf nur zwischen zertifizierten Bankkonten transferiert werden. Sämtliche Bankkonten haben den Status von Zentralbankkonten. Jedes Bankkonto muss von der Zentralbank zertifiziert werden. Das Betriebskonto der Geschäftsbank bei der Zentralbank ist jetzt nur noch ein Bankkonto neben den Bankkonten der Nichtbanken. Vergibt eine Geschäftsbank ein Darlehen, so muss sie eine Überweisung unter Aufsicht der Zentralbank (geschütztes Datenverarbeitungssystem) von ihrem zertifizierten Betriebsbankkonto auf das zertifizierte Bankkonto des Darlehensnehmers tätigen. Genauso verhält es sich bei allen anderen Geldtransfers mit Geldgeschäften der Geschäftsbanken untereinander. Interbank-Kreditkonten sind nicht mehr notwendig. Jede Geschäftsbank kann weiterhin die Bankkonten ihrer Kunden verwalten und Kontoführungsgebühren erheben.

Die technischen Voraussetzungen für die Umsetzung des *transparenten Vollgeldsystems* bestehen heute schon. Es fehlt nur noch die Akzeptanz der Beteiligten. Der Bevölkerung müssen die Gründe für diese Maßnahme nahe gebracht werden. Es ist eine Kontrolle aller Kontobewegungen durch die Zentralbank notwendig, da das Geldsystem sonst von den Geschäftsbanken für unberechtigte Vorteilsnahmen ausgenutzt werden kann. Diese Echtzeit-Kontrolle des Geldtransfers durch die Zentralbank ist eine effektive aber drastische Methode. Es wird noch andere Methoden geben, die Fälschungssicherheit von Giralgeld zu gewährleisten. Entscheidend ist, dass sie transparent sind.

Von den Geschäftsbanken selbst ist großer Widerstand zu erwarten, weil sie dann auf eine Stufe mit dem Publikum gestellt werden. Ihre herausgehobene Sonderstellung ist dann beendet. Das soll aber das Ziel der Vollgeldreform sein. Es ist an der Zeit, dass die Demokratie auch auf die Banken durchgreift.

Ein weiterer Vorteil des *transparenten Vollgeldsystems* ist, dass es nicht mehr möglich sein wird, dass Sparguthaben infolge von Bankenpleiten verloren gehen. Würde eine Geschäftsbank schlecht wirtschaften, wären die Bankkonten (Girokonten und Sparkonten) ihrer Kunden davon nicht betroffen.

Zu Punkt 2.: Den Geschäftsbanken muss auch die Möglichkeit genommen werden, einen *Ertrag aus dem Sparverhalten der Bankkunden* zu erhalten, beschrieben im Anhang 2. Diesen Ertrag erhalten die Geschäftsbanken auch in dem Vollgeldsystem von Huber, da dort die Spargelder in der Bankbilanz verbleiben. Im *transparenten Vollgeldsystem* ist das nicht mehr möglich, weil die Banken aus der Differenz zwischen Zahlungseingängen und Zahlungsausgängen ihrer Kunden nicht mehr profitieren können.

Alle Gelder von Kundenkonten (auch die Gelder auf Sparkonten) sind nicht mehr Bestandteil der Bilanz der Geschäftsbanken. Alle Bankkonten werden von den Geschäftsbanken nur noch treuhänderisch verwaltet.

Um Missbrauch mit Bargeld zu verhindern, sodass Geschäftsbanken auch das überschüssige von ihren Kunden eingezahlte Bargeld nicht zu ihrer eigenen Bereicherung verwenden können, muss die Zentralbank regelmäßig Inventuren bei den Geschäftsbanken durchführen. Hierbei wird der tatsächliche Bargeldbestand mit dem von der Zentralbank ermittelten Bargeldbestand abgeglichen. Somit ist für die Geschäftsbanken eine unkontrollierte Verwendung von Bargeld für eigene Zwecke nicht möglich.

Zu Punkt 3.: Auch die negativen Auswirkungen des Zinssystems werden mit dem *transparenten Vollgeldsystem* beseitigt. Im Vollgeldsystem von Huber ist bei der Darlehensvergabe der Geschäftsbanken an die Darlehensnehmer das auf dem Betriebskonto der Geschäftsbank zur Verfügung stehende Geld die Geldbasis. Dieses Konto wird hauptsächlich von den Spareinlagen der Bankkunden gespeist. Je mehr Geld auf Sparkonten angeschrieben ist, je mehr Darlehen kann die Bank vergeben und umso mehr Gewinn kann sie erzielen. Die Geschäftsbanken werden in dem Vollgeldsystem von Huber bestrebt sein, so viel wie möglich Kundengeld anzulocken. Das tun sie mittels Zinsgabe für Sparguthaben. Dieses Bestreben der Banken führt zu den bereits beschriebenen negativen Auswirkungen des Zinssystems. Will man die Zinsgabe verhindern, so muss das Streben der Banken nach mehr Kundengeldern abgeschaltet werden. Das wird dadurch erreicht, indem der Zusammenhang zwischen Sparkonten und Darlehensvergabe aufgelöst wird. Die Höhe der möglichen Darlehensvergaben darf nicht von der Menge des auf Sparkonten «lagernden» Geldes abhängen. Das bedeutet, es muss verfügt werden, dass die Geschäftsbanken das Geld für die Darlehensvergaben immer in voller Höhe direkt von der Zentralbank erhalten, unabhängig der von den Banken verwalteten Kundengeldmenge. Kundengelder dürfen nicht für die Darlehensvergabe benutzt werden. Die Kontrolle darüber ist im *transparenten Vollgeldsystem* leicht möglich, da eine Kontoerhöhung bei einer Darlehensvergabe in direktem Zusammenhang mit einer Betriebskontenverringerung der Geschäftsbank stehen muss.

Das ist ein Paradigmenwechsel in Bezug auf die Vorstellung des Geldverleihens. Bei diesem Modell wird den Geldbesitzern die Illusion genommen, ihr Geld über die Bank anderen zur Verfügung zu stellen. Es ist für ein funktionierendes Geldsystem nicht notwendig, Geld von Sparern zu verleihen. Dieser Irrglaube wird von den Banken aufrechterhalten, um ihre Vorteilsnahme infolge der Giralgeldschöpfung zu verschleiern. Die heutigen Geschäftsbanken verleihen schon lange nicht mehr das auf Kundenkonten «lagernde» Geld.

Der Vorgang der Darlehensvergabe würde in dem *transparenten Vollgeldsystem* wie folgt ablaufen: Diejenigen, die ein Darlehen beanspruchen, also in Zukunft eine Leistung erbringen wollen, hinterlegen bei der Geschäftsbank einen persönlichen Gutschein, auf dem erläutert ist, wie sie die Leistung erbringen werden (Businessplan). Die Geschäftsbank gibt diese Leistungsnachweise gesammelt (zusammen mit ihrem eigenen Businessplan) an die Zentralbank und bekommt ihrerseits einen Kredit in Form von zertifizierten Universalgutscheinen (Geld). Diese zertifizierten Universalgutscheine in Form von Geld geben die Geschäftsbanken an ihre Darlehensnehmer weiter.

Aufgrund dieser Verfahrensweise wird es auch reine Darlehensbanken geben können, die keine Kundenbankkonten verwalten. Derjenige, der ein

Darlehen benötigt, muss von einer beliebigen Bank dieses bekommen können, ohne dass diese Bank Universalgutscheine (Geld) von Anlegern in Verwaltung haben muss. Darlehensnehmer bekommen somit ihre Darlehen auch von reinen Darlehensbanken. So konkurrieren bei der Darlehensvergabe verschiedene Formen von Banken untereinander. Die bankkontenverwaltenden Geschäftsbanken könnten sich dann deshalb nicht mehr leisten, Zinsen an ihre Bankkunden zu zahlen, um eventuell mehr potentielle Darlehensnehmer anzulocken. Die reinen Darlehensbanken hätten diese Belastung nicht und würden immer günstigere Darlehen vergeben können. Die Banken könnten aus den zu verwaltenden Bankkonten keinen hintergründigen Vorteil mehr ziehen. Aus diesem Grund wird keine Bank Zinsen an Sparkunden zahlen können.

Dagegen werden die Banken von den Darlehensnehmern weiterhin Gebühren und Zinsen nehmen. Die Höhe der Gebühren und Zinsen, die die Banken von den Darlehensnehmern abverlangen, wird sich durch den Wettbewerb der Banken untereinander regeln. Das Zins- bzw. Gebührennehmen ist der Lohn für die Arbeit der Banken bei der Darlehensvergabe und Ausgleich für Ausfallrisiken. Zur Vermeidung von Monopolbildungen ist es notwendig, die Größe der Banken zu begrenzen.

Auch wenn Banken auf Sparguthaben keine Zinsen mehr geben, so wird das Publikum trotzdem Geld bei den Banken sparen. Das durch Sparen dem Raum der Realwirtschaft entzogene Geld wird in dem *transparenten Vollgeldsystem* durch Geldmengenregulierung der Zentralbank ausgeglichen.

Geldmengenregulierung

Bisher hatten wir vorausgesetzt, dass das Geld immer durch eine Schuld entsteht. Auch im vorgeschlagenen *transparenten Vollgeldsystem* entsteht das Geld durch eine Schuld. Ein Wirtschaftsteilnehmer nimmt ein Darlehen bei einer Geschäftsbank auf. Um das Darlehen an den Darlehensnehmer auszahlen zu können, muss die Geschäftsbank bei der Zentralbank einen Kredit in gleicher Höhe aufnehmen. Das Geld entsteht durch eine Schuld der Geschäftsbank bei der Zentralbank und der Darlehensnehmer muss sich bei der Geschäftsbank verschulden.

Wenn das Geld nur durch eine Schuld entsteht, gibt es das Problem, dass sich immer wieder genügend Schuldner finden, die nach Rückzahlung der laufenden Darlehen ein neues Darlehen aufnehmen. Werden nicht genügend Schulden gemacht oder zu viel gespart, verringert sich die umlaufende Geldmenge und die Wirtschaft kommt ins stottern. Deshalb ist hier noch ein Akteur notwendig, der bei Bedarf Geld ins System geben und auch wieder aus dem System nehmen kann.

Bei dem heutigen System sind dies der Staat und die Geschäftsbanken. Beide Akteure geben das zusätzliche Geld relativ unkontrolliert ins System. Der Staat ist dabei immer der Gezwungene und die Geschäftsbanken sind die Spieler und Profiteure.

Bei dem *transparenten Vollgeldsystem* ist dieser Akteur die Zentralbank (Monetative). Die Zentralbank hat zu jedem Zeitpunkt detailgenau die Übersicht über die umlaufende Geldmenge. Sie kann wie nie zuvor die optimale Geldmenge ermitteln und nach Bedarf mehr Geld in das System geben bzw. aus dem System abziehen. Auf welche Weise soll das geschehen?

Eine **Erhöhung der Geldmenge** kann z.B. dadurch erreicht werden, dass dem Staat zur Finanzierung öffentlicher Großprojekte zins- und tilgungsfrei Kredite direkt von der Zentralbank zur Verfügung gestellt werden. Für eine große Akzeptanz seitens der Bevölkerung müssen diese Großprojekte über breitangelegte Bürgerbeteiligungen auf den Weg gebracht werden. Es ist in einer funktionierenden Demokratie nur allzu plausibel, dass zusätzliche in Umlauf gebrachte Universalgutscheine (Geld), die eine Leistungserbringungspflicht der gesamten Gesellschaft darstellen, auch von den Bürgern dieser Gesellschaft bewilligt werden müssen. Aus diesen Großprojekten muss ein Nutzen für jeden Einzelnen ersichtlich sein.

Eine **Verringerung der Geldmenge** kann z.B. dadurch erreicht werden, dass der Staat einen Teil der Konsumsteuer (Mehrwertsteuer) an die Zentralbank abführt.

Man muss befürchten, dass der Staat die Mechanismen der Geldmengenregulierung zu politischem Aktionismus missbrauchen könnte. Indem er Einfluss auf die Zentralbank nimmt und so zusätzliche Geldmittel zur Verwirklichung politischer Interessen erhält, könnte eine übermäßige Inflation entstehen. Aus diesem Grund sind zusätzliche Kontrollmechanismen notwendig. Die Zentralbank muss dazu verpflichtet werden, die ermittelten Daten des Geldsystems (umlaufende Geldmenge, gesparte Geldmenge, Bargeldmenge usw.) und deren Berechnungsgrundlage monatlich zu veröffentlichen. Aufgrund dieser Daten kann die Öffentlichkeit die Entscheidungen der Zentralbank nachvollziehen. Da das neue Geldsystem sehr einfach gestaltet ist, können in einem demokratischen Prozess auch Vorbehalte gegenüber der Entscheidung der Zentralbank geltend gemacht werden. Den Grad des Missbrauchs, wie wir ihn bei dem heutigen Geldsystem erleben, wird es nicht mehr geben können.

Im *transparenten Vollgeldsystem* werden die Hintergrundprozesse der Geschäftsbanken, wie sie als die **drei grundsätzlichen Fehler** des Geldsystems in diesem Kapitel beschrieben wurden, vollständig eliminiert. Es ist den Geschäftsbanken jetzt nur noch möglich mit Bankdienstleistungen, die im Vordergrund ablaufen, ihre Erträge zu erwirtschaften.

Da es keine Anleger mehr geben wird, die durch Zinsen ihr Geld leistungslos vermehren können, entfallen die Geldanlageleistungen, die auf Zinsen basieren. Übrig bleiben die Geldanlageleistungen mit Teilhaberrechten (Aktien). Die Zahlungsverkehrsleistungen bleiben wie bisher erhalten. Die Finanzierungsleistungen ändern sich in der bereits oben beschriebenen Weise.

Einführungsphase

In den vorangegangenen Ausführungen habe ich grob skizziert, wie ein neues Geldsystem nach meinen Vorstellungen aussehen müsste.

Für die Einführung eines neuen Geldsystems bedarf es eines demokratischen Prozesses. Voraussetzung dafür ist das Wissen eines großen Teils der Bevölkerung über die Zusammenhänge und Hintergründe des Geldsystems und die daraus entstehende Forderung, diesen verdeckten Frondienst an eine Minderheit nicht mehr leisten zu wollen. Auch mehr und mehr Funktionsträger werden das erkennen und zur anderen Seite wechseln. Bei der Überlegung, wie man das neue Geldsystem einführen kann, ist es notwendig, sich vor Augen zu führen, dass bei allen Geldbetrachtungen immer die dahinterstehenden wirtschaftlichen Abläufe im Blick behalten werden. Die wirtschaftliche Betrachtungsweise darf aber nicht über die Bedürfnisse der Menschen dominieren.

Aufgrund meines Vorschlages müssen vier Maßnahmen bei der Einführung eines neuen Geldsystems umgesetzt werden:

- Die angehäuften Schulden der Geschäftsbanken müssen von den Staaten geltend gemacht werden.
- Alle Kundenbankkonten werden aus den Bilanzen der Geschäftsbanken ausgegliedert und unter Aufsicht der Zentralbank gestellt.
- Es wird verfügt, dass sämtliche zu vergebende Darlehen von den Geschäftsbanken über die Zentralbank als Kredit aufgenommen werden müssen.
- Die Größe der Geschäftsbanken wird begrenzt.

Bei der Entwicklung des Konzepts für die Einführungsphase wird man mit Sicherheit noch weitere Maßnahmen für notwendig erachten.

Da man das neue Geldsystem nicht mit einem Schlag auf der ganzen Welt einführen kann, sind zusätzliche Geldspekulationen zu erwarten. Im neuen *transparenten Vollgeldsystem* gibt es keine Zinsen für Anleger. Entsprechend ihrer alten Denkweise werden viele Anleger ihr Geld ins Ausland transferieren, um dort Zinsen zu erhalten. Hier sind kreative Lösungen notwendig, um dem entgegen zu wirken.

Es müssen Lösungen erarbeitet werden, wie das Nebeneinander von altem und neuem Geldsystem möglich ist. Dies sollen erste Gedanken zur Einführung des *transparenten Vollgeldsystems* sein. Weitere Untersuchungen sind notwendig.

7.5 Ungeeignete Lösungsansätze der Politik

Angesichts der Finanzkrise seit 2008 wird seitens der Politik versucht, das Finanzsystem besser zu regulieren. Die oben beschriebenen Hintergrundprozesse des Geldsystems sind der Politik nicht bekannt oder sie nimmt diese nicht zur Kenntnis. Diese Hintergrundprozesse sind aber das derzeitige «Hauptspielfeld» der Geschäftsbanken. Blendet die Politik diese Hintergrundprozesse bei den Überlegungen über eine Reform des Finanzsystems aus, so legt sie Grenzen nur für «Nebenspielfelder» fest. Einen Überblick über Vorschläge zu Finanzmarktreformen auf Nebenplätzen hat Joseph Huber in „Die Vollgeld-Reform“[48] gegeben. Er hat die Vorschläge in vier Gruppen eingeteilt:

„Eine erste Gruppe solcher Analysen sieht die Schuld für die Krise hauptsächlich in der Deregulierung der Devisen-, Kapital- und Wertpapiermärkte und in einem Trend zum «Kasinokapitalismus». Die als Antwort darauf vorgeschlagenen Maßnahmen zielen auf mehr Finanzaufsicht und eine Eindämmung des Hochfrequenz-Handels. Zu derartigen Maßnahmen gehören

1. die Erhebung einer Finanztransaktions-Steuer,
2. die Überführung von außerbörslichen Wertpapiergeschäften in den registrierten Börsenhandel,
3. die Austrocknung von Off-Shore-Finanzzentren bzw. «Steuerparadiesen».

Im Mittelpunkt anderer Analysen steht ein fahrlässig gewordener Umgang mit den Risiken des Kredit- und Investmentbanking. Diesbezüglich vorgeschlagene Maßnahmen beinhalten

4. eine Begrenzung von Bonuszahlungen an Händler und Topmanager,
5. das Verbot des Eigenhandels der Banken (die so genannte Volcker-Regel),

[48] Verein Monetäre Modernisierung: Die Vollgeld-Reform, S. 28ff

6. striktere Vorgaben für Ratingagenturen und die Gründung konkurrierender staatlicher Ratingagenturen,

7. das Verbot von speziellen Wertpapieren, etwa strukturierten Produkten wie forderungsbesicherten Wertpapieren in Form von gut-schlecht-gemischten Hypotheken-Sandwiches; oder das Verbot von ungedeckten Leerverkäufen,

8. transparente Bilanzierung, insbesondere die Rücknahme der Erlaubnis, gewisse Risiken außerbilanziell zu führen, zum Beispiel in Zweckgesellschaften, die als Verkaufskanäle für strukturierte Wertpapiere dienen; darüber hinaus auch strengere Vorgaben für andere Schattenbanken wie Hedgefonds.

Eine dritte Gruppe von Reformmaßnahmen beruht auf der Annahme, dass die seit Jahrzehnten übliche geringe Eigenkapitalbasis der Banken als Sicherheitspuffer nicht ausreiche, um das Überleben der Banken unter dem Stress von faulen Krediten und Vermögensverlusten bei Geldanlagen zu sichern. Als nahe liegende Antwort auf dieses Problem wird vorgeschlagen,

9. die Eigenkapitalausstattung der Banken gemäß Übergang vom Regelwerk Basel II zu Basel III zu erhöhen, einschließlich

10. eines Liquiditätsvorrats für mindestens 30 Tage sowie

11. einer Kreditvergabe-Bremse in Form einer maximalen Quote der ausstehenden Darlehen zum Kernkapital und zu Posten im Handelsbuch einer Bank.

Eine vierte Gruppe von Reformansätzen kreist um die Problematik «*too big to fail*» bzw. «too interconnected to fail» und versucht den Sachzwang zu staatlicher Bankenrettung durch neue Geschäftsmodelle für Banken aufzulösen. Solche Überlegungen haben Forderungen genährt,

12. ein Trennbankensystem einzuführen, wie es zum ersten Mal 1933 in Form des US-amerikanischen Glass-Steagall-Act eingeführt worden war und zum Ziel hatte, die «harmlosen» Depositen- und Darlehensbanken (Geschäftsbanken) gegenüber den «gefährlichen» Investmentbanken zu

schützen. Einen solchen neuerlichen Vorschlag hat 2011 insbesondere die britische Independent Commission on Banking (Vickers-Kommission) gemacht.

13. Die Einführung von Abwicklungsplänen, gleichsam Geschäftstestamenten, die in guten Zeiten verfasst werden, um im Fall eines Konkurses ein geordnetes Abwicklungsverfahren zu ermöglichen, das ohne staatliche Rettungsmaßnahmen und Steuergelder durchgeführt werden kann.“[49]

Diese 13 Punkte beziehen sich nur auf «Nebenspielfelder» der Geschäftsbanken. Sie ändern nichts an den eigentlichen Fehlentwicklungen des Geldsystems. Wenn die Politik das «Hauptspielfeld» nicht berücksichtigt, auf dem die Hintergrundprozesse ablaufen, wird sie weiterhin Spielball der Banken bleiben.

7.6 Was tun?

Mein Vorschlag für ein *transparentes Vollgeldsystem* soll ein Beitrag zur Diskussion über eine neue Geldordnung sein. Das neue Geldsystem wäre ein erster Schritt in Richtung Kooperation innerhalb der Gesellschaft. Durch den Wegfall der destruktiven Auswirkungen der Giralgeldschöpfung der Geschäftsbanken und des Zinssystems würde die ständige Geldknappheit im *Raum der Realwirtschaft* wegfallen und damit die Konkurrenz um die verfügbare Kaufkraft abgemildert werden. Neu entstehende Dienstleistungen und Produkte müssten nicht in dem Maße wie bisher den Untergang der anderen vorantreiben. Zurzeit brachliegende Ressourcen an menschlicher Arbeitskraft könnten sich entfalten.

Das neue Geldsystem wäre aber auch eine Beschneidung der Privilegien und

---

[49] Verein Monetäre Modernisierung: Die Vollgeld-Reform, S. 28ff

der Macht derer, die aus Reichtum ohne nennenswerten Einsatz von produktiver Tätigkeit über das Geld noch mehr Reichtum anhäufen können.

Eine logische Folge des neuen Geldsystems muss dann auch die Schaffung von Gesetzen sein, die die Verlagerung der Finanzspekulation auf die Spekulation mit Sachvermögenswerten verhindern. Das Geld soll ein praktisches Hilfsmittel sein, um zu wirtschaften und nicht ein Spekulationsmittel zur Bereicherung und Einflussnahme.

Wir leben in einer Zeit, in der die alten verfestigten Machtstrukturen immer mehr zerbröckeln.

> „ Macht bezieht ihre Stärke aus der Einfalt – durch Bündelung von Kräften und nicht durch deren Differenzierung. Aber sie ist wegen dieser Einfalt vergänglich.“[50]

Die fein gesponnenen Grundlagen der Macht gilt es offen zu legen und jedermann kundzutun, sonst beginnt das Spiel mit anderer Besetzung immer wieder von Neuem.

---

50 Hans-Peter Dürr: Warum es ums Ganze geht, oekom verlag, München 2009, S. 110

Nachwort

Es gibt da Menschen in Glaspalästen, die uns als Ressource betrachten. Sie sprechen von denen da draußen und meinen uns. Sie meinen die Welt zu bewegen, indem sie uns das zur Verfügung stellen, von dem wir meinen es wäre Geld. Wir brauchen es, um zu wirtschaften. Ihnen dient es als „Flow", dem Gefühl gestalten zu können. Sie benutzen es zur Wahrnehmung ihrer Interessen. Und bei all unserer anstrengenden Arbeit haben wir keine Zeit darüber nachzudenken, woher die das nehmen. Wir verlassen uns auf die Wissenschaftler, die in unserer demokratischen Rechtsordnung die Aufgabe haben, das zu untersuchen. Aus unerfindlichen Gründen hat dieses Thema in der Wirtschaftswissenschaft keinen hohen Stellenwert.

Die Banken sagen: „Ja, wir erzeugen das Geld selbst. Aber macht Euch über die Herkunft des Geldes nicht so viele Gedanken. Es ist alles geregelt. Wir müssen mittels der Bilanz genau dokumentieren, dass wir die Mittel dafür auch selbst erwirtschaften".

Wie sollen wir das verstehen? Ihr kauft Euch z. B. ein Bankgebäude mit selbst hergestelltem Geld. Und die Regel ist so, dass die Bilanz Euch dazu zwingen soll, im Nachhinein Gegenleistungen zu erbringen. – Darauf sollen wir vertrauen? Das, was Ihr aufschreibt, soll als Nachweis Eurer Leistung gelten? Schreibt Ihr mehr auf, so könnt Ihr auch mehr Geld für eigene Zwecke herstellen. Was ist, wenn Ihr wissentlich oder unwissentlich falsch dokumentiert, oder gar nicht, wie es auf Offshore-Finazplätzen möglich ist? Ist es nicht so, dass Ihr die Regeln für die Dokumentation zum größten Teil selbst ausarbeitet und der Gesetzgeber dann nur noch unterschreibt? Wer hat Euch denn erlaubt das Geld selbst herzustellen? Wie? – Es hat keiner verboten – Ihr seid der Geldgeber für den Staat und auch für die Wissenschaft – stellt auch für diese das Geld selbst her!

Ja, die Banken berufen sich auf ihre Regeln und die Wirtschaftswissenschaft lässt eine tiefgründige Untersuchung darüber vermissen. Das derzeitige Denken der Wirtschaftswissenschaftler baut ausschließlich auf dem Grundprinzip der Realwirtschaft auf, was da heißt: „Ohne Ertrag kein Einkommen". Wie in diesem Buch nachgewiesen, benötigen Banken aber keine Erträge bei der Einkommenserzielung mittels Giralgeldschöpfung.

Diese unzureichende Beschäftigung der Wirtschaftswissenschaft mit der Bankenwirtschaft, diese Ignoranz, ist der Nährboden für eine Fiktion, einem großen Schauspiel, welches mittels der Bilanz aufgeführt wird: Banken würden Zinserträge und Zinsaufwendungen haben. Banken würden Provisionserträge haben. Banken würden Erträge aus dem Kredit– oder Wertpapiergeschäft erhalten. Banken würden Erträge aus dem Verkauf von Sachvermögenswerten erzielen. Banken hätten Aufwendungen für Lohnzahlungen, Büroausstattungen, Fahrzeuge, Gebäude usw.[51] — Die Bilanz spielt es ihnen vor und sie nehmen es für bare Münze, die Wirtschaftswissenschaftler, die Mitarbeiter der Bankenaufsicht, die Politiker, die Bankmanager — auch die Bankmanager? Nein nicht alle Bankmanager! Einige wissen es besser. Sie wissen, dass es nur eine Inszenierung ist. Sie wissen, dass bei ihrem tun Erträge und Aufwendungen keine Rolle spielen. Sie lassen sich aber nichts anmerken. Vielmehr, sie gestalten mit. Sie setzen die Bilanz bei diesem Schauspiel ins rechte Licht. — Ja, wir sind auf einer Bühne und die Bilanz spielt die Hauptrolle. Drumherum werden die Stücke *Geldanlageleistungen*, *Zahlungsverkehrsleistungen* und *Finanzierungsleistungen* aufgeführt. In diesen spielen die Erträge eine zentrale Rolle. Das ist aber noch nicht genug. Immer wiederkehrend wird das Stück *Bilanzumgestaltung* inszeniert. Dort wird der Bilanz in besonderer Weise gehuldigt und die Erträge in den Himmel gehoben. Das ist dem Publikum zu viel. Es wird nach der Bankenaufsicht gerufen. Kurzerhand ziehen die Bankmanager den Vorhang ein Stück weit zu (Offshore-Finanzplätze). Der Bankenaufsicht wird die Sicht versperrt. Ab sofort wird nur noch darüber gestritten,

---

[51] Hier ist der Begriff „Banken" als Banken in ihrer Gesamtheit gemeint. Bei einzelnen Banken gibt es je nach Größe prozentuale Abweichungen, die sich aber innerhalb der Bankenlandschaft kompensieren.

wie viele Erträge zulässig sind und wie weit der Vorhang geöffnet wird. Mit diesem Spektakel können die Bankmanager auch ganz gut leben. Das lenkt von ihrer eigentlichen Passion „Geldschöpfung“ ab.

Anhang 1

(Fortführung von Kap. 2)

A1.1 Zinsaufwendungen

Die Geschäftsbank hat für das eingelegte Kundengeld Zinsaufwendungen. Wie ist der Ablauf bei der Begleichung von Zinsaufwendungen? Die Zinsaufwendungen werden von der Geschäftsbank auf das Konto des Zinsempfängers gebucht. Das erfolgt genauso durch einen Schreibvorgang, wie bereits bei dem Beispiel des Hubschrauberkaufs oder der Kreditvergabe in Kap. 2 beschrieben. Die Geschäftsbank ist formal berechtigt das Konto ihres Bankkunden einfach durch einen **geldschöpfenden Schreibvorgang** zu erhöhen, s. Abb. A1.1.

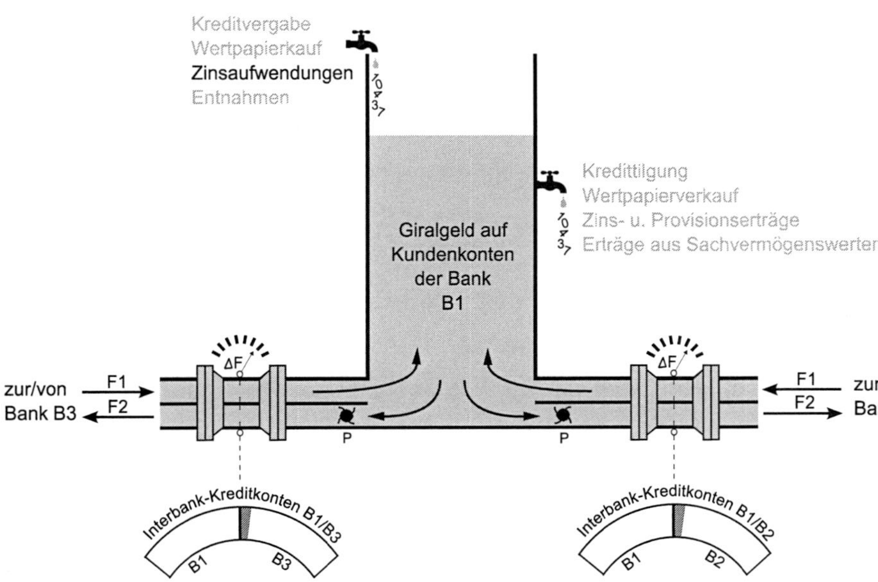

Abb. A1.1: Zinsaufwendungen der Geschäftsbank B1

In Abb. A1.1 wird die Erhöhung des Kundenkontos durch einen **geldschöpfenden Schreibvorgang** mittels des oberen Zulaufhahns dargestellt. Der Zulaufhahn wird aufgedreht. Der Giralgeldpegel im Behälter steigt. Im Weiteren verwendet der Zinsempfänger das Geld und die Zinsaufwendungen gelangen innerhalb einer Überweisung zu einem Kundenkonto bei einer anderen Geschäftsbank oder zu einem Kundenkonto derselben Geschäftsbank. Erfolgt die Überweisung zu einem Kundenkonto einer anderen Geschäftsbank, so erhöhen sich die Zahlungsausgänge der überweisenden Geschäftsbank. In Abb. A1.1 wird zu diesem Zweck die Umwälzpumpe P von dem Bankkunden, der die Überweisung in Auftrag gegeben hat, in Gang gesetzt. Daraufhin stellt der Durchflussmesser eine Differenz ΔF zwischen den Zahlungsausgängen und Zahlungseingängen fest und übermittelt diese Differenz zu den Interbank-Kreditkonten. Auf diesen wird eine Schuld der Geschäftsbank B1 gegenüber den Geschäftsbanken B2 oder B3 eingetragen. Somit bezahlt die Geschäftsbank B1 die Zinsen an die Anleger erst dann, wenn diese das Geld verwenden und dadurch die Interbank-Kreditkonten belastet werden.

Infolge des Zusammenspiels von **geldschöpfenden Schreibvorgängen** und der **Kompensation der von Bankkunden initiierten Zahlungen** heben sich die Zinsaufwendungen zwischen den Geschäftsbanken zum großen Teil gegenseitig auf. Bei den anderen Geschäftsbanken werden ebenfalls Zinsaufwendungen geleistet und dadurch entstehen bei ihnen auch Zahlungsausgänge an andere Geschäftsbanken, initiiert durch Überweisungen der Bankkunden. Diese Zahlungsausgänge der anderen Geschäftsbanken, in unserem Beispiel die der Geschäftsbank B2 und B3, treffen als Zahlungseingänge F1 bei unserer Geschäftsbank ein. Infolge dessen steigt der Giralgeldpegel des Behälters wieder. Gleichzeitig registrieren die Durchflussmesser eine Differenz der Eingangs- und Ausgangszahlungen. Die noch eben registrierten Schulden auf den Interbank-Kreditkonten unserer Bank infolge der Zahlungsausgänge werden durch die jetzt erfolgten Zahlungseingänge, die infolge der Überweisungen aufgrund von Zinszahlungen bei anderen Banken entstehen, wieder gemindert. Sie werden vollständig neutralisiert, wenn in unserem Beispiel alle drei Geschäftsbanken die gleiche Summe Giralgeld von den anderen Geschäftsbanken infolge der Zinsaufwendungen erhalten. In diesem Fall sind die sogenannten Zinsaufwendungen der Geschäftsbanken keine Aufwendungen, da sie auf den Interbank-Kreditkonten bei keiner Geschäftsbank eine Schuld hinterlassen. Nur bei ungleichen Zinsaufwendungen und ungleichen Überweisungen im Nachgang gleichen sich die Schulden auf den Interbank-Kreditkonten nicht aus. Es wird aber immer eine bestimmte Summe Zinsaufwendungen geben, die sich zwischen den Geschäftsbanken neutralisieren.

Dagegen fließt kein Geld zu anderen Geschäftsbanken, wenn die Überweisung intern von Konto zu Konto derselben Geschäftsbank durchgeführt wird. Es ist dann nur ein interner Schreibvorgang. Die Differenz der Zahlungseingänge und Zahlungsausgänge gegenüber anderen Geschäftsbanken wird nicht verändert und somit auch nicht die Gutschriften auf den Interbank-Kreditkonten. Nur externe Überweisungen können die Gutschriften auf den Interbank-Kreditkonten verändern.

A1.2 Erträge aus Sachvermögenswerten

Erträge aus Sachvermögenswerten entstehen aus Verkauf, Vermietung oder Verpachtung von selbigen. „Hierzu gehören z. B. Grundbesitz, Immobilien, langlebige Konsum- und Wirtschaftsgüter, Unternehmen, die keine Aktiengesellschaften sind, Patente, Schürf- und Förderrechte, Silber, Gold, Platin u.v.m. Unter Sachvermögenswerten werden alle materiellen oder immateriellen Werte verstanden, die nicht als verbriefte Titel im Finanzmarkt gehandelt werden.“[52] Die Erträge aus Sachvermögenswerten werden wie die Zinserträge von den Konten der Nichtbanken in der Publikumsebene abgebucht. Es laufen die gleichen **geldverringernden Schreibvorgänge** im Zusammenspiel mit der **Kompensation der von Bankkunden initiierten Zahlungen** ab, wie bei den Zinserträgen in Kap. 2.3 bereits beschrieben, s. Abb. A1.2.

[52] Dirk Solte: Weltfinanzsystem am Limit, S.34

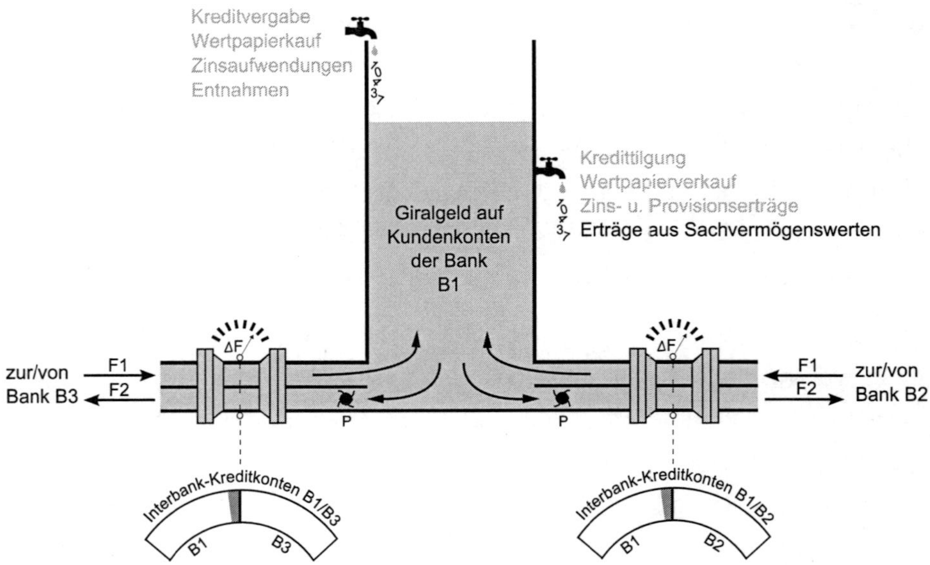

Abb. A1.2: Erträge aus Sachvermögenswerten der Geschäftsbank B1

Auch die Erträge aus Sachvermögenswerten werden vollständig neutralisiert, wenn in unserem Beispiel alle drei Geschäftsbanken die gleichen Erträge aus Sachvermögenswerten erhalten und zu diesem Zweck im Vorfeld von allen drei Geschäftsbanken die gleiche Summe Giralgeld zu den anderen beiden Geschäftsbanken überwiesen wird. In diesem Fall sind die sogenannten Erträge aus Sachvermögenswerten der Geschäftsbanken keine Erträge, da sie auf den Interbank-Kreditkonten bei keiner Geschäftsbank eine Gutschrift hinterlassen. Nur bei ungleichen Erträgen aus Sachvermögenswerten und ungleichen Überweisungen im Vorfeld gleichen sich die Gutschriften auf den Interbank-Kreditkonten nicht aus. Es wird aber immer eine bestimmte Summe Erträge aus Sachvermögenswerten geben, die sich zwischen den Geschäftsbanken neutralisiert.

A1.3 Auswirkungen des Wertpapierhandels

Was sind Wertpapiere? Wertpapiere sind verbriefte Vermögenswerte. Es gibt eine große Vielzahl von Wertpapieren. Beispiele für Wertpapiere sind Schuldverschreibungen, Investmentfondsanteile, Aktien, Genussscheine. Allen Wertpapieren ist gemeinsam, sie verkörpern ein Vermögensrecht, d.h. ein Recht auf ein bestimmtes Vermögen oder eines Teiles davon. Sie dienen dem Emittenten (Herausgeber) zur Beschaffung von Geld und dem Käufer als Geldanlage.

In der Publikumsebene kaufen und verkaufen Geschäftsbanken Wertpapiere von Nichtbanken und an Nichtbanken. Dieser Kauf und Verkauf läuft nach dem gleichen Schema ab, wie die Kreditvergabe und die Kredittilgung, s. Abb. A1.3.

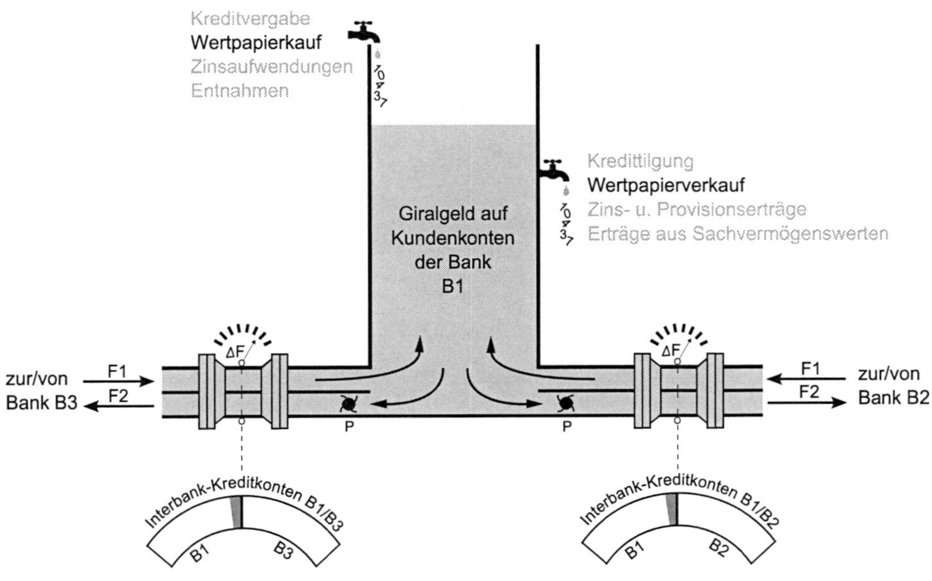

Abb. A1.3: Wertpapierhandel der Geschäftsbank B1

Wertpapierkauf

Der Kauf von Wertpapieren von Nichtbanken hat zur Folge, dass das Bankkonto des Verkäufers durch einen **geldschöpfenden Schreibvorgang** erhöht wird. Der obere Zulaufhahn wird aufgedreht. Der Pegel im Behälter steigt. Der Verkäufer der Wertpapiere verwendet das Geld und tätigt eine Überweisung an eine andere Geschäftsbank. Die Umwälzpumpe P wird in Gang gesetzt. Der Giralgeldpegel sinkt und der Durchflussmesser registriert eine Zahlungsdifferenz ΔF zur anderen Geschäftsbank. Er schreibt eine Schuld auf das Interbank-Kreditkonto gegenüber der anderen Geschäftsbank.

Da andere Geschäftsbanken ebenfalls Wertpapiere vom Publikum kaufen, werden durch die daraufhin eintreffenden Zahlungseingänge bei unserer Geschäftsbank die Schulden auf den Interbank-Kreditkonten nach dem Prinzip der **Kompensation der von Bankkunden initiierten Zahlungen** wieder gemindert. Die Schulden werden vollständig neutralisiert, wenn in unserem Beispiel alle drei Geschäftsbanken Wertpapiere in gleicher Höhe kaufen und im Nachgang von allen Wertpapierverkäufern Überweisungen in gleicher Höhe an die anderen Geschäftsbanken getätigt werden. In diesem Fall bekommen alle Geschäftsbanken die Wertpapiere umsonst, da auf den Interbank-Kreditkonten bei keiner Geschäftsbank eine Schuld verbleibt. Nur bei ungleichen Wertpapierkäufen und nachfolgend ungleichen Überweisungen gleichen sich die Schulden auf den Interbank-Kreditkonten nicht aus. Es wird sich aber immer ein großer Teil der Wertpapierkäufe im Nachgang zwischen den Geschäftsbanken neutralisieren.

Die Dimensionen werden dann deutlich, wenn man sich vor Augen führt, dass mit **geldschöpfenden Schreibvorgängen** große Mengen Wertpapiere im Trend gekauft werden können. Wenn die Geschäftsbanken dann kaufen, wenn die anderen auch kaufen, dann bekommen alle diese Wertpapiere annähernd umsonst.

Ein Beispiel für das Ausmaß ist der Umstand, dass weltweit „nur eine ausgewählte Gruppe von Finanzakteuren, die sogenannten „Primary Dealer“ die Erstzeichnung neu emittierter Schuldverschreibungen vornehmen können.“

Dirk Solte beschreibt hier das Segment Staatsschuldverschreibungen des Wertpapierhandels. „In Konsequenz resultiert daraus, dass der Primärmarkt durch eine vergleichsweise kleine Gruppe von Akteuren (auch „market maker“ genannt) dominiert wird (weltweit eine Gruppe von ca. 25 Institutionen)“... „Als Akteure treten dabei im Allgemeinen lokale bzw. regional tätige Tochterunternehmen großer Finanzinstitutionen mit juristischen Organisationsformen auf, die nur minimale Offenlegungspflichten haben (Stand Dezember 2006)“.[53] Es ist leicht vorstellbar, dass sich 25 Finanzinstitute gegenseitig gut kennen und zu abgestimmtem Verhalten neigen.

Wertpapierverkauf

Verkaufen Geschäftsbanken Wertpapiere an Nichtbanken, so wird Geld von dem Bankkonto des Käufers der Wertpapiere durch einen **geldverringernden Schreibvorgang** abgebucht. Das wird in Abb. A1.3 dadurch symbolisiert, dass der Ablaufhahn in der Mitte des Behälters aufgedreht und darüber das Giralgeld von dem Konto des Wertpapierkäufers abgelassen wird. Es laufen die gleichen Prozesse wie bei der Kredittilgung ab. Durch den Zahlungseingang im Vorfeld erhält die Geschäftsbank eine Gutschrift auf einem der beiden Interbank-Kreditkonten. Und wiederum werden die Gutschriften infolge des Prinzips der **Kompensation der von Bankkunden initiierten Zahlungen** zwischen den Geschäftsbanken neutralisiert, wenn in unserem Beispiel alle drei Geschäftsbanken Wertpapiere in gleichem Umfang verkaufen und zu diesem Zweck bei den Käufern der Wertpapiere im Vorfeld bei allen drei Geschäftsbanken die gleiche Summe Giralgeld per Überweisung eingeht. Nur bei ungleichen Wertpapierverkäufen und ungleichen Überweisungen im Vorfeld gleichen sich die Gutschriften auf den Interbank-Kreditkonten nicht aus. Es wird aber immer eine bestimmte Menge an Wertpapierverkäufen geben, die sich im Vorfeld des Verkaufs zwischen den Geschäftsbanken neutralisieren.

---

[53] Dirk Solte: Weltfinanzsystem am Limit, S.78

A1.4 Einordnung des Bargeldverkehrs

Barauszahlung

Lässt sich ein Bankkunde Bargeld auszahlen, so nimmt die Geschäftsbank das Bargeld aus ihrer Kasse und vermindert gleichzeitig durch einen **geldverringernden Schreibvorgang** den Kontostand des Bankkunden, s. Abb. A1.4.

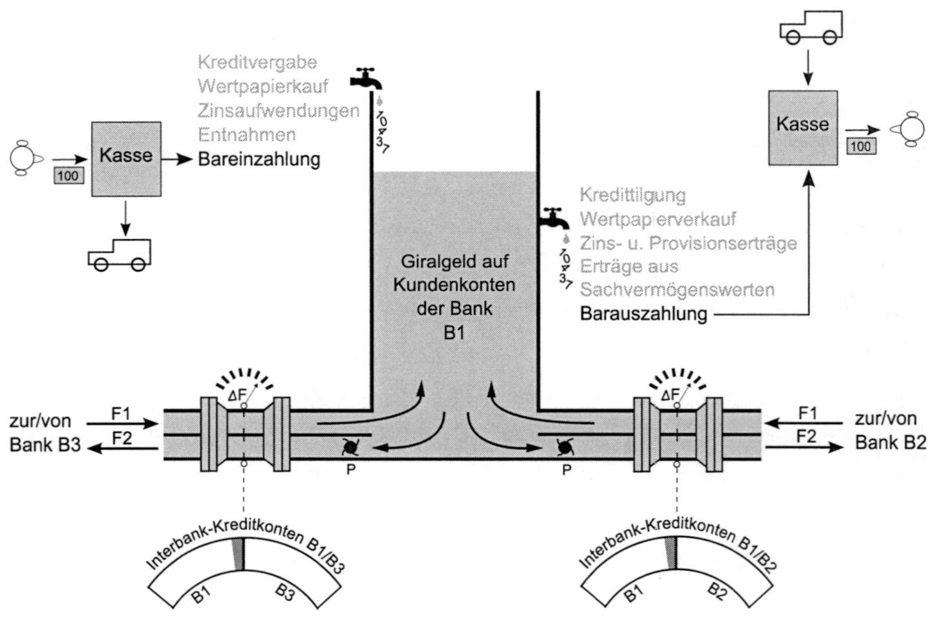

Abb. A1.4: Bargeldverkehr der Geschäftsbank B1

In Abb. A1.4 wird zu diesem Zweck der Ablaufhahn in der Mitte des Behälters aufgedreht und Giralgeld abgelassen. Diese abgelassene Menge wird der Kasse übermittelt, welche Bargeld an den Bankkunden in gleicher Höhe auszahlt. Gleichzeitig ist der Pegel des Giralgeldbehälters gesunken. Um Bargeld von seinem Bankkonto abheben zu können, mussten im Vorfeld Zahlungseingänge von anderen Geschäftsbanken, derselben Geschäftsbank oder in bar auf das

Konto eingetroffen sein. Die Zahlungseingänge kommen in unserem Beispiel von den Bankkunden der Geschäftsbank B2 und B3 über den Zahlungseingang F1. Dadurch steigt der Giralgeldpegel im Behälter und sinkt durch die nachfolgende Bargeldabhebung wieder. Der Durchflussmesser zur Geschäftsbank B2 oder B3, je nach dem woher das Giralgeld kam, registriert eine Differenz der Zahlungsströme ΔF und veranlasst eine Gutschrift auf einem der beiden Interbank-Kreditkonten. Diese Gutschrift kann unsere Geschäftsbank B1 dafür verwenden, um Zentralbankgeld von den Zentralbankkonten der Geschäftsbank B2 oder B3 zu ihrem Zentralbankkonto transferieren zu lassen. Dieses benötigt sie zur Beschaffung von Bargeld. Sie bekommt es von der Zentralbank. Dies wird in Abb. A1.4 durch das Symbol des Geldtransporters dargestellt. Der Geldtransporter bringt das Bargeld von der Zentralbank zur Kasse der Geschäftsbank, um es dem Publikum auszahlen zu können. Zeitgleich bucht die Zentralbank im Zusammenhang mit diesem Bargeldtransportvorgang die gleiche Summe Zentralbankgeld von dem Zentralbankkonto der Geschäftsbank B1 ab. Da sie vorher infolge der oben beschriebenen Zahlungseingänge eine Gutschrift auf den Interbank-Kreditkonten erhalten hatte und diese Gutschrift in Zentralbankgeld umgewandelt wurde, steht das benötigte Bargeld für den Geldtransporter zu diesem Zeitpunkt schon bereit. So wird der bargeldauszahlenden Geschäftsbank das benötigte Zentralbankgeld von den anderen Geschäftsbanken infolge der vorausgehenden Zahlungseingänge zur Verfügung gestellt.

Auch hier wirkt das Prinzip der **Kompensation der von Bankkunden initiierten Zahlungen**. Bei Barauszahlungen wirkt es aber zuungunsten der Geschäftsbanken. Die anderen Geschäftsbanken haben ebenfalls Barauszahlungen zu leisten. Im Vorfeld der Barauszahlungen erhalten sie ebenfalls Zahlungseingänge, die gleichzeitig Zahlungsausgänge bei anderen Geschäftsbanken sind. Somit werden die Zahlungseingänge und Zahlungsausgänge gegeneinander aufgerechnet, wenn bei allen Geschäftsbanken in gleichem Maße Barauszahlungen vonstattengehen. Es neutralisieren sich die Gutschriften auf den Interbank-Kreditkonten und keine der Geschäftsbanken erhält einen Ausgleich auf ihrem Zentralbankkonto. Das hat zur Folge, dass bei vermehrten Barauszahlungen bei allen Geschäftsbanken das Zentralbankkonto abschmelzen würde.

Bareinzahlung

Da aber das Bargeld nicht endgültig im Publikum verbleibt und durch Bareinzahlungen wieder zu den Geschäftsbanken zurückfließt, erhalten die Geschäftsbanken infolge von Bareinzahlungen das Zentralbankgeld wieder zurück. Der Vorgang der Bareinzahlung läuft in umgekehrter Richtung zur Barauszahlung ab. Zahlt ein Bankkunde Bargeld auf sein Konto ein, so wird durch einen Schreibvorgang der Kontostand seines Bankkontos erhöht. In Abb. A1.4 wird dazu der obere Zulaufhahn aufgedreht und Giralgeld in den Behälter eingelassen. Die Menge des eingelassenen Giralgeldes entspricht genau der Menge Bargeld, das in die Kasse eingezahlt wurde. Der Pegel des Giralgeldbehälters steigt dadurch. Im weiteren verwendet der Bankkunde das Geld und es gelangt als Überweisung zu einem Bankkonto einer anderen Geschäftsbank oder zu einem Kundenkonto derselben Geschäftsbank. Erfolgt die Überweisung zu einem Bankkonto einer anderen Geschäftsbank, erhöhen sich die Zahlungsausgänge der überweisenden Geschäftsbank. In Abb. A1.4 wird zu diesem Zweck die Umwälzpumpe P von dem Bankkunden, der die Überweisung in Auftrag gegeben hatte, in Gang gesetzt. Daraufhin stellt der Durchflussmesser eine Differenz ΔF zwischen den Zahlungsausgängen und den Zahlungseingängen fest und übermittelt die Differenz zu den Interbank-Kreditkonten. Auf diesen wird eine Schuld der Geschäftsbank B1 gegenüber den Geschäftsbanken B2 und B3 eingetragen. Die Geschäftsbank B1 lässt das über die Kasse erhaltene Bargeld mit dem Geldtransporter zur Zentralbank bringen. Dadurch wird ihr Zentralbankkonto erhöht und somit die eben erhaltenen Schulden auf den Interbank-Kreditkonten wieder ausgeglichen.

Hier wirkt das Prinzip der **Kompensation der durch Bankkunden initiierten Zahlungen** wieder zugunsten der Geschäftsbanken. Bei den anderen Geschäftsbanken gehen ebenfalls Bareinzahlungen ein. Im Nachgang der Bareinzahlungen verwenden die Bankkunden das Geld und generieren dadurch Zahlungsausgänge, die gleichzeitig Zahlungseingänge bei anderen Geschäftsbanken sind. Somit werden die Zahlungsausgänge und Zahlungseingänge gegeneinander aufgerechnet, wenn bei allen Geschäftsbanken in gleichem Maße Bareinzahlungen eingehen. Es neutralisieren sich die Gutschriften auf den Interbank-Kreditkonten und bei keiner der Geschäftsbanken wird Zentralbankgeld als Ausgleich benötigt. Das hat zur Folge, dass bei allen Geschäftsbanken das Zentralbankkonto bei vermehrten Bareinzahlungen wächst. Das führt zur Verringerung der umlaufenden Bargeldmenge. Das ist die Situation, wenn die Bankkunden immer weniger Bargeld verwenden, sie bezahlen immer mehr bargeldlos per Überweisung oder mittels Geldkarte und Kreditkarte, dann fließt immer mehr Bargeld vom Publikum weg und immer mehr Bargeld zu den Geschäftsbanken hin.

Bleibt dagegen die umlaufende Bargeldmenge konstant, so zirkuliert das Bargeld in ähnlicher Form wie das Giralgeld. Das Bargeld wird bei der einen Geschäftsbank an Kunden ausgezahlt, wandert von Hand zu Hand zu anderen Bankkunden, die es dann wieder bei anderen Geschäftsbanken einzahlen.

Bankenrun

Eine andere Situation entsteht, wenn das Publikum immer mehr Bargeld verwenden will. Wenn bei allen oder vielen Geschäftsbanken Bargeld in größeren Mengen abgehoben würde und die Bankkunden es nicht wieder zur Geschäftsbank zurückbrächten, es also hauptsächlich untereinander tauschten, dann würden sich die Interbankgutschriften zum größten Teil aufheben und keine der beteiligten Geschäftsbanken erhielte Zentralbankgeld aus Interbankgutschriften von anderen Geschäftsbanken zurück. Alle Geschäftsbanken müssten dann den zusätzlichen Bargeldbedarf aus ihrem Zentralbankkonto finanzieren. Die Zentralbankkonten der Geschäftsbanken würden dann infolge fortschreitender Bargeldabhebungen abschmelzen. Die Geschäftsbanken wären dann gezwungen, Zentralbankgeld über Kredite bei der Zentralbank zu beschaffen, um das notwendige Bargeld ordern zu können. Setzten sich die Bargeldabhebungen bei allen Geschäftsbanken weiter fort, wären die Geschäftsbanken dann nicht mehr in der Lage, die Kredite an die Zentralbank zurückzuzahlen und würden nach und nach pleitegehen. Um in bestimmten Krisensituationen einen Kollaps zu vermeiden, druckt die Zentralbank Bargeld in Massen und gibt es großzügig an die Geschäftsbanken weiter. Diese zahlen dann das Bargeld an das verunsicherte Publikum in großen Mengen aus, mit der Hoffnung, dass nach Beruhigung des Publikums, dieses das Bargeld zu den Geschäftsbanken zurückbringt und wieder zur bargeldlosen Zahlungsweise zurückkehrt.

Anhang 2

A2.1 Ertrag aus dem Sparverhalten der Bankkunden

Hier wird eine Besonderheit der Geschäftstätigkeit von Banken beschrieben, die sich bereits die früheren Banken zunutze machten. Die Banken nutzten das Sparverhalten ihrer Kunden zu ihrer eigenen Bereicherung aus. Bei der Betrachtung dieser Besonderheit wollen wir uns die wirtschaftlichen Verhältnisse der früheren Banken genauer ansehen. Wir versetzen uns in die Zeit, als es noch keinen bargeldlosen Zahlungsverkehr gab. Das war vor mehr als 100 Jahren der Normalfall.

Im Folgenden werden wir ein Beispiel für eine Bank mit ausschließlich Bargeldverkehr betrachten. Wie haben Banken früher gewirtschaftet? Wie sind sie zu ihrem Geld und zu ihren Besitztümern gekommen?

Wir nehmen an, ein Bankgeschäft entsteht am 1.1. eines Jahres durch die Einzahlung von 1000 Taler von einem ersten Bankkunden. Ebenfalls am 1.1. vergibt die Bank ein Darlehen an einen anderen Bankkunden in Höhe von 750 Taler. Zur Gewährleistung ihrer Geschäftstätigkeit hat die Bank Ausgaben im ersten Jahr ihres Bestehens. Sie benötigt 200 Taler für die Einrichtung ihres Büros und hat laufende Kosten in Höhe von 50 Taler für Gehälter, Büromaterial usw. In der Grafik in Abb. A2.1 sind die Geldflüsse grafisch dargestellt. Oben fließt das Geld in die Bank hinein und unten ist zu sehen, wofür sie es verwendet hat.

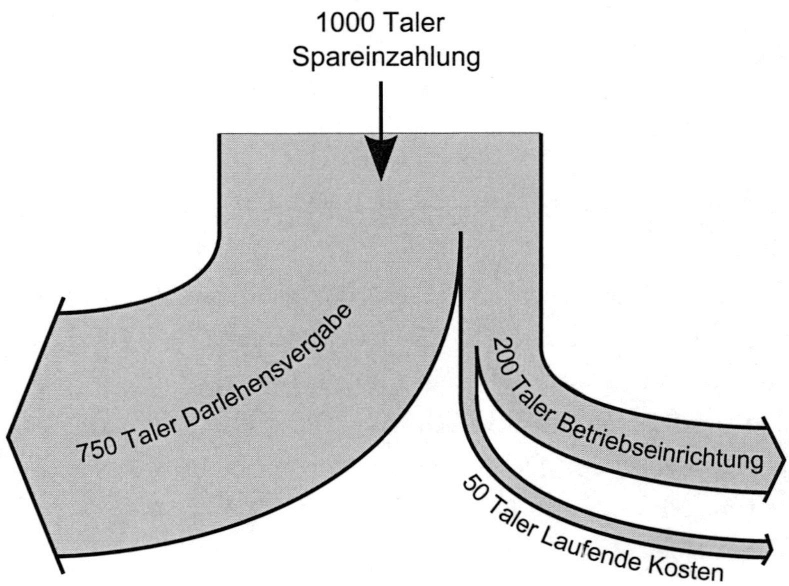

Abb. A2.1: Situation der Bank am Anfang des 1. Jahres

In unserem Beispiel wird zunächst alles Geld verbraucht. Die 1000 Taler des Sparers sind jetzt weg. Aber keine Panik, der Sparer will sein Geld erst später zurückhaben. Der Sparer hat das Geld für 3 Jahre angelegt, mit einem vereinbarten Zinssatz von 5 %. Die laufenden Zinsen will er jährlich ausgezahlt haben. 5 % von 1000, das sind 50 Taler, die die Bank dem Sparer an jedem Jahresende auszahlen muss. Woher kommen die 50 Taler? Sie müssen am Ende des Jahres auszahlungsbereit verfügbar sein. Sie kommen aus dem Darlehensvertrag. Die Bank hatte 750 Taler an einen anderen Bankkunden verliehen. Das Darlehen soll innerhalb der nächsten 3 Jahre zurückgezahlt werden. Die Bank berechnet dem Darlehensnehmer dafür 10 % Zinsen. Demnach bekommt die Bank am Ende des ersten Jahres von dem Darlehensnehmer 250 Taler Kredittilgung und 75 Taler Zinsen. Der Tilgungsbetrag errechnet sich aus der Darlehenssumme = 750 geteilt durch die Anzahl der Jahre, also 750/3 = 250 Taler. Die Grundlage für die Berechnung des Zinsbetrages für das Darlehen ist die aktuelle Darlehenssumme. Diese beträgt im 1. Jahr 750 Taler. Davon 10 %, das sind 75 Taler Zinsen. Die Geldflüsse sind in der folgenden Grafik dargestellt, s. Abb. A2.2.

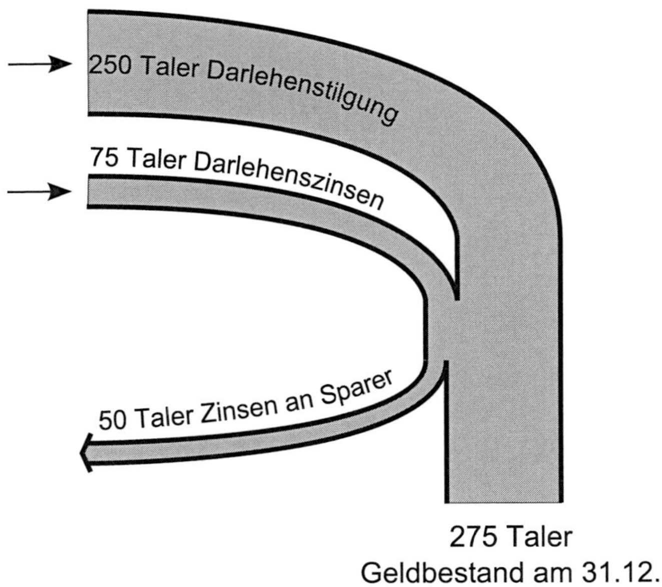

Abb. A2.2: Situation der Bank am Ende des 1. Jahres

Die Zinsen werden dem Sparer jedes Jahr ausgezahlt. Deshalb kommt es bei unserem Beispiel nicht zum Zinseszins.

Nach dem ersten Jahr ihrer Geschäftstätigkeit hat unsere Bank einen Geldbestand von 275 Taler. Wir wollen sehen, wie sich das in den nächsten Jahren entwickelt. Um unser Beispiel einfach und verständlich zu halten, belassen wir es vorerst bei diesen beiden Bankkunden.

2.Jahr

Die Bank hat auch im 2. Jahr laufende Kosten von 50 Taler. Sie bekommt am Ende des 2. Jahres 250 Taler Darlehenstilgung und die Darlehenszinsen. Diese berechnen sich aus der Darlehenssumme von gegenwärtig 500 Taler, davon 10 %, das ergibt 50 Taler Darlehenszinsen. Und am Jahresende muss die Bank 50 Taler Zinsen an den Sparer auszahlen, s. Abb. A2.3.

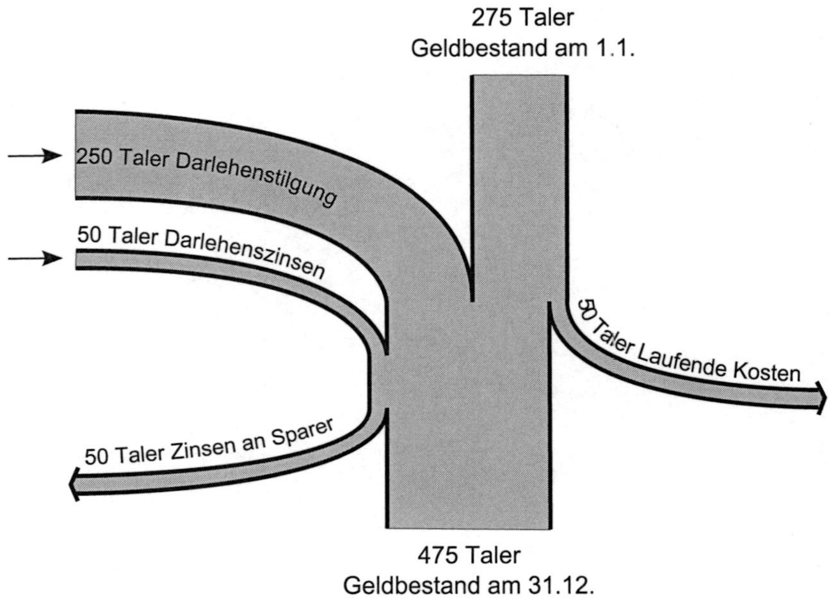

Abb. A2.3: Situation der Bank am Ende des 2. Jahres

Nach dem zweiten Geschäftsjahr hat unsere Bank einen Geldbestand von 475 Taler.

3.Jahr

Die Bank hat auch im 3. Jahr laufende Kosten von 50 Taler. Sie bekommt am Ende des 3. Jahres 250 Taler Darlehenstilgung und die Darlehenszinsen. Diese berechnen sich aus der Darlehenssumme von gegenwärtig 250 Taler, davon 10 %, das ergibt 25 Taler Darlehenszinsen. Und am Jahresende muss die Bank auch 50 Taler Zinsen an den Sparer auszahlen, s. Abb. A2.4.

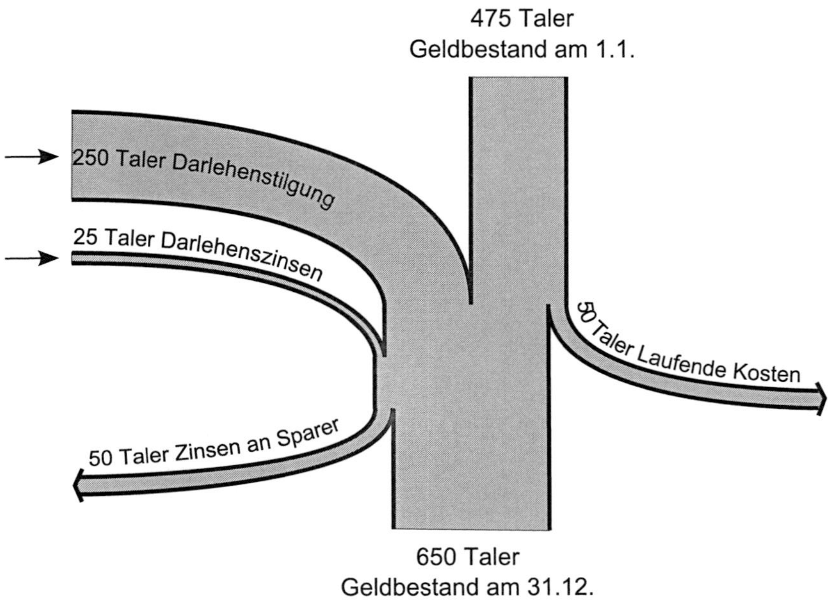

Abb. A2.4: Situation der Bank am Ende des 3. Jahres

Nach 3 Jahren ihrer Geschäftstätigkeit hat unsere Bank einen Geldbestand von 650 Taler. Der Darlehensnehmer hat sein Darlehen incl. Zinsen zurückgezahlt. Auch der Sparvertrag des Sparers ist abgelaufen. Der Sparer ist jetzt berechtigt, sich sein eingelegtes Geld teilweise oder vollständig auszahlen zu lassen. Sein Sparguthaben beträgt 1000 Taler. Würde er mehr als 650 Taler von seinem Konto abheben wollen, so wäre die Bank zahlungsunfähig. Die Bank hatte sich über die Jahre von dem Geld des Sparers insgesamt 350 Taler geliehen und für eigene Zwecke verbraucht. Der Rohgewinn der Bank hatte nicht ausgereicht, um die Ausgaben der Bank zu decken. Der Rohgewinn über die betrachteten 3 Jahre berechnet sich für unsere Bank aus der Differenz von Zinsertrag und Zinsaufwand:

Rohgewinn

= Darlehenszinsen – Zinsen an Sparer

= 150 Taler – 150 Taler

= **0 Taler**

Die erhaltenen Darlehenszinsen betragen insgesamt 150 Taler und die ausgezahlten Zinsen an den Sparer ebenfalls 150 Taler. So ergibt sich ein Rohgewinn von null. Was macht die Bank in der Realität, wenn der Sparer sein gesamtes Sparguthaben über 1000 Taler ausgezahlt haben will? In der Realität hat die Bank mehr als nur zwei Bankkunden.

Stellen wir uns vor, die Bank hätte tausend solcher Bankkunden mit den gleichen Spareinlagen und Darlehenssummen, dann hätte sie am Ende tausend Mal so viel von allem, also 650.000 Taler Geldbestand, könnte pro Jahr auch tausend Mal so viel laufende Kosten haben und tausend Mal so viel in Betriebseinrichtungen investieren. Wenn da einige ihrer Sparer die Spareinlagen komplett zurückhaben wollten, wäre das kein Problem. Aus 650.000 Taler Geldbestand könnte sie theoretisch an mehr als die Hälfte aller Sparer das gesamte eingelegte Geld auszahlen. Obwohl der Rohgewinn der Bank dann immer noch gleich null ist und die Bank weiterhin Jahr für Jahr für eigene Zwecke mehr ausgibt als sie einnimmt, hat sie eine komfortable Situation. Sie hat genügend Geld, um allen Zahlungsverpflichtungen nachzukommen, obwohl sie aus betriebswirtschaftlicher Sicht nichts erwirtschaftet hat. Nachfolgend erstellen wir die Wirtschaftlichkeitsrechnung der Bank. Dazu wird der Gewinn wie folgt errechnet:

Rohgewinn = 0 Taler

Betriebsausgaben = 350.000 Taler[54]

Gewinn

= Rohgewinn — Betriebsausgaben

= 0 Taler — 350.000 Taler

= **- 350.000 Taler**

Aus betriebswirtschaftlicher Sicht hat die Bank einen Verlust von 350.000 Ta-

[54] Unter der Annahme, dass die Betriebseinrichtung nach 3 Jahren abgeschrieben wurde.

ler. Sie hat 350.000 Taler mehr ausgegeben, als sie eingenommen hatte. Sie muss aber nicht im Geringsten darum fürchten zahlungsunfähig zu werden. Mit dem Geld ihrer Sparer kann sie die Verluste ausgleichen. In der Realität werden weit weniger als die Hälfte der Sparguthaben nach Ablauf der Einlagenfrist wieder ausgezahlt. Die Banken hatten sich über die Jahre daran gewöhnt von dem Geld ihrer Sparer einen Teil abzuzweigen, da die Sparer ihr Geld nicht alle auf einmal zurück verlangen. Das alles ist möglich, weil Banken der zentrale Anlaufpunkt für Geld geworden waren. Banken zweigen von dem Geld ihrer Kunden einen Teil ab und verwenden es für ihre eigenen Zwecke.

Da fragt sich der Betriebsinhaber eines ganz normalen mittelständigen Betriebes, der ja ganz anders wirtschaften muss, wie denn das geht? Die nehmen einfach einen Teil des Geldes ihrer Kunden für den eigenen Verbrauch, nur weil genug davon auf den Bankkonten der Sparer lagert. Ja genau so ist es. Die Bankbesitzer haben die Erfahrung gemacht, dass weniger als 25 % von dem Geld, welches ihnen Sparer anvertrauten, jemals von diesen zur Auszahlung wieder zurück verlangt wird. Den anderen Teil konnten sie über die Jahrzehnte für eigene Zwecke verbrauchen. Die Banken müssen nur immer darauf achten, dass sie eine Mindestmenge an Geld auszahlungsbereit verfügbar halten.

Demnach hat die Bank bereits dadurch einen Ertrag, wenn mehr Geld von Kunden ständig eingezahlt als an Kunden ausgezahlt wird, sodass die bei der Bank eingelagerte Geldmenge wächst. Diese überschüssige Geldmenge kann die Bank für eigene Zwecke verbrauchen. Dieser Vorteil, den nur Banken haben, wird in der Wirtschaftlichkeitsrechnung von Banken nicht berücksichtigt.

Diese Erkenntnis haben die Banken der vergangenen Jahrhunderte für sich ausgenutzt und schöpften so große Geldmengen für eigene Zwecke ab. Mit „eigene Zwecke" der Banken sind hier sämtliche *Entnahmen* der Banken für Löhne, Gebäude und Büroeinrichtungen usw. aber auch für Geldausschüttungen an die Kapitaleigner und Spenden an Politik, sonstige Vereinigungen und Personen gemeint.

Das von Kundenkonten abgezweigte Geld haben sich die Banken über die

Jahrhunderte streng genommen bei ihren Kunden ohne deren Wissen nur geliehen. Der Schwindel würde dann auffliegen, wenn alle Bankkunden ihr Geld von den Banken nach der Einlagenfrist zurückhaben wollten. Dann würde bemerkt werden, dass das Geld zum größten Teil nicht mehr vorhanden ist.

Dieses Beispiel widerspiegelt auf eindrucksvolle Weise, welche Reichtümer sich die früheren Banken aneignen konnten. So werden bestimmte Verhaltensweisen der Banken verständlich. Den Banken nutzte es und nutzt es heute immer noch, wenn die Menschen ihr Geld zur Bank bringen und nicht zu Hause aufbewahren. Zum einen konnten sie das Geld an Darlehensnehmer verleihen und zum anderen konnten sie es auch für eigene Zwecke verbrauchen. Nur der erste Grund wurde den Menschen offenbart, der Zweite wurde ihnen wohlweislich verschwiegen.

Ertrag aus dem Sparverhalten bei den heutigen Banken

Die früheren Banken hatten bemerkt, dass die Bankkunden ihre Spareinlagen über längere Zeit nicht komplett zurückverlangen und deshalb immer ein bestimmter Sockelbetrag an Geld in der Bank lagert. Die Bankkunden dachten, dass das Geld dort noch lagert. Die Bank hatte es aber zum größten Teil längst zur Bezahlung ihrer Lieferanten, Mitarbeiter, Eigentümer usw. verwendet. Strafrechtlich gesehen ist dies ein Fall von Unterschlagung von Bargeld. Dieser Straftatbestand wurde nicht aufgedeckt, da keiner über die Jahrzehnte und Jahrhunderte nachprüfte, ob das Bargeld noch bei der Bank lagerte. Es entstand auch keinem ein sichtbarer Schaden. Wollte ein einzelner Bankkunde sein Geld zurückhaben, so bekam er es auch prompt. Nur wenn alle Bankkunden zur gleichen Zeit ihr Geld beanspruchen würden, dann würde der Betrug aufgedeckt werden. Über die Jahrhunderte war es aber schon zu einem gesellschaftlichen Konsens geworden, dass man das nicht machen kann, da sonst das ganze Bankensystem zusammenbrechen würde. Die Banken hatten erreicht, dass Einigkeit in der Gesellschaft darüber besteht, dass diese Unterschlagung nicht verfolgt werden darf. Da die Gesellschaft die Unterschlagung Jahrzehnte gebilligt hatte, muss sie diese jetzt für immer in Kauf nehmen?

Wir wollen jetzt untersuchen, ob die oben beschriebene Unterschlagungspraxis der früheren Banken bei den heutigen Banken immer noch angewendet wird. Die heutigen Geschäftsbanken sind eng miteinander verbunden. Sie verwenden gegenüber dem Publikum Bargeld und Giralgeld, wobei das Giralgeld überwiegt. Die früheren Banken betrieben die Unterschlagung mit Bargeld. Können die heutigen Geschäftsbanken auch einen Zusatzgewinn aus dem Sparverhalten mit Bargeld, infolge höherer Bareinzahlungen als Barauszahlungen erwirtschaften?

Erhält eine Geschäftsbank regelmäßig mehr Bareinzahlungen als Barauszahlungen, so kann sie regelmäßig das Bargeld mittels Geldtransporter bei der Zentralbank abliefern und erhält somit regelmäßig Gutschriften auf ihrem Zentralbankkonto, s. Abb. A2.5.

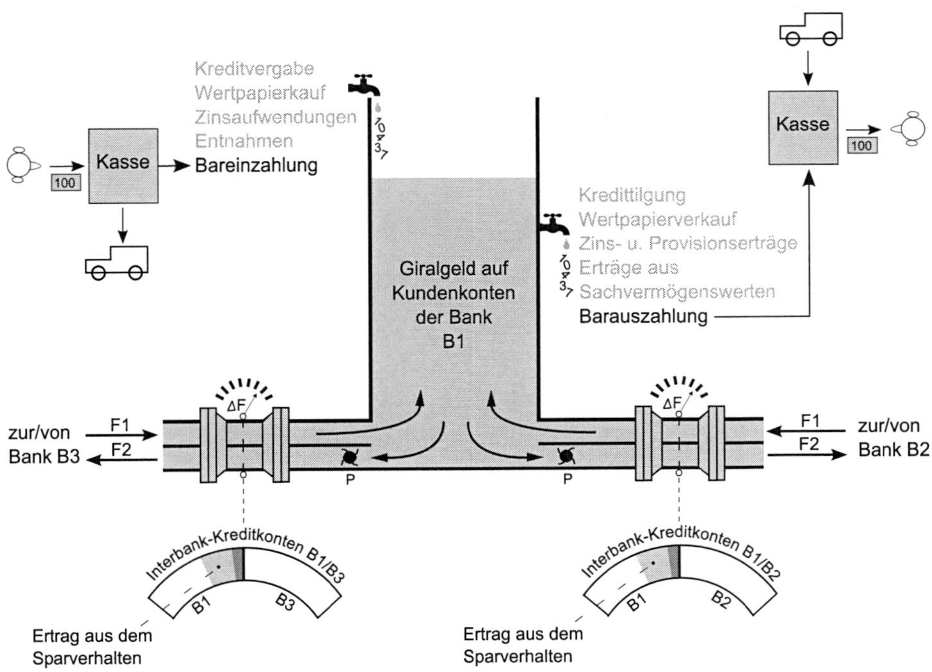

Abb. A2.5: Ertrag aus dem Sparverhalten bei der Bank B1

Verwenden die Bankkunden das eingezahlte Bargeld als Giralgeld für Überweisungen zu anderen Banken, so wird genauso regelmäßig auf den Interbank-Kreditkonten der Bank B1 gegenüber den anderen Banken eine Schuld eingetragen. Diese Schuld für die Bank B1 bedeutet für die anderen Banken eine Gutschrift. Für diese Gutschrift werden die anderen Banken dann regelmäßig bei der Bank B1 Zentralbankgeld einfordern, sodass sich das Zentralbankkonto der Bank B1 auch regelmäßig wieder verringert. Dadurch wird der ursprünglich gedachte Geschäftserfolg der Bank B1 neutralisiert.

Nur wenn die Bankkunden das eingezahlte Bargeld nicht vollständig weiterverwenden, es also als Giralgeld auf ihren Konten lagern, dann bleibt eine Interbankgutschrift bzw. Zentralbankgutschrift bei der Bank B1 dauerhaft erhalten, welche als Ertrag für die Bezahlung von Lieferanten, Mitarbeitern, Eigentümern usw. verwendet werden kann. D. h. also, immer dann, wenn sich der Giralgeldbestand einer einzelnen Geschäftsbank gegenüber den anderen Geschäftsbanken erhöht, kann auch die heutige Bank das überschüssig lagernde Giralgeld für eigene Zwecke verbrauchen, also eine Unterschlagung vollziehen.

Das gilt bei den heutigen Banken nicht nur für Bargeldeinzahlungen, sondern auch für Giralgeldeinzahlungen. Kommen mehr Giralgeldeinzahlungen in die Bank B1 hinein als Giralgeldauszahlungen getätigt werden, so verbleiben auf den Interbank-Kreditkonten der Bank B1 Gutschriften gegenüber den anderen Banken stehen. Dies ist ein zusätzlicher Ertrag, erzielbar durch das Sparverhalten der Bankkunden. Gewinnt eine Bank regelmäßig Bankkunden mit ausgeprägtem Sparverhalten, kann sie diese Zusatzerträge genauso wie die früheren Banken beanspruchen. In Abb. A2.5 ist diese zusätzliche Differenz auf den Interbank-Kreditkonten als „Ertrag aus dem Sparverhalten" bezeichnet. Allein durch den Umstand des wachsenden Sparverhaltens der Bankkunden erzielt die Geschäftsbank einen Ertrag. Wie oben bereits bei den früheren Banken beschrieben, kann die einzelne Bank auch heute die überschüssigen Zahlungseingänge für den eigenen Verbrauch verwenden. Der „Ertrag aus dem Sparverhalten" wird in der Buchführung der Bank nicht als derjenige ausgewiesen.

Literatur

Bieg, Hartmut:
Bankenbilanzierung nach HGB und IFRS, 2010, 2. Auflage, Vahlen Verlag, München

Buchmüller, Patrik:
Basel II, Hinwendung zur prinzipienorientierten Bankenaufsicht, 2008, Nomos Verlagsgesellschaft, Baden-Baden

Dürr, Hans-Peter:
Warum es ums Ganze geht - Neues Denken für einen Weltumbruch, 2009, oekom verlag, München

Gahrmann, Arno / Osmers, Henning: Zukunft kann man nicht kaufen - Ein folgenschwerer Denkfehler in der globalen Ökonomie, 2004, Horlemann Verlag, Bad Honnef

Gelen, Paulus: Fair value-Bilanzierung in der Finanzkrise - Eine empirische Analyse von Bankbilanzen, 2010, Diplomica Verlag, Hamburg

Grill, Wolfgang / Perczynski, Hans: Bankbuchführung, 1996, 14. Auflage, Verlag Dr. Max Gehlen, Bad Homburg vor der Höhe

Grill, Wolfgang / Perczynski, Hans: Wirtschaftslehre des Kreditwesens, 2010, 44. Auflage, Bildungsverlag Eins, Troisdorf

Hörmann, Franz / Pregetter, Otmar: Das Ende des Geldes - Wegweiser in eine ökosoziale Gesellschaft, 2011, Galia Verlag, Etsdorf am Kamp

Huber, Joseph / Robertson, James: Geldschöpfung in öffentliche Hand - Weg zu einer gerechten Geldordnung im Informationszeitalter, 2008, Gauke GmbH | Verlag für Sozialökonomie, Kiel

Huber, Joseph: Monetäre Modernisierung - Die Zukunft der Geldordnung, 2010, Metropolis Verlag, Marburg

De la Motte, Laura / Czernomoriez, Janna / Clements, Marius: Zur Vertrauensökonomie – Der Interbankenmarkt in der Krise von 2007 – 2009, Institut für Marktökonomie, Forschungsbericht Nr. 0110, Potsdam 2010

Kreiß, Christian: Profitwahn - Warum sich eine menschengerechte Wirtschaft lohnt, 2013, Tectum Verlag, Marburg

Krieger, Sebastian: Eigenkapitalanforderungen nach Basel II, 2009, VDM Verlag Dr. Müller, Saarbrücken

Plettenbach, Tobias: Neues Geld - Neue Welt - Die Wirtschaftskrise - Ursache und Auswege, 2011, 12. Auflage, planet VERLAG, Wien

Schemmann, Michael: Deutschlands Geld-Illusion - Monetative Reform oder Bankenpleiten, 2013, IICPA Publications

Senf, Bernd: Der Zins bei Marx und Gesell - Über das Verhältnis von Wert-Schöpfung und Wert-Abschöpfung, 1998, s. www.berndsenf.de

Senf, Bernd: Kreditbedarf, Verschuldung und Enteignung - ein Grundmuster in der Geschichte des Geldes, 1998, www.berndsenf.de/pdf/Kreditbedarf,%20Verschuldung%20Enteignung.pdf

Senf, Bernd: Der Nebel um das Geld, 2004, 7. Auflage, Gauke GmbH | Verlag für Sozialökonomie, Lütjenburg

Senf, Bernd: Die blinde Flecken der Ökonomie - Wirtschaftstheorien in der Krise, 2007, 4. Auflage, Gauke GmbH | Verlag für Sozialökonomie, Kiel

Senf, Bernd: Der Tanz um den Gewinn - Von der Besinnungslosigkeit zur Besinnung der Ökonomie, 2004, Gauke GmbH | Verlag für Sozialökonomie, Lütjenburg

Solte, Dirk: Weltfinanzsystem am Limit - Einblick in die „heiligen Grale“ der Globalisierung, 2009, 2. Auflage, Terra Media Verlag, Berlin

Verein Monetäre Modernisierung: Die Vollgeld-Reform - Wie Staatsschulden abgebaut und Finanzkrisen verhindert werden können, 2012, edition Zeitpunkt, Solothurn, Schweiz

Danksagung

Angefangen hat alles an einem Sonntag im Sommer 2005. Nach dem Mittagessen hörte ich im Deutschlandfunk die Sendung „Zwischentöne“ mit Michael Langer. Er hatte Bernd Senf, Professor der Volkswirtschaft zu Gast. Was ich dort hörte, war für mich der Anfang zur Beschäftigung mit dem Geldsystem. Ich las das Buch von Prof. Senf „Der Nebel um das Geld“, ging zu seinen Abendveranstaltungen im Rahmen des „Studium generale“ des allgemeinbildenden Studiums der Fachhochschule für Wirtschaft Berlin und drang im Selbststudium immer tiefer in das Thema der Geldschöpfung ein.

Ich danke Prof. em. Dr. Bernd Senf für den sehr anregenden Gedankenaustausch über die Arbeitsstände meines Manuskripts. Weiterhin bedanke ich mich bei Prof. em. Dr. Arno Gahrmann für seine hilfreichen Hinweise. Mit ihm hatte ich einen produktiven Schriftwechsel über die Kap. 1 bis 4.

Für die Durchsicht des Manuskripts auf Verständlichkeit danke ich meinem Bruder Karl-Heinz und für die redaktionelle Unterstützung danke ich Petra Pflanz.

Berlin im Oktober 2012 Horst Seiffert